Hans-Jürgen Beins / Rudolf Lensing-Conrady /
Günter Pütz / Silke Schönrade (Hrsg.)

# Wenn Kinder durchdrehen...

## Vom Wert des „Fehlers"

## in der Psychomotorik

*borgmann*

© 1996 *borgmann publishing* GmbH, 44139 Dortmund

3. Aufl. 1999
Gesamtherstellung: Löer Druck GmbH, Dortmund

Titelgestaltung: Hajo Lenz

Bestell-Nr. 8540                                              ISBN 3-86145-108-5

# Inhalt

# Vorwort

Ein Schritt zu weit..., ein Fehler
zu früh verharrt..., ein Fehler
Kragen geplatzt..., ein Fehler
nicht beachtet..., ein Fehler
die Welt umarmt..., ein Fehler
ins Loch verkrochen..., ein Fehler
leben und leben lassen..., ein Fehler?

Fehler gehören zum Leben. Sie dürfen gemacht werden. Sie können als Mittel und Weg verstanden werden, individuelle Lebenswege auszuloten. Diese Sicht hilft, Fehler als Stärken zu entdecken, als Ansatzpunkte psychomotorischer Entwicklung und eben auch der pädagogisch-therapeutischen Arbeit.

→ *Insofern Entwarnung !*

Aber „Fehler" sind eben nicht gleich Fehler. Sollen wir es etwa als normal betrachten und tatenlos hinnehmen, wenn Kinder „durchdrehen", sich aggressiv gegen sich und andere wenden, ihre Aktivitäten nicht mehr regulieren können, keine Ruhe finden...?

Kinder wachsen heute in einer Welt auf, die sich rasant verändert. Schon die Veränderung an sich kann nicht ohne Einfluß auf die Persönlichkeitsentwicklung bleiben. Die eigentliche Zuspitzung der Lage aber wird durch die Rasanz bewirkt, mit der diese Veränderung alles Dagewesene in den Schatten stellt. Autobahnen zerschneiden die Erfahrungswelt – ob per Asphalt oder Internet. Nicht jeder kommt damit zurecht.

→ *Insofern Warnung !*

Fehler sind „böse Gesellen", „harmlose Zeitgenossen" und „ideenreiche Erfinder" zugleich. Das macht ihre Bewertung zum Problem.

Der Förderverein Psychomotorik Bonn, der als gemeinnütziger Verein im Großraum Bonn über 1000 Kinder betreut und mit seiner Rheinischen Akademie darüber hinaus in Fachkontakt zu vielen LehrerInnen und ErzieherInnen steht, stellt sich täglich den Auswirkungen veränderter Kindheit. Viele Bedingungen für den Problemkomplex „kindliche Entwicklungs-störung" sind bekannt, andere werden weniger wahrgenommen: Insgesamt reagieren Pädagogik und Therapie noch schwerfällig.

Anlaß genug für die Rheinische Akademie im Förderverein Psychomotorik Bonn, im Mai 1995 unter dem Titel dieses Buches einen bundesweiten Kongreß durchzuführen. Nicht in (notwendiger) Zivilisationskritik zu verharren, sondern in Theorie und Praxis Konzepte zu diskutieren, wie veränderten Bedingungen der Kindheit in Therapie und Pädagogik Rechnung getragen werden kann, war das Ziel dieser Initiative.

Mit der vorliegenden Veröffentlichung können die Herausgeber diese Initiative nun weiterführen. Auch wenn in manchem Beitrag konkret Bezug zum Kongreß genommen wird, gehen die Artikel weit über dessen Rahmen hinaus.

Dies ist viel weniger ein Kongreßbericht, als mehr eine Sammlung ganz unterschiedlicher Beiträge mit eher theoretischer oder beispielhaft praktischer Ausrichtung, je nach Couleur der Autoren/-innen, die aus ganz unterschiedlichen Berufsfeldern argumentieren und damit der Leserschaft vielschichtige Perspektiven eröffnen.

*Mai 1996*                                                                                     *Die Herausgeber*

# Wie werde ich
# überschüssige Kräfte los?

*Wolfgang*
*Anders*

*Wolfgang Anders*

# Wie werde ich überschüssige Kräfte los?

Ein Thema nur für Schüler, die erziehungsschwierig sind? Sicher nicht!

Auch wenn meine schulischen Erfahrungen überwiegend aus der Arbeit mit verhaltensauffälligen Schülern stammen, habe ich beobachtet, daß auch Schüler anderer (Sonder-)Schulformen 'unter Druck' stehen und 'Dampf ablassen' wollen und müssen. Es ist offenbar zutreffend, daß immer mehr Schüler unabhängig vom Schultyp dieses Bedürfnis haben, da sich die Lebensverhältnisse der Kinder in Gesellschaft und Familie radikal verändert haben (z.B. Mangel an Bewegungserfahrungen, Bewegungseinschränkungen, Fernseh-, Videokonsum, nicht aufgearbeitete Konflikte).

Mit meiner folgenden Arbeit beabsichtige ich nicht, einen wissenschaftlichen Beitrag zu leisten. Der Workshop mit oben genanntem Thema war zu heiter und bewegungsfreudig, zu interaktiv und kommunikativ, um nur eine theoretische Abhandlung zu erstellen. So beschränke ich mich auf die Darlegung meiner Gedanken, meiner Beobachtungen und Erfahrungen und werde anschließend einige beliebte Spiele aus dem Bereich Ringen, Rangeln und Raufen beschreiben. Für wissenshungrige LeserInnen bietet die angegebene Literatur eine wohltuende Fundgrube.

Wir kennen die Verhaltensvielfalt der Schüler, die uns Pädagogen oft zu schaffen macht: nahezu permanenter Bewegungsdrang (Zwang?), motorische Aktivitäten mit meist aggressiven Aktionen gegen Personen sowie Sachen; unangemessener Umgang mit Handgeräten, aber auch mit dem eigenen Körper, wodurch der Schüler sich selbst und auch andere gefährdet; stark schwankende (wechselhafte) Dynamik oder ungewöhnlich anhaltende hohe 'level', Bedürfnis nach dem 'thrill', hoher Krafteinsatz im engen Körperkontakt miteinander.

Kinder und Jugendliche suchen oft Kontakt zu ihren Mitmenschen, zu Sachen, zu sich selbst und sind gerne bereit oder 'warten darauf', endlich mit Kraft 'etwas' (was?) zu dokumentieren.

Die Inhalte zu diesem Thema stammen aus dem Bereich, den wir mit 'Ringen, Rangeln und Raufen' überschreiben können. Mag 'Raufen' noch mit ungestümen, unkontrollierten und vielleicht verletzungsträchtigen Bewegungsformen assoziiert werden, pointiert Ringen den Gegenpol. Wie

10

man es auch bezeichnen möchte, entscheidend sind hier u.a. das bedeutsame, rücksichtsvolle und schmerzfreie Miteinander-Umgehen, Ausschluß
oder Minimierung des Verletzungsrisikos, Respekt vor dem Partner und
Akzeptanz seiner 'Signale', Gewaltlosigkeit, Ausschluß von Stoß- und
Schlagbewegungen, lustvoller Körperkontakt ohne jede Zudringlichkeit,
daß es Spaß macht und die Möglichkeit bietet, überschüssige Kräfte 'los
zu werden'.

„Ringen soll als ein Ausdruck des freien Spiels überschüssiger Kräfte
verstanden werden. Der Charakter des Neckens, des Sich-Herausfor-
derns zu einem grundsätzlich friedfertig gemeinten Wettstreit soll bedeu-
tungstragend sein. In dieser Weise sollen unsere Schüler das Thema
auffassen lernen und es verwirklichen".[1]

Es bieten sich ziehen, schieben, drücken, rangeln in der Körperausgangs-
stellung liegend, später auf allen Vieren, dann kniend, dann stehend an.

Ich möchte drei Thesen aufstellen:

1. Viele der uns anvertrauten Kinder und Jugendlichen in der Schule
   haben ein grundlegendes Bedürfnis nach körperlicher Berührung (vgl.
   Montagu, A.).

2. Sie haben den Wunsch und den Drang, körperlich belastende Anstren-
   gungen zu erleben, Grenzerfahrungen zu machen und mit diesen Erlebnissen sich selbst näher zu kommen (Selbsterfahrung).

3. Sie haben das elementare Bedürfnis nach Selbstverwirklichung, Entwicklung und Steigerung des Selbstwert- und Lebenswertgefühls, d.h.
   nach Sinnerfüllung.

Ich sehe in diesen Thesen unter anderem folgende Ansätze:

Zu 1: Zur Entwicklung des Menschen, d.h. zur intakten Entwicklung aller
seiner Fähigkeiten sind fundamentale Stimuli schon in frühester
Kindheit, ja sogar schon im Mutterleib erforderlich. J. Ayres nennt
die ersten drei basalen Stimuli: die propriozeptive, die vestibuläre
und die taktile Stimulation. Auf diesen Reizsetzungen basiert die
Entwicklung der anderen Sinneswahrnehmungen, die Verarbeitung
von Informationen und demzufolge die Reaktions- und Aktions-
möglichkeiten. Ein Mangel an derartigen basalen Reizen kann somit das 'Nachholverlangen' erklären. Im Ringen und Raufen kommen alle drei Stimuliformen intensiv zur Geltung.

---

[1] Funke: Ringen und Raufen. Sportpädagogik 4/88, S. 19

In der Unterrichts- oder therapeutischen Praxis haben wir zahlreiche Möglichkeiten, auf die von den Schülern geäußerten Verhaltensformen angemessen zu reagieren: da sie ihr Bedürfnis nach Körperkontakt (meist verschlüsselt) signalisieren, zugleich aber oft zu einer angemessenen Kontaktaufnahme nicht fähig sind, bauen wir ihnen 'Brücken', so daß sie wieder angemessene, humane Formen des Körperkontaktes entwickeln und umsetzen können.

Zu 2: Im Laufe der Sozialisation, je nach Alter, biologischer Entwicklung und geistiger Reife, entwickelt sich das Bestreben, im sozialen Gefüge (oder in den möglicherweise täglich mehrfach wechselnden sozialen Gefügen) seine Position zu kennen. Diese "Überprüfung", also das 'gedachte Selbstbild' kann z.B. durch körperliche Auseinandersetzung mit bestimmten Mitmenschen auf seine Richtigkeit hinterfragt werden. Dies kann aber bei unserem Personenkreis nicht immer in angemessener Weise erfolgen. Als Gründe könnten beispielsweise genannt werden: Wahrnehmungs- und Empfindungsdefizite: Mangel an anatomischen Kenntnissen und fehlendem Einfühlungsvermögen und gestörte Eigensensibilität (z.B. um sich zu spüren, muß das Kind viel stärkeren Druck ausüben als es üblich wäre; so fällt dann der Körperkontakt druckvoller aus, als man es erwarten würde (Hyposensibilität); eine Übersensibilität kann zu gegenteiligen Erlebnissen führen (Schmerzempfindung schon bei sanfter Berührung mit z.T. heftigen Abwehrreaktionen). Wenn bei der Suche nach stärkerer Eigenwahrnehmung noch Streben nach Überlegenheit dazu kommt oder taktile Abwehrreaktionen (J. Ayres) nicht respektiert werden, ist rücksichtsloser Umgang mit dem Körper und somit auch der Psyche der mitkämpfenden Parteien wahrscheinlich.

Zur Entwicklung des Selbstbildes gehört die körperliche Auseinandersetzung mit anderen sowie das Erleben seiner eigenen und fremden körperlichen, seelischen und geistigen Grenzen.

Belasten sich in harmonischer Atmosphäre beim Ringen und Raufen beide Parteien körperlich stark, lassen sich i.d.R. Entspannungs- bzw. psycho-physische Regulationstendenzen beobachten (vgl. van der Schoot).

Zu 3.: Das Bestreben nach Selbstverwirklichung ist ein sehr bedeutsames Handlungs- und Lebensmotiv. Es kann realisiert werden in der humanen körperlichen Auseinandersetzung. Durch die sensibel gestaltete pädagogische Führung soll das Selbstwertgefühl beider

Partner stabilisiert oder gesteigert werden, unabhängig vom Resultat. Beide Partner – nicht als Gegner deklariert - erkennen, daß ihre unterschiedlichen Kräfte und Geschicke, Einstellungen und Haltungen innerhalb des Ringens und Raufens dem „Kampf" einen spielerischen Charakter verleihen können und er somit in gewisser Hinsicht neutral erlebt werden kann. Das Für-einander-dasein, das regelgerechte humane Kämpfenwollen, und der Wunsch nach friedfertiger enger Begegnung lassen das Kämpfen zu einem Erlebnis werden, welches zunächst das Selbstwertgefühl anspricht und fördert, um schließlich mit dem Wissen oder Erahnen, Erfüllen, Erspüren von Werten, wozu und wofür man kämpft, die Sinnfrage immer stärker werden zu lassen, welche zum sog. Lebenswertgefühl beim Schüler führt. Um dieses Erlebnisses willen „macht es Sinn", fair zu bleiben, auch für den anderen mitzuspüren, seine Signale wahrzunehmen, zu interpretieren und zu verstehen, auch als Überlegener sich einzufühlen und sich trotz möglicher körperlicher Überlegenheit ein- und unterzuordnen. Der 'Unterlegene' kann seine Bedeutung im Zweikampf auch darin erkennen, wie wichtig er für seinen Partner ist. Wie sehr sich beide nötig haben, um dieses Erlebnis gestalten und gemeinsam 'genießen' zu können, erfahren sie unmittelbar. Damit wird ihr Streben nach Sinnerfüllung realisiert (vgl. Frankl, V. und Kurz, W. / Sedlak, F.).

Die genannten und erörterten Thesen sind in einem ganzheitlichen Handlungsansatz enthalten.

In der folgenden Übersicht möchte ich den Gedanken weiterverfolgen, der sich mit Frankls Gedankengut der Logotherapie und Existenzanalyse „als eine am Sinn orientierte Psychotherapie" befaßt, d.h. die Schüler dahinzuführen, in ihrem Tun, Erleben und Erleiden (z.B. von Versagen, Fehlern) einen Sinn oder einen Grund zu sehen. Diesen am Sinn (Ziel, Motiv) orientierten Unterricht möchte ich nun innerhalb einer exemplarischen und hypothetischen Verlaufsplanung betonen, wobei der Entwurf eine geraffte pädagogische Vorgehensweise darstellt.

**Somatische Ebene**

Taktile propriozeptive und vestibuläre Reize durch Fremd- und Selbststimulation erhalten, integrieren und erleben

**Noetische Ebene**

Die Frage nach dem Sinn des Handelns
– durch Selbstdistanzierung
– Stellung beziehen, bewerten
– durch Reflexion (sich selbst nicht so wichtig nehmen, andere und anderes als bedeutsamer erkennen können)

**Psycho-physische Ebene**

Den Wechsel psychischer und physischer Eindrücke wahrnehmen und (u.a. die regulative Wirkung) erleben

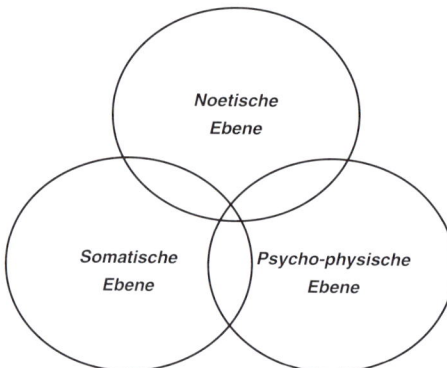

Im Schnittfeld dieser drei zusammenwirkenden Dimensionen lassen sich das Selbstwert- sowie das Lebenswertgefühl der Kinder und Jugendlichen entwickeln.

Diese Gedanken[2] als Gesprächsimpulse und Denkanstöße für die Schüler werden in meiner Unterrichtspraxis zunehmend häufiger zur Grundlage der Nachbesprechungen und gemeinsamen Stundenreflexion mit den Schülern, so daß sich nach kritischen Reflexionen positive Einstellungsänderungen und auch Werteverschiebungen anbahnen, die schließlich nicht nur auf den Bewegungsbereich beschränkt bleiben. Diese Werteverschiebungen ergeben sich im Laufe des Erziehungsprozesses durch Korrektur der individuellen, i.d. Regel nicht an den sog. gesellschaftlichen Normen orientierten Werten zugunsten der erstrebenswerten sowie opportunen Werten. So hat sich u.a. auch bei diesem Inhaltsbereich der logotherapeutische Ansatz als eine zusätzliche Hilfe erwiesen, im Erziehungsprozeß der erziehungsschwierigen Schüler neue Wege aufzuzeigen, Werte zu vermitteln, wofür sie handeln, wozu sie bereit sind, zu verzichten und letztlich allgemeine Verantwortung zu übernehmen.

---

[2] (s.u. Sparte: Interpretation aus logotherapeutischer Sicht)

Ich möchte als Anregung zwei Spielformen veranschaulichen, die wesentliche Elemente des Ringen und Raufens beinhalten:

*Die „musikalischen" Bälle*

Auf jeder Matte (halb so viele wie Spieler) liegt ein (Medizin) Ball. Alle Schüler laufen zur Musik; stoppt diese, werfen/legen sich die Schüler auf den Ball und drücken ihn fest zu Boden. Diejenigen, die keinen Ball bekommen haben, versuchen, mit ihren Händen dem anderen den Ball zu entreißen. Sie haben 30 Sekunden Zeit. Danach kann das Spiel wiederholt werden (Idee von A. Texier, Kampfspiele).

*Kommentar:*

Hierbei ist das "Kämpferverhältnis" einer gegen einen. Es ist sozusagen körperlos, wenn als Regel gilt: Der Ballbeschützer darf nicht vom Ball gedrängelt werden. Es richten sich alle Kräfte gegen den Ball. Zufällige und unbeabsichtigte Berührungen sind unumgänglich. Die Spielatmosphäre ist eher "heiter und lustig" (Humor als Training zur Selbst-Distanzierungsfähigkeit) als von ehrgeizigem Charakter getragen. Erscheinen die 30 Sekunden zu lang, wird die Zeit gekürzt, oder es gibt ein Signal für alle Ballsucher, sich einen anderen Partner zu suchen. Eine passende Musik verstärkt den lustbetonten Spielcharakter. Soll Körperkontakt miteinbezogen werden, kann folgende Regel eingebaut werden: Die Schüler dürfen den Beschützer des Balls vom Ball wegschieben oder wegheben: Griffe sind nur an Rumpf und Schultern erlaubt (später: auch Oberschenkel und Oberarme; aus Verletzungsgründen nicht Hände und Unterarme zulassen). Nach einer so gestalteten Spielphase kann die Zahl der Bälle wiederum halbiert oder beliebig reduziert werden. So werden sich schließlich mehrere Schüler an einem Ball bzw. Beschützer zu schaffen machen. Somit wird in dieser Teamarbeit (mehrere gegen einen) Körperkontakt erforderlich. Die oben genannten Regeln sind dann unbedingt zu beachten.

Eine Variante des genannten Spiels kann das Spiel 'Schildkrötenführer', wie es mir eine Studentin vorstellte, darstellen.

Während die Spieler die Schildkröten in Vierfüßlerposition oder in der kleinen Bankstellung (Stütze auf Knien und Händen) am Platz oder in langsamer Bewegung spielen, hat der Schildkrötenführer die Aufgabe, seine Schildkröten herumzudrehen und auf den Rücken zu legen. Gelingt

ihm dies, wird die Schildkröte auch zum Schildkrötenführer. So können im Laufe des Spiels auch mehrere Personen gleichzeitig versuchen, eine besonders geschickte und kluge Schildkröte, die sich bisher noch erfolgreich hat widersetzen können, gemeinsam herumzudrehen.

Dieses Spiel ist sehr kontaktbetont und erfordert von beiden Partnern viel Geschick. Auch hier gilt, nur am Rumpf, später auch an Oberarmen und Oberschenkeln anzufassen. Arme wegzuschlagen ist nicht erlaubt, wie Schlagen und Stoßen grundsätzlich untersagt ist. Das Spiel ist sehr anstrengend, wenn die Schildkröten geschickt ihren Körperschwerpunkt in Bodennähe halten und ihre Extremitäten taktisch klug gegen ein Umgekippt- oder Umgedreht-Werden einsetzen können. Erst wenn mehrere Schildkrötenführer 'gemeinsame Sache' machen, wird sich die Schildkröte 'geschlagen' geben müssen.

Das Thema "Wie werde ich überschüssige Kräfte los" läßt sich in der Schul- oder therapeutischen Praxis inhaltlich vielseitig umsetzen und theoretisch vielschichtig diskutieren. Gerade in der heutigen Zeit mit ihren z.T. sehr problembeladenen Strömungen (Vereinsamung, Perspektivlosigkeit, Skrupellosigkeit, Gewaltzunahme etc.) kommt der Sport- oder Bewegungspädagoge offenbar nicht umhin, sich auch der Gewaltfrage zu stellen. Der Laie wird möglicherweise Ringen, Rangeln und Raufen als für die gesunde Erziehung der Kinder und Jugendlichen kontraindiziert halten, womit er Recht haben kann, wenn der erforderliche, hier beschriebene Rahmen außer acht gelassen wird.

Da Ringen, Rangeln und Raufen einem Urbedürfnis nach körperlich (-geistiger) Auseinandersetzung der Menschen miteinander entsprechen, welchem zur Entwicklung und Entfaltung der Persönlichkeit Rechnung getragen werden sollte, kann gerade hier die Bewegungserziehung den Kindern und Jugendlichen das ideale Lernfeld zur Verfügung stellen. Dabei stehen die schon beschriebenen Ziele wie Befindlichkeitsverbesserungen und Bildung eines Verantwortungsbewußtseins zur sozialen Kompetenzerweiterung im Vordergrund.

| Stufe | Methodisch-didaktischer Kommentar | Schüleraktivität | Interpretation aus logotherapeutischer Sicht |
|---|---|---|---|
| 1. | Gemeinsame Basis als tragfähiger, pädagogisch-psychologischer Boden für den Sportunterricht: "Wir sind hier zusammen und wollen etwas Schönes erleben!" (Konsens) Keine gemeinsame Basis: Dissens | Wird von den Schülern reflektiert und von allen bejaht. | Schüler erhalten erste Orientierung (Zielrichtung: Gemeinsam etwas Schönes erleben) und Gelegenheit, sich einzubringen: Sie können Verantwortung für ihre zu treffende Entscheidung übernehmen. Sie überprüfen den Vorschlag des L's auf ihre Sinnhaftigkeit hin und stimmen zu oder lehnen ab.[1] |
| 2. | Inhaltliche Abstimmung als didaktische Grundlage für den Sportunterricht: "Ihr wollt gerne Ringkämpfe machen; sehe ich das richtig?" | Wird von allen Schülern reflektiert, von einigen bejaht. Ggf. erklärt L. den SS den Sinn und die Werte des Vorschlags. | L. kann seinen Vorschlag begründen und seine Einstellung verdeutlichen. L. kann bei Ablehnung durch die Schüler auf die kreativen- und Erlebniswerte hinweisen und seine Einstellung erläutern und begründen. |
| 3. | Schaffung von inhaltsspezifischen Voraussetzungen und Rahmenbedingungen. Wird von allen erarbeitet, reflektiert, schafft Orientierung und Ordnungsrahmen, Sicherheit, Klarheit und Angstfreiheit. | Festlegung von inhaltsspezifischen Regeln und Rituale zum Ringen und Raufen, damit verbunden auch Wertezuschreibung, z.B. Ritual: Begrüßung = Achtung vor dem Mitkämpfer (Gegner). Verbeugung nach dem Kampf: Dank an Gegner als Menschen, unabhängig von Sieg oder Niederlage. | Vertrauensbasis als Grundlage zur Motivation. Hier findet erste Entwicklung und Konkretisierung einer Einstellung als Vorleistung (da die Erlebniswerte noch unbekannt sind) und die Vorfreude auf das bevorstehende Ereignis statt. Bisher hat der Schüler die Regeln nur kognitiv kennengelernt und befürwortet. Falls er sie ablehnt, wird nötige Diskussion fortgesetzt, um das Motiv des Vorhabens erkennbar zu machen. Sinn hier ist noch: Ringen um des Spaßes willen. Sinn später: Auch wenn mir das Ringen weniger Spaß macht, mache ich mit, weil sonst die anderen keinen Spaß haben (Transzendenz durch Selbstdistanzierung).[2] |

| Stufe | Methodisch-didaktischer Kommentar | | Schüleraktivität | Interpretation aus logotherapeutischer Sicht |
|---|---|---|---|---|
| 4. | a) Inhaltliche Ausgestaltung: Spielerische Körperkontaktformen<br>- aus dem Gleichgewicht bringen<br>- Schiebekämpfchen<br>- Musikalische Bälle<br>- Bodenrandori | Lehrer erklärt die Aufgaben und betont, worauf es an kommt (Spezifische Spielregel, präzise und konkret) | Schüler erfahren den vorgegebenen Rahmen, der bei Einhaltung zu Spaß und Freude und zu einem Erlebnis führen kann. | Schüler führen die ersten spielerischen Ring - und Raufübungen durch. Jeder entscheidet für sich, ob er die Regeln einhalten will. In der fairen Hingabe an die Aufgabe zeigt sich die Selbsttranszendenz durch die verbesserte Einstellung zum Spiel und 'Gegner': Damit steigt auch der Erlebniswert. |
| | b) Nach einer Aufgabe und ggf. einigen Wiederholungen erfolgt eine gemeinsame Reflexion und Aussprache über die Werte: Einstellung[3], Erlebnis[4]) und Schöpferisches[5]). - Danach erfolgt die nächste Aufgabe im Sinne einer Erweiterung und Vertiefung der vorherigen Aufgabe. a) und b) wechseln ab. | | Schüler reflektieren Verhaltensweisen, die zu verantwortlichem Handeln führen oder - noch nicht fähig zur Selbsttranszendenz - dem Spiel / Gegner zuliebe auf unfaires Verhalten verzichten. | Langfristig kann das Ziel des Verantwortungsgefühl für sich und den 'Gegner' angestrebt werden: durch Selbsttranszendenz sorgsam und fair mit dem Gegner umzugehen; durch Selbstdistanz nicht nur an sich und seinen eigenen Vorteil zu denken. |

1) Die gemeinsame Erörterung der Frage nach der Sinnhaftigkeit kann erst bei entsprechend entwickeltem Verantwortungsbewußtsein erfolgen. So lange es noch nicht ausreichend ausgeprägt ist, bietet der Lehrer Inhalte auf Ebenen an, die Schüler besonders emotional ansprechen und motivieren.

2) Erst durch Selbstdistanzierung gewinne ich die Freiheit, auf ausschließlich eigene Bedürfnisse zu verzichten, der Gruppe, dem Spiel, dem Mitschüler zuliebe.

3) Verantwortung durch Selbstdistanzierung.

4) Selbstwertgefühl des Siegens / Aushalten-Können des Verlierens.

5) Kreatives Ausschöpfen von eigener Geschicklichkeit, Taktik um zu siegen.

# Literatur

Ayres, J.: Bausteine der kindlichen Entwicklung. Springer-Verlag, München 1984

Burggraf, R.: Rugby in der Schule? In: Sportpädagogik, 4 (1988), 26 - 35

Funke, J.: Psychomotorik in der Schule. In: Praxis der Psychomotorik, 4 (1988) 11, 119 - 128

Funke, J.: Ringen und Raufen, In: Sportpädagogik, 4 (1988), 13 - 21

Funke, J.; Schmerbitz, H.: Erfinden und miteinander spielen - Die Adaption psychomotorischer Übungsbehandlung für das Curriculum der Orientierungsstufe in Gesamtschulen. In: Praxis der Psychomotorik, 5 (1977), 71 - 75

Frank, W.: Rücksichtsvoll kämpfen lernen. In: Sportpädagogik, 4 (1988), 39 - 46

Frankl, V.E.: Der Mensch vor der Frage nach dem Sinn. R. Piper & Co. München, Zürich. 1979

Gerr, R.L.C.: Pädagogische und psychomotorische Aspekte des Ringens und Raufens in Vor- und Grundschule. Erfahrungen aus den USA. In: Motorik, 4 (1980) 3, 158 - 166

Gerr, R.L.C.: Rauf- und Kampfspiele als auflockernde Maßnahmen im Sportunterricht. In: Praxis der Psychomotorik, 1 (1981) 6, 1 - 6

Jung, W.: Vom Rangeln zum Ringen. In: Sportpädagogik, 4 (1988), 47 - 53

Kemmling, H.: Ich spiele Rugby. In: Sportpädagogik, 4 (1988), 36 - 38

Kurz, W.; Sedlak, F. (Hrsg.): Kompendium der Logotherapie und Existenzanalyse. Verlag Lebenskunst, Tübingen 1995

Montagu, A.: Körperkontakt. Klett-Cotta, Stuttgart 1992[7]

Petermann, R.: Dem Partner vertrauen. In: Sportpädagogik, 4 (1988), 54 - 56

Texier, A.: Kampfspiele. In: Sportpädagogik, 4 (1988), 22 - 25

van der Schoot: Aktiv leben – gesund leben durch Bewegung, Spiel und Sport (Hrsg.: DKV AG Köln/Berlin o.J.)

Fotos: H.J. Beins

# Edu-Kinestetik

**– Erziehung durch Bewegung
  (brain-gym)**

*Marcella
auf der
Heide*

*Marcella auf der Heide*

# Edu-Kinestetik –

## Erziehung durch Bewegung (brain-gym)

## 1. Einführung in die Edukinestetik

Edu-Kinestetik (Edu-K): Edu leitet sich vom lateinischen educare (= herausholen, herausziehen, erziehen) ab, Kinestetik vom griechischen kinesis (= Bewegung). Zusammen erhält der Begriff die Bedeutung: Erziehung bzw. Lernen durch Bewegung(-sempfindung) – ganz im Sinne der Psychomotorik.

### 1.1 Was ist Edu-K?

Die Edukinestetik wurde Ende der siebziger Jahre von Dr. Paul Dennison entwickelt. Sie ist eine für den Laien, speziell für die pädagogische Arbeit mit Schulkindern entwickelte ganzheitliche Methode zum Aufdecken und Ausgleichen von Lernproblemen, Lese- und Rechtschreibschwächen, Konzentrationsstörungen sowie intellektuellem und emotionalem Streß. Sie basiert auf Wissen und Erfahrung der Angewandten Kinesiologie (AK = Lehre von Bewegung der Muskeln), der Lernpsychologie, der Gehirn- und Legasthenieforschung, alternativer Wege zur Selbsterfahrung (Yoga, Shiatsu etc.) und der östlichen Medizin, in der sämtliche Leiden von einem Grundproblem aus betrachtet werden: der Blockade des Energiesystems.

So betrachtet verursachen energetische Störungen, daß schwache oder falsche Signale vom Gehirn an den Körper ausgesendet werden, was folglich z.B. die Koordination und andere Leistungsbereiche beeinträchtigen kann.

Die Energie fließt durch Energieleitbahnen, sog. Meridianen (Begriff aus der chinesischen Akupunkturlehre), die als unsichtbares Regelsystem den ganzen Körper durchziehen. Dieses Regelwerk versorgt den ganzen Körper bzw. seine Funktionsbereiche mit Energie, wobei sein Zustand über den Grad der Gesundheit und Vitalität jedes Organs und jeder Körperfunktion entscheidet.

In der Edu-K geht es hauptsächlich um die Auflösung von Energieblockaden im Gehirn, die durch mangelnde Zusammenarbeit der Gehirnhälften hervorgerufen werden. Dazu wurde ein spezielles Muskeltestverfahren, Körperübungen und Energiebalancen entwickelt.

Es gibt viele Kinder, die nicht richtig lesen oder schreiben lernen, viele Erwachsene, die Streß beim Lesen und Schreiben haben, sich schlecht erinnern und ihr eigentliches Lernpotential nicht nutzen. Ein Ungleichgewicht in den Gerhirnhälften erzeugt Streß, blockiert die Lebensenergie und beeinflußt damit negativ die Lernfähigkeit. So sind Lernbehinderungen (z.B. die Legasthenie, aber auch Erscheinungsformen wie Hyperaktivität oder Passivität) keine Krankheit, sondern ursächlich eine Form des „Abgeschaltetseins", d.h. eine unfreiwillige Blockierung im Gehirn, meist beruhend auf einer Integrationsunfähigkeit zwischen linker und rechter Hemisphäre. Unter Streß neigen wir dazu, lediglich einen Teil des Gehirns zu nutzen. Wenn ein Kind z.B. zu leicht abgelenkt oder hyperaktiv ist, vermag es zwar ein Diktat schnell „runterzupinnen", wobei ihm das rechte Gehirn ein „richtiges Gefühl" bei dieser Tätigkeit vermittelt. Häufig ist es jedoch nicht in der Lage, die Mittellinie zur linken Hirnhälfte hin zu überkreuzen. Daher mangelt es dem Kind an der Fähigkeit, im Detail zu schauen und Fehler zu erkennen. Wenn aber ein Kind eher „linkshirnig" ist, indem es sich analytisch und detailorientiert in den Einzelheiten verliert, fehlt ihm oft der Überblick durch die Mitarbeit des rechten Gehirns (siehe auch: 4. Das Gehirn).

Die Edu-K ist ein Weg, um in Streßsituationen die Gehirnintegration wiederzuerlangen bzw. zu festigen, also die Blockaden, die uns die Leichtigkeit und Freude am Lernen nehmen, zu finden, bewußt zu machen und auszugleichen.

Die dafür eingesetzten Techniken sind einfach und schnell zu erlernen und helfen Menschen jeden Alters, ihr Lernpotential auf allen Ebenen besser zu nutzen, ihre Aufnahmefähigkeit, ihre Gedankenmobilität und ihr Gedächtnis zu verbessern.

Die Edukinestetik ist keine einmalige Sache. Wenn ich mich darauf einlasse, bekomme ich Hilfe für meinen Alltag:

—  Ich fühle mich wohler!

—  Ich kann besser mit Streß und schwierigen Situationen umgehen!

—  Ich treffe Gesundheitsvorsorge für mich selber!

—  Ich habe ein gutes Gefühl, denn ich weiß, ich kann selber etwas für mich tun!

—  Ich habe die Wahl, jederzeit etwas für mein Wohlbefinden zu tun!

—  Ich trage die Verantwortung!

## 1.2 Edukinestetik – Kinesiologie

Kinesiologie stellt den Oberbegriff für verschiedene Arbeitsbereiche und Forschungsrichtungen dar: Edukinestetik (Edu-K), Brain Gym, One brain, Three in One, Touch for health bzw. Gesund durch Berühren TFH), Bio Kinesiologie, Psychologische Kinesiologie etc..

Begründet wurde die „Angewandte Kinesiologie" in den 60er Jahren durch den Chiropraktiker Dr. George Goodheart, der den Zusammenhang zwischen Muskeln und Meridianen entdeckte. Er fand heraus, daß bestimmte Muskeln nicht „sperren", d.h. einem gewissen Druck nicht standhalten können, wenn ein dazugehöriger Meridian „gestört" ist (zuwenig oder zuviel Energie hat).

Die Ursachen dieser Störung können struktureller, chemischer oder psychischer Art sein. Unser Sprachgebrauch verrät diese für die Muskelschwäche verantwortlichen „Stressoren" auf anschauliche Art, nur ist uns dies oft kaum bewußt. Wir sind vor Schreck wie „gelähmt" und sind danach „ängstlich und verkrampft". Schlechte Nahrung „bekommt uns nicht gut". Unser Rücken „beugt sich" oft unter der Last der Sorgen. Die Reaktion der Muskeln auf diese Reize sind reflexartig und schließlich auf die Anpassungsfähigkeit des Körpers auf „Streß" zurückzuführen.

Das Anliegen der Kinesiologie war zunächst das Auffinden von Krankheitsursachen. Sie wurde mit der Zeit aber immer mehr zu einer Methode im gesundheitsschützenden Bereich, die vor allem durch die Entwicklung des TFH-Systems und durch die Edu-K vertreten wird. Diese Methode stellt keine Therapie im medizinischen Sinne dar, sondern versteht sich vielmehr als ein Konzept der Hilfe zur Selbsthilfe. Dieses Konzept zielt darauf, Krankheiten vorzubeugen, mehr Wohlbefinden auf allen Ebenen (Körper-Seele-Geist) im Bezug zur Umwelt zu erlangen und bei Krankheiten die Selbstheilungskräfte zu mobilisieren.

## 1.3 Der Muskeltest

Er ist *das* Handwerkszeug der Kinesiologie. Man kann ihn sich als eine manuelle Methode vorstellen, als ein körpereigenes Biofeedback-Instrument, um die vitale Energie, die Spannungszustände des Körpers zu messen. Als Kommunikationsform auf der Körperebene stellt er eine unmittelbare Verbindung zwischen Anwender und Testperson dar. Er macht spürbar, sichtbar und damit bewußt, wie ein Muskel auf bestimmte Reize reagiert. Durch den Muskeltest können wir somit leicht feststellen, ob wir in einer bestimmten Situation Streß haben oder nicht. Diese unbewußte Intelligenz unseres Körpers hat eine hervorragende Eigenschaft: sie kann nicht lügen. Sie zeigt uns die nackte Wahrheit, die echten Gefühle, den wahren Schmerz, die verborgenen Ängste. Sie bringt die Probleme von Körper und Seele ans Tageslicht, aber auch die Lösung, denn der Körper kennt auch die Antwort auf die Frage: „Was soll ich tun?".

Ohne den Muskeltest werden wir dieser Probleme und Lösungen oft gar nicht gewahr. Unser Überlebensmuster lehrt uns Kompensations- und Verdrängungsmechanismen, die uns Stressoren nicht bemerken lassen und uns trotz widriger Lebensumstände auf den Beinen halten, bis wir schließlich krank werden. Oft sind wir uns nicht bewußt über das, was uns hilft oder schadet oder wir sind unsicher, obwohl wir es genau fühlen. Der Muskeltest gibt uns die Möglichkeit, dieses innere „Wissen" (Intuition) sichtbar zu machen und für unsere Gesundheit zu nutzen.

Diese praktische und relativ zuverlässige Methode ist einfach und jeder kann sie lernen.

Unter normalen Umständen — beim harmonischen Zusammenspiel der Muskeln — kann der Muskel problemlos einem Druck von ca. 1 kg stand-halten, der durch die Hand des Testers vorgegeben wird. Dies ändert sich jedoch sofort, sobald die Testperson einem Stressor ausgesetzt ist, d.h der zum Testen benutzte sog. Indikatormuskel wird bei gleichem Druck unmittelbar eine Schwächung anzeigen.

So schwächt z.B. ein Nahrungsmittel, das eine allergische Reaktion verur-sacht (biochemischer Stressor), eine Haltungsveränderung, die eine Blok-kade der Wirbelsäule bewirkt (struktureller Stressor) oder eine verbale Beeinflussung, die Widerstand bewirkt (psychischer Stressor), den Mus-kel. Für den Muskeltest kann jeder Muskel des Körpers benutzt werden. In der Edu-Kinestetik ist das meist der Deltoideus. Nicht die physische Kraft, sondern die energetische Versorgung des Muskels zu einem be-stimmten Thema wird getestet.

Neben dem Muskeltest wird in der Edu-Kinestetik dem sog. „Noticing" zunehmend Beachtung geschenkt. Dabei richten wir unsere Aufmerksam-keit auf die Signale unseres Körpers, d.h. die Wahrnehmung ist nach innen gewandt und wir erspüren, was uns dieses Gefühl vermittelt. Je mehr wir unserer Intuition vertrauen, um so sicherer werden wir im Erken-nen und Befolgen dessen, was unser Körper sagt.

Die Kinesiologie ist eine ganzheitliche, holistische Methode, da sie alle Ebenen berücksichtigt, auf denen es im Organismus zu energetischen Ungleichgewichten kommen kann, also alle Aspekte des menschlichen Daseins erfaßt.

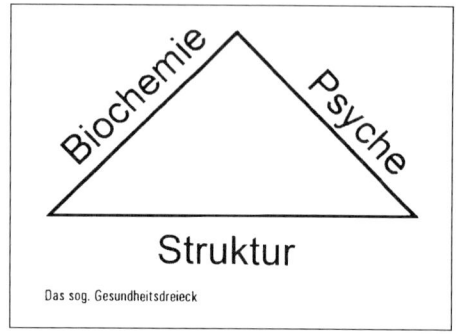

Das sog. Gesundheitsdreieck

## 1.4 Das Gehirn

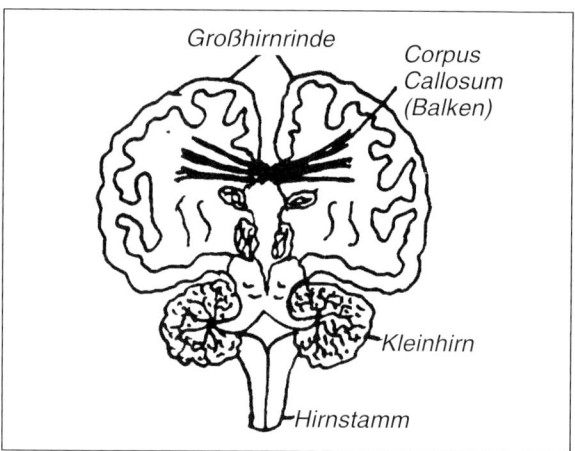

Holographisch betrachtet kann das Gehirn in drei Dimensionen unterteilt werden. Neben der *Fokusdimension* (Vorne/Hinten) und *Zentrierdimension* (Oben/Unten) wird in der Edukinestetik das Hauptinteresse im wesentlichen auf das Großhirn und die *Lateralität* (= Seitigkeit) gerichtet, weil viele Lernblockaden auf einem Defizit in der Integration und Zusammenarbeit zwischen linker und rechter Gehirnhälfte beruhen.

Das Großhirn besteht aus zwei Hälften, die einander sehr ähnlich sind und gleichzeitig spezifische Fähigkeiten haben. Jede Gehirnhälfte ist für die gegenüberliegende Körperseite zuständig (mit Ausnahme der Augen, für die die Hemisphären überkreuz und gleichseitig zuständig sind). Durch das Corpus Callosum (Nervenfaserbündel) sind beide Hälften verbunden, was die Zusammenarbeit gewährleistet. Dieses Verbindungsstück kann statt Brücke aber auch zur Barriere werden. Man geht heute mehr und mehr davon aus, daß es keine genaue Abgrenzung und Festlegung von Zuständigkeitsbereichen im Gehirn gibt. Verschiedene Menschen beanspruchen bei ein und derselben Tätigkeit unterschiedliche Gehirnareale, und bei Verletzungen können andere Bereiche die Funktionen übernehmen. Dies betrifft insbesondere gefühlsmäßig besetzte Bereiche. Das folgende Modell des zweiteiligen Gehirns ist daher entsprechend „flexibel" zu betrachten.

### Links: „Analysegehirn"

1 • lernt Neues

2 • wiederholt und prägt ein

3 • handelt überlegt
4 • analysiert
5 • geht ins Detail und erkennt Einheiten (z.B. die richtige Reihenfolge einzelner Buchstaben)
6 • trennt Wörter und Gedanken
7 • strukturiert und plant
8 • denkt Schritt für Schritt (aufeinander folgendes Denken)
9 • arbeitet vor allem mit Sprache, Rechnen und Schreiben
10 • kritisiert und argumentiert, ist intellektuell („Kopf im Gehirn")

11 • liebt Zahlen, Formeln, Listen

12 • ist zeit und -zweckorientiert
13 • sucht Unterschiede, benötigt und erkennt Grenzen
14 • urteilt richtig und falsch
15 • sucht Strukturen in der Umgebung und erkennt Grenzen
16 • kontrolliert die rechte Hand, die gesamte rechte Körperseite
17 • denkt abstrakt und rational
18 • erkennt Symbole
19 • angespanntes Lernen
20 • „männliches Gehirn"
21 • aktiv

### Rechts: „Gestaltgehirn"

1 • automatisiert Gelerntes
2 • ruft Bekanntes ab und orientiert sich an Vertrautem
3 • handelt intuitiv
4 • faßt zusammen
5 • erfaßt das Ganze und den Zusammenhang (z.B. das gesamte Wortbild)
6 • verbindet Wörter und Gedanken
7 • ist impulsiv und spontan
8 • ist ganzheitlich, plastisch (gleichzeitige Info-Aufnahme)
9 • bevorzugt Zeichnen, Malen, Tanzen, Singen und Riechen
10 • orientiert sich an Erfahrungen und Gefühlen („Bauch im Gehirn") ist phantasievoll, hat Einsichten
11 • erkennt Melodien nach wenigen Tönen und Menschen an Gesten und Gesichtern
12 • ist raumorientiert
13 • sucht Gemeinsamkeiten, hat undenklich Grenzwahrnehmung
14 • hat offene und tolerante Haltung
15 • selbstbestimmt, eigene von außen nicht erkennbare Ordnung
16 • kontrolliert die linke Hand, die gesamte linke Körperseite
17 • ist kreativ und irrational
18 • ist konkret
19 • entspanntes Lernen
20 • „weibliches Gehirn"
21 • rezeptiv

Mit unseren Gehirnhälften nehmen wir die Welt auf zwei unterschiedliche Weisen wahr. Diese unterschiedlichen Erkenntnis- und Vorgehensweisen schließen sich nicht gegenseitig aus, sondern ergänzen sich. Erst die Zusammenarbeit beider Hemisphären bietet uns die besten Möglichkeiten. Wenn z.B das linke (analytische) Gehirn bzw. die dazugehörigen Sinnesorgane (rechtes Auge, rechtes Ohr) „abgeschaltet" sind, lerne ich die einzelnen Buchstaben nicht, erkenne ich Einzelheiten nicht, verstehe ich nicht, was ich lese, kann logische Vorgänge nur schwer nachvollziehen etc.. Schaltet das rechte (Gestalt-) Gehirn bzw. linkes Auge und linkes Ohr ab, kann ich beim Lesen die Buchstaben nicht zusammenziehen, erkenne Worte nicht, bleibe im Detail stecken und erkenne die Zusammenhänge nicht etc.. Ist die Mittellinie blockiert, kann ich mich schlecht entscheiden, mich schwer erinnern, dann weiß die rechte Hälfte nichts von dem, was die rechte wahrnimmt, empfindet etc.

# 2. Die Brain – Gym – Übungen der Edu-K

Bei dieser „Lern-Gymnastik" handelt es sich um verschiedene Bewegungsübungen, bzw. Gehirn-Koordinationsübungen, die von Dr. Paul Dennison und seiner Frau Gail entwickelt wurden, um Menschen, die in bestimmten Lernsituationen blockiert sind, zu entlasten, zu stimulieren und zu entspannen. Sie sind darauf ausgerichtet, die Integration und die Zusammenarbeit der Hemisphären zu fördern, die Sinneswahrnehmung zu koordinieren und Reize zu verarbeiten. Brain-Gym-Übungen helfen uns also, den „abgeschalteten" Zustand im Gehirn aufzulösen, indem Muskel- und Bewegungsreflexe wieder „angeschaltet" werden, die das Lernen leichter machen und die Aufnahmefähigkeit für Neues steigern.

## 2.1 Exemplarische Auswahl der wichtigsten Übungen

*2.1.1 Mittellinienbewegungen*

Diese Übungen bringen durch das Überkreuzen der Körpermittellinie beide Gehirnhälften zur Zusammenarbeit und Integration.

– Überkreuzbewegungen

Das Überkreuzen der Längsachse mit Armen und Beinen im Sitzen, Stehen oder Liegen, hüpfend, singend, summend, mit oder ohne Musik machen. Wichtig ist der Rhythmuswechsel schnell und langsam und die Ausdauer. Wer damit Schwierigkeiten hat, sollte viel krabbeln, die homolaterale Bewegung langsam und bewußt machen, den Wechsel trainieren.

– Malen mit beiden Händen

In jede Hand einen Wachsmaler nehmen. Beim Malen mit beiden Händen gleichzeitig ist es wichtig, eine schwungvolle Musik zu haben. Malen rechts und links von der Mittellinie („Dooble Doodle"), malen über die Mitte hinweg hin und her, malen rauf und runter, kreuz und quer und alles, was sonst noch Spaß macht.

– Achten

Achten zeichnen mit Armen, dem Becken, dem Nacken, den Augen, den Handgelenken usw.. Liegende Achten mit Stiften in einer Hand (re/li im Wechsel), in beiden Händen gleichzeitig, mit Musik.

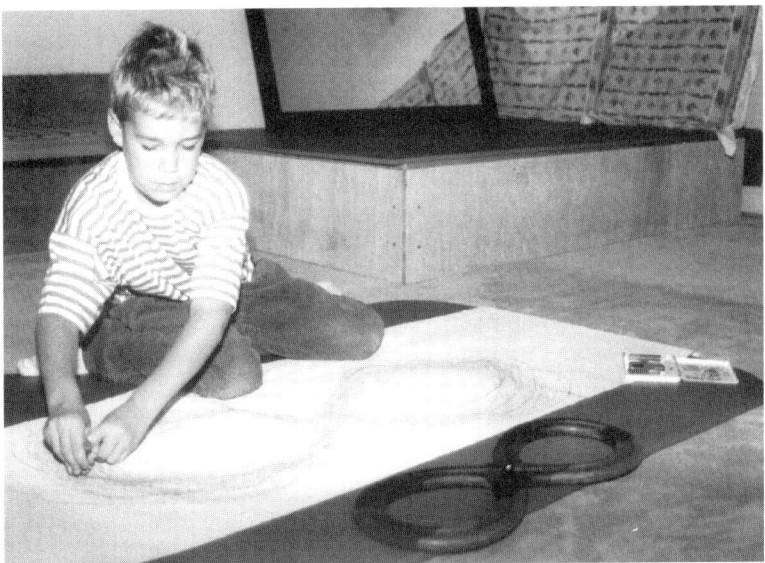

## 2.1.2 Energiebewegungen

Das Halten, Reiben oder Klopfen von Energiepunkten (Reflexpunkten) aktiviert den Energiefluß der Meridiane, hilft die Informationen zwischen Gehirn und Körper besser fließen zu lassen, Blockaden in diesem System aufzulösen und damit die Vitalkraft zu erhalten (für ca. 30 Sekunden oder bis wir einen Energiefluß fühlen).

– Gehirnknöpfe

Die Akupunkturpunkte (Ni 27) zwischen der ersten und zweiten Rippe unterhalb vom Schlüsselbein rechts und links neben dem Brustbein werden mit Daumen und Mittelfinger einer Hand massiert. Die andere hält oder massiert den Nabelbereich. Währenddessen werden die Augen in alle Richtungen gedreht. Diese Übung verbessert die Sehfähigkeit, sorgt für Wohlspannung (z.B. Beruhigung beim Vorlesen) und schaltet beide Gehirnhälften ein.

– Erdpunkte

Um besser „geerdet" zu sein und die Fähigkeit zu haben, besser nach unten zu sehen, ohne daß die Augenenergien anschalten, werden mit je zwei Fingern der einen Hand der Rand des Schambeins und mit zwei Fingern der anderen Hand die Unterlippe gerieben oder gehalten: Aktivierung des Zentralmeridians.

– Raumpunkte

Um die Sehfähigkeit nach oben zu stärken und sich Informationen aus der Umwelt zu öffnen, wird mit zwei Fingern der einen Hand das Steißbein und mit zwei Fingern der anderen Hand die Oberlippe gerieben oder gehalten: Aktivierung des Gouverneurmeridians.

– Gleichgewichtspunkte

Um zentrierter zu stehen, wird der Mastoidprozeß-Akupunkturpunkt direkt hinter den Ohren auf jeder Seite gerieben oder gehalten. Während die rechte Hand hinter dem linken Ohr berührt, sind zwei Finger der linken Hand bzw. die Handfläche am Nabel und umgekehrt.

– Denkmütze

Das Ausstreichen der Ohren von innen nach außen in alle Richtungen aktiviert das Zuhören und verbessert die Aufnahmefähigkeit. Die Ohren werden „aufgemacht und eingeschaltet", um akustisch und inhaltlich (auch die Botschaft betreffend, die hinter den Worten steckt) besser zu verstehen und Gelerntes besser zu erinnern.

– Energiegähnen

Um Spannungen in Kopf und Kiefer zu lösen sowie die Schädelknochen ins Gleichgewicht zu bringen, wird das Kiefergelenk bei geöffnetem Mund massiert. Über das gleichzeitige Gähnen wird die Energiezufuhr zum Gehirn verbessert und die gesamte Körperatmung effizienter gemacht.

– Ionisierung

Um das elektromagnetische Potential im Körper ins Gleichgewicht zu bringen (z.B. bei Heizungsluft in geschlossenen Räumen oder bei Schnupfen), wird wechselseitig durch die Nase geatmet. Wenn das rechte Nasenloch mit dem Daumen zugehalten wird, läßt das linke den Atem hinaus. Dann mit dem Ring- oder Mittelfinger das linke Nasenloch zuhalten und gleichzeitig sanft ein-, dann ausatmen durch das rechte Nasenloch.

— Thymusdrüse klopfen

Um sich emotional stark (Mut) zu machen, wird das Brustbein, unter dem sich die Thymusdrüse befindet, geklopft und dabei gesummt. Die „Körperpolizei" wird aktiviert, d.h. unsere Abwehrkräfte, unser Immunsystem gestärkt und damit auch unsere allgemeine Lebensenergie.

— Wasser trinken

Der Mensch besteht zu 2/3 aus Wasser, ein notwendiger Leiter für elektrische und chemische Reaktionen. Darum ist es wichtig, daß wir Nahrung mit viel natürlichem Wasser zu uns nehmen, z.B. Früchte und Gemüse essen und gutes, sauberes Wasser trinken. Wasser trinken ist die „Gelenkschmiere" für die Nervenverbindungen im gesamten Organismus: damit die Weiterleitungen gut funktionierten.

## 2.2 Innere Einstellung

Übungen zur Inneren Einstellung helfen bei Konzentrationsschwäche bzw. -unfähigkeit, ausgelöst durch Angst und Stress, schaffen emotionales Gleichgewicht sowie einen klaren Kopf und geben Energie, wenn die Kraft fehlt, eine bestimmte Sache anzugehen.

— Positive Punkte

Durch das Halten der „Positiven Punkte" ( = neurovaskuläre Punkte auf den Stirnhöckern in der Mitte zwischen Augenbrauen und Haaransatz über der Augenmitte) wird Energie in das Vorderhirn gegeben, wenn wir das sog. „Brett vor dem Kopf" haben und über Gelerntes beim besten Willen nicht verfügen können, weil Nervosität diesen Bereich „abgeschaltet" hat. Vor Klassenarbeiten o.ä. entlastet diese Übung im Vorhinein die wirkliche Prüfungssituation und beseitigt Aufregung und Angst, indem die belastende Situation im Detail in Gedanken durchgespielt wird.

— Kopf halten

Kopf halten rechts/links und vorne/hinten hilft uns, besser mit alten Verhaltensmustern klarzukommen, die sich in Stressituationen nach vorne drängen und uns Dinge tun lassen, die wir eigentlich nicht wollen. Die Übung hilft uns, das Gehirn „positiv" durch Richtigstellen alter Programme – mit Hilfe des bewußten Denkens – zu programmieren, so daß wir in der Gegenwart adäquat reagieren können.

–  Wayne Cook

Zur Beruhigung und Hilfe bei der Angst, etwas falsch zu machen, z.B. bei Erstklässlern, die zu Beginn viel Streß haben, sich an die neue Umgebung und an die Art zu lernen gewöhnen zu müssen.

Drei Phasen:

*1. Phase*   Zuerst im Sitzen die Cook-Position einnehmen.

*2. Phase*   Lösen der Stellung, Hände mit geschlossenen Augen fühlen und Ausgleichen der beiden Gehirnhälften.

*3. Phase*   Zusammenführen der Fingerspitzen zur Unterstützung des Corpus Callosum, einatmen mit der Zunge unter dem Gaumen, ausatmen und Zunge fallenlassen.

Hinweis: Besonders geeignet für Hyperaktive (Energieverdrehung), zur Phantasieanregung, zum Schwitzen in der Sauna.

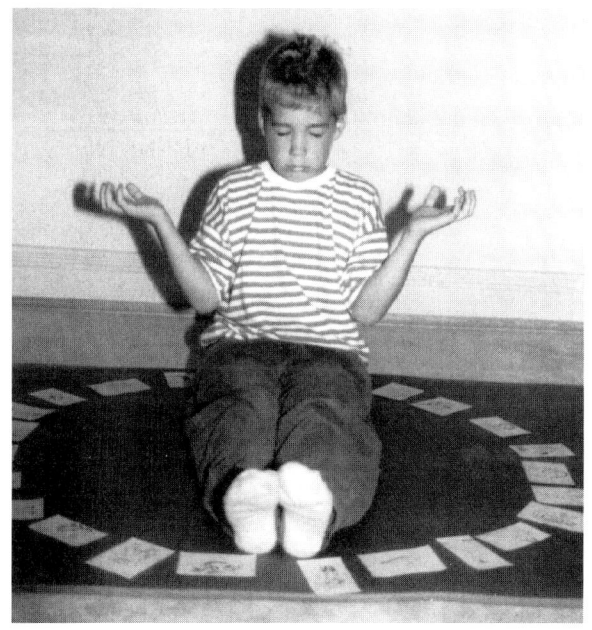

33

# Literatur

Dennison, P.: Das Handbuch der Edukinestetik für Eltern und Lernpersonen von Kindern jeden Alters. Freiburg 1987

Dennison, P.: Lehrerhandbuch Brain Gym. Freiburg 1991

La Tourelle, M. und Courtenay, A.: Was ist Angewandte Kinesiologie? Freiburg 1992

# „Die Luft muß raus"

## – Viel Bewegung auf wenig Raum

*Hans Jürgen*
*Beins*

*Hans Jürgen Beins*

# „Die Luft muß raus"

## – Viel Bewegung auf wenig Raum

## 1. Kinderwelt – Bewegungswelt?

Der Wunsch, daß unsere Kinderwelt eine Bewegungswelt sei, in der Kinder Freiräume haben, im Spiel ihren Körper mit allen Sinnen und bis zu seinen Grenzen zu erfahren, ist selten Realität.

Die Hoffnung, daß der Sitzkindergarten in Bewegung kommt, daß Kinder „mit Kopf, Herz und Hand lernen", wie es schon J.H. Pestalozzi (1746-1827) gefordert hat (vgl. Zimmer, S. 22), oder daß sie mit Freude den Lebens- und Erfahrungsraum Schule aufsuchen, trägt viele Erzieherinnen und Lehrer. Der Alltag zeigt, daß diese Hoffnungen weitgehend pädagogische Zukunftsträume sind.

Mangelnder Bewegungsraum für Kinder ist eher die Norm als eine Seltenheit. Neu gebaute Kindergärten werden häufig so geplant, daß der gesetzlich vorgeschriebene Mindestraum pro Kind nicht überschritten wird.

Enge Klassen- und Gruppenräume sind dazu noch mit Tischen und Stühlen zugepackt.

Erzieher müssen unter diesen Bedingungen mit immer größeren und schwierigeren Gruppen umgehen. Lehrerinnen, die manche Stunde aufgrund der Störungen kaum Unterricht machen können, erleben ständig die Diskrepanz zwischen ihrem pädagogischen Anspruch und ihrer Realität.

Die mit 47 Jahren frühpensionierte Lehrerin Sabine Auffermann ist schon lange kein Einzelfall mehr. Im Interview benennt sie folgende Gründe:

*„Ich konnte meinen Ansprüchen nicht genügen, die waren viel zu hoch. Ich wollte für die Schüler immer alles perfekt machen. Zum Teil gebe ich mir selbst die Schuld an meinem Scheitern, wobei ich heute noch der Überzeugung bin, daß ich keinen schlechten Unterricht gemacht habe."*
(Spiegel spezial 9/1995)

Das Gefühl, persönlich zu versagen oder das Verharren in Schuldzuweisungen an Elternhäuser und gesellschaftliche Bedingungen sind im pädagogischen Alltag häufig zu finden.

In diesem Beitrag geht es mir weder darum, in eine allgemeine Resignation einzustimmen, noch möchte ich Rezepte benennen, die allgemein gültige Lösungen unterbreiten. Stattdessen stelle ich Spielmöglichkeiten für einen kleinen Ausschnitt des pädagogischen Alltags vor, die Kindern Momente der Freude, Bewegung und Entspannung bereiten. Die großen Ziele im Blick zu behalten (vgl. Hentig), ohne vor ihnen zu erstarren, die kleinen Schritte und Veränderungen zu wagen, ohne das Ganze aus dem Blick zu verlieren, ist die ständige Herausforderung für Pädagogen und Therapeuten.

## 2. Ein kleiner, aber wichtiger Schritt: Luft raus lassen!

Im pädagogischen Alltag haben wir ständig Kinder und Jugendliche vor Augen, die „mal Dampf ablassen wollen" (vgl. Kiphard), z.B. wenn sie schreiend und stampfend in die Turnhalle, ins Freigelände oder auf den Pausenhof stürmen, als wären sie zuvor festgebunden gewesen.

Nicht selten werden auf Schulhöfen Punchingbälle bereitgestellt, auf die die Kinder einschlagen, als wollten sie die Luft rausprügeln.

Wenn Kinder Verhaltensweisen zeigen, wo sie „Luft raus lassen müssen", kann das in einigen Situationen aus therapeutischen Überlegungen gefördert werden. Dies jedoch als langfristige pädagogische Lösung zu sehen, halte ich für verfehlt.

So kann auch das Bewegen „über Tische und Bänke" kein Ersatz für eine bewegungsfreundliche Umwelt sein und eine paar neue Spiel- und Bewegungsideen machen aus dem Sitz- noch keinen Bewegungskindergarten.

Es sind vielmehr kleine Schritte, die wichtige Schritte sein können, sobald sie in ein Konzept eingebunden sind, das der Bewegungs- und Wahrnehmungsförderung großen Raum gibt.

Um die kleinen Schritte geht es auch, wenn wir den Kindern mit Hilfe von Edukinestetik (vgl. auf der Heide), kindgemäßer Entspannung (vgl. Pirnay), NLP (vgl. Saure) oder einer aktiven Pause das Lernen im Schulalltag erleichtern. Denken wir an die schlaffen, gelangweilten und unkonzentrierten Kinder, die nicht mehr aufnahmefähig sind, weil sie das Lernangebot nicht bewegt, sondern ermüdet. Bei ihnen ist „die Luft raus", das Verhältnis von Anspannung und Entspannung stimmt nicht.

Da schafft die „aktive Pause" oder eine „kindgemäße Entspannung" keine grundsätzliche Lösung, auch wenn sie gut tut und auch zu fordern ist. Trotzdem sollten diese Möglichkeiten nicht zum „Wecker" ansonsten gelangweilter Schüler verkommen. Unsere Kindergärten und Schulen sollten zu lebendigen Lebens- und Erfahrungsräumen werden und hier hat Bewegung einen elementaren Stellenwert.

# 3. Praxisbeispiele

Die folgenden Praxisbeispiele mögen dazu anregen, Bewegung in Kindergarten und Schule zu bringen, bestehende Normen zu hinterfragen, den Kindern Raum zu geben und mal mit ihnen über Tische und Bänke zu gehen, bevor sie in unserer bewegungsfeindlichen Welt durchdrehen.

Die hier vorgestellten Spiel- und Bewegungsideen sind auf kleinem Raum durchführbar und lassen sich unmittelbar in den Kindergarten- und Schulalltag übertragen. Sie bieten Anlässe, den notwendigen Wechsel von Anspannung und Entspannung zu schaffen und bringen in traditionell „bewegungslose" Bereiche etwas Schwung.

### 3.1 Über Tische, Bänke und Stühle – Vor Ungewohntem nicht zurückschrecken

Auch nach der Forderung von Renate Zimmer „Schafft die Stühle ab" (1995), sind in der Regel hiervon in Kindergarten und Schule noch reichlich vorhanden. Wir nutzen sie für einige Bewegungsaktionen.

### 3.1.1 Übungen mit dem Stuhl

- Jedes Kind hat einen Stuhl und darf erfahren, daß ein Stuhl nicht nur zum Sitzen da ist. Ausprobieren: Hocken, Knien, Stehen, Liegen, Schneidersitz, mit Händen abstützen,...
- Ein oder mehrere Körperteile (z.B. Knie, Ellbogen, Ohren, Hand und Fuß, dicker Zeh...) werden benannt und nur diese dürfen den Stuhl berühren.
- Variation: Alle bewegen sich nach Musik im Raum und bei Musikstop sucht jede/r sich einen Stuhl und berührt diesen mit einem benannten Körperteil.
- Auf dem Stuhl sitzend, liegend oder hockend können die Kinder verschiedene Bewegungen ausprobieren: wild zappeln, den anderen mit den Füßen zuwinken, den Nachbarn auf dem Bauch liegend begrüßen,...
- Mit Hilfe der GruppenleiterIn (an beide Hände fassen) über die Lehne steigen oder springen oder unter ihr durchkriechen (Foto).

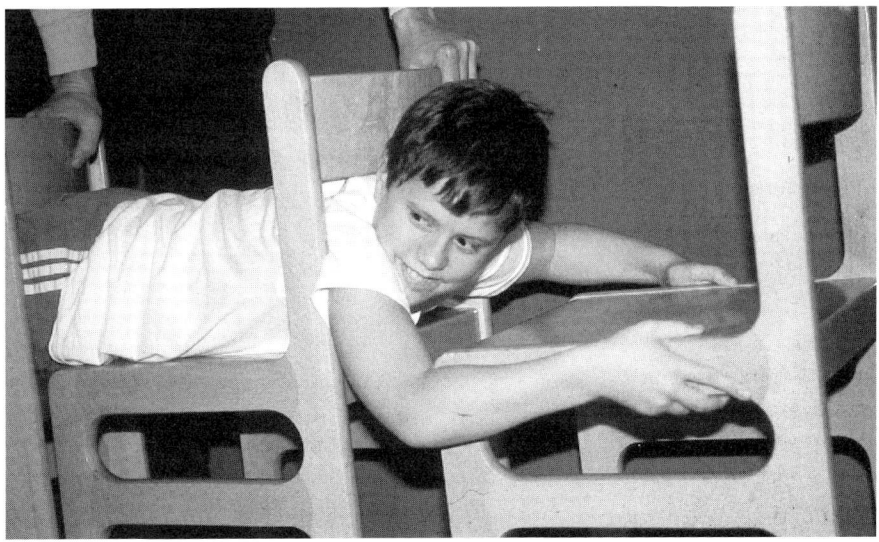

### 3.1.2 Spiele für Partner und Gruppen

- **Kreislauf**: Die Stühle sind im Kreis angeordnet (Lehne innen oder außen) und jede/r stellt sich auf einen Stuhl. Jetzt gehen alle im Kreis, dabei kann vorher angegeben werden, wieviele Stühle weitergegangen werden soll. Jeder merkt sich seinen Stuhl.

- Variation: Es wird keine Richtung mehr vorgegeben. Alle sollen, ohne runterzufallen, aneinander vorbeikommen und sich dabei gegenseitig helfen.

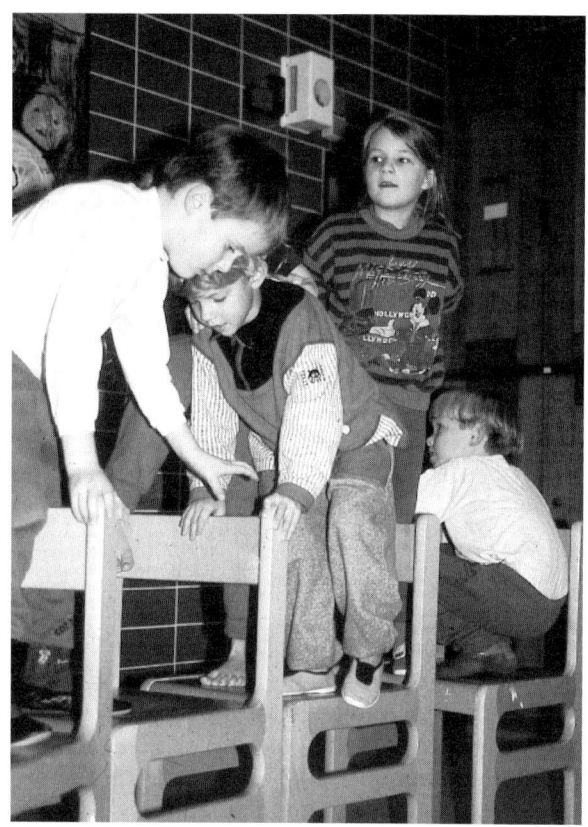

- Variation: Stühle in eine lange Reihe stellen, evtl. einzelne Lehnen als Hindernisse

- **Stuhlbesetzer:** Die Stühle stehen in einem geschlossenen Kreis und die Kinder sitzen auf je einem Stuhl. Ein Stuhl ist frei und soll nun von einem Kind (Stuhlbesetzer), das sich im Kreis bewegt, besetzt werden. Alle anderen versuchen, dies durch schnelles Umsetzen zu verhindern. Sobald der Stuhlbesetzer seinen Platz erobert hat oder erschöpft ist, wird gewechselt.

- Var.: – Sitzflächen nach außen
- Var.: – Stuhlbesetzer kann durch „Stop"-Ruf einen Richtungswechsel der Gruppe einleiten.
- **Die Statue**: Zwei oder mehr Partner bilden eine Statue, die auf dem Stuhl steht. Die Kinder sollten Zeit zum Probieren haben, bevor sie sich für eine Form entscheiden. Diese wird der Gruppe vorgestellt und wer möchte, baut sie genau nach.

- **Stuhlhaufen**: Die Stühle werden zu einem Stuhlhaufen zusammengestellt. Die Mitspieler stehen auf Stühlen. Es gibt mehr freie Stühle als Mitspieler. Die freien Stühle werden nun immer wieder besetzt.
- **Labyrinth**: Aus Stühlen, Tischen und Bänken lassen sich mit Hilfe von Wolldecken, Folien oder Tüchern hervorragend Tunnel, Labyrinthe oder Höhlen mit verschiedenen Ein- und Ausgängen bauen.

## 3.2 Spiele mit dem Luftballon – Die Luft muß raus!

Spiele mit dem Luftballon sind auch für kleine Räume gut geeignet, da der schwebende Ballon die Spielsituationen immer wieder verlangsamt, auch wenn die Kinder ihn kräftig hochspielen. Der Aufforderungscharakter der Ballons ist hoch, die Gefahren, daß etwas zu Bruch geht, sind gering.

– **Kinkerlitzchen mit dem Luftballon**: Einen Luftballon mit verschiedenen Körperteilen hochspielen, ohne das dieser auf den Boden kommt. Dies kann am Ort geschehen, in der Fortbewegung und unter Nutzung des gesamten Körpers.

*Mögliche Aufgaben:*

– während der Ballon in der Luft ist, versuchen alle Mitspieler sich hinzusetzen oder hinzulegen und wieder aufzustehen,

– alle Körperteile außer den Händen werden genutzt,

– jeder sucht sich selbst eine Reihenfolge der zu berührenden Körperteile (z.B. Nase, Ellbogen, Fuß, Hand,...),

– der Ballon wird im Sitzen, Liegen, Einbeinstand,... hochgespielt,

– paarweise: spiegelbildliches Hochspielen des Ballons,

– wenn ihr jemandem begegnet, tauscht die Ballons (z.B. tauschen mit Farbvorgaben rot mit gelb,...)

– alle versuchen, alle Ballons in der Luft zu halten, der Spielleiter erhöht die Zahl der Ballons.

**Luftballontennis**: – Aus einem Schleuderhorn/Heulrohr wird ein „Tennis-schläger" geformt, indem beide Enden festgehalten werden. Bei jüngeren Kindern kann ein Einmachgummi oder Klebeband die Schlägerform ge-währleisten und sie halten nur ein Ende in der Hand. Sie spielen den Ballon allein in die Luft oder spielen sich mit einem Partner den Ballon zu.

– Tennisspiel über einen Tisch, eine Schnur,...

**Feuerwehrspiel**: – Zwei gegenüberstehende Partner halten jeweils beide Schleuderhornenden – wie die Feuerwehrleute ein Tuch – und spielen den Ballon gemeinsam hoch, fangen ihn auf oder spielen ihn an eine andere Gruppe weiter.

**Eiertanz**: – Die Ballons werden in ein Tuch oder auf den Boden (ohne kantige Steine) möglichst eng nebeneinander gelegt. Dann wird ein umgedrehter Tisch daraufgestellt. Alle Mitspieler gehen zunächst einzeln, dann zu zweit über den Tisch und begeben sich dann einer nach dem anderen vorsichtig auf den Tisch, bis die Ballons platzen. Je nach Untergrund und Qualität der Ballons muß die Gruppe auf dem Tisch noch ganz leicht hüpfen, denn – die Luft muß raus!

### 3.3 Mit Zollstöcken rechnen, schreiben und spielen

Der Umgang mit „Papas liebstem Kind", dem Zollstock, ist für viele Kinder nicht zuletzt deshalb sehr reizvoll, weil der Griff in die Werkzeugkiste manchem Kind verwehrt wird. Selbst Kinder im Schulalter wissen nicht immer, wie ein Zollstock auseinandergeklappt wird. Im spielerischen Umgang mit dem Material entwickeln sie dann trotzdem vielfältige Möglichkeiten, wie z.B.:

*Der Zollstock als Stern*

– den Zollstock auseinanderklappen, dann Gegenstände im Raum und Körperteile messen,

- auf dem Zollstock balancieren,

- „Wege" legen, über die alle gehen, Straßen, über die mit dem Rollbrett gefahren wird,

- Hinkekästchen spielen,

- den Zollstock auf der Hand, dem Kopf, dem Finger,... balancieren,

- Geräusche erzeugen,

- ...

**Rechnen und Schreiben mit Zollstöcken:** Die Kinder können Zahlen, Buchstaben, Figuren oder Bilder (großes Haus, Mensch, Sonne, Sterne...) legen. Spannend ist die Verwandlung von Buchstaben durch eine Veränderung wie z.B. von V zu N zu M zu W.

- ganze Worte oder Rechenaufgaben legen (evtl. in Gruppen ohne zu sprechen)

**Zollstockkonstrukteure**: Zelte bauen, durchkrabbeln oder mit Rollbrettern durchfahren.

- Zu einem Stern formen und drehen (besonders toll, wenn Tischtennisbälle hin- und hergeschossen werden),

*Die Zollstockkonstrukteure*

- Zollstock zum Kreis formen und Enden mit Klebeband verbinden, so daß ein Reifen entsteht (Reifen drehen, rollen,...),

- eine Zollstockbahn legen und Bälle oder Murmeln hindurchrollen,

- mit einem Magnet am Ende kleine Gegenstände angeln.

**Kreislauf:** Zunächst wird der Zollstock wie ein umgedrehtes V auf den Boden gestellt. Dann versuchen die Kinder das V loszulassen, ein kleines Kunststück zu machen (z.B. klatschen, eine Drehung,...) und es dann wieder festzuhalten. Nun stehen alle Kinder in Kreisaufstellung mit dem V vor sich und rücken auf ein Signal einen Platz (evtl. später zwei oder drei Plätze) auf.

## 3.4 Psychomotorische Übungsgeräte als nützliche Ergänzung

In den letzten Jahren finden sich in Klassenzimmern und Gruppenräumen neben Tischen, Bänken, Tafeln, Bauecken auch Spielgeräte, die dem Bewegungsdrang der ganzen Klasse oder auch einzelner Kinder Rechnung tragen. So beschreibt z.B. Thomas (1994) in ihrem Beitrag „Das Varussell – Viel Bewegung auf engstem Raum", wie das variable Karussell die Bewegungsmöglichkeiten im Gruppenraum enorm erweitert: „In den Genuß des lustvollen Drehens kamen jetzt bis zu vier Kinder gleichzeitig. Die Kinder genießen das Kreisen im Sitzen und Liegen und erleben so ihren Körper in ungewöhnlichen Lagen. Pohlmann (1995) berichtet von ähnlichen Erfahrungen mit den Kindern ihrer Grundschulklasse.

Auch ein abwechslungsreiches Sitzen (z.B. auf Sitzbällen) oder eine kurze Fahrt auf dem Pedalo kann Entlastung für Kinder bringen, die durch zu starres Sitzen ermüden (vgl. Illi 1996).

*Cobal – Konzentration und Bewegung sind keine Gegensätze*

Mit „Cobal" ist ein Spiel erfunden, das von den drei Mitspielern neben einer guten Balance auch eine gute Kooperation fordert. Die Kinder stehen oder hocken auf Therapiekreiseln, die über bewegliche Gelenke an den drei Ecken mit einer Spielfläche verbunden sind. (siehe Foto auf S. 47)

Gemeinsam kann die Spielfläche so bewegt werden, daß Murmeln oder kleine Bälle in die vier vorhandenen Löcher gespielt werden. Sehr häufig konnte ich im Gesicht der Kinder beobachten, daß Konzentration und Bewegung keine Gegensätze sein müssen. Sehr aufmerksam werden die Murmeln mit den Augen verfolgt, um sie im richtigen Moment durch eine kleine Bewegung erfolgreich einzulochen.

Psychomotorische Übungsgeräte schaffen eine sinnvolle Erweiterung der Spiel- und Bewegungsmöglichkeiten. Auch wenn das Rollbrett, das Varussell, das Pedalo oder Cobal keine Voraussetzung sind, um Bewegung in Gruppenräume und Klassenzimmer zu bringen, kommt die spontane Nutzbarkeit insbesondere individuell auftretenden Bedürfnissen entgegen.

## 4. Schlußbemerkung

Die hier dargestellten Praxisbeispiele mögen anregen, die spezifischen Möglichkeiten der Lebens- und Erfahrungsräume Kindergarten und Schule zu erkennen und vorhandene Freiräume zu nutzen. Die gewählten Materialien (Stühle, Luftballons, Zollstöcke, psychomotorische Übungsgeräte) sind überwiegend Alltagsgegenstände, die eine sofortige Umsetzung ohne großen Aufwand ermöglichen.

Jeder Leser/jede Leserin sollte sich aufgefordert fühlen, die Beispiele, die mit Kindern im Förderverein Psychomotorik Bonn erspielt wurden, als Ausgangspunkt zu nehmen, sie frei abzuwandeln, um gemeinsam mit den Kindern weitere Spielmöglichkeiten zu entdecken.

Darüber hinaus stellt der Austausch mit Kollegen und Eltern über die Bedeutung von Bewegung im kindlichen (menschlichen) Alltag eine notwendige Ergänzung dar.

# Literatur

Beins, H.J.: Gedanken zur Zeit oder Zollstöcke in der Psychomotorik. In: Praxis der Psychomotorik 1/1994.

Beudels u.a.: ...das ist für mich ein Kinderspiel. Handbuch zur psychomotorischen Praxis. Dortmund 1994

Bründel, H./Hurrelmann, K.: Gewalt Macht Schule. Wie gehen wir mit aggressiven Kindern um? München 1994

Illi, U.: Projektskizze: Bewegte Schule – Bewegtes Leben. In: Motorik 4/1995

Kiphard, E.J.: Bewegungsorientierte Erlebnispädagogik als Präventivmaßnahme gegen Jugendkriminalität. In: Proll,R.: Facetten der Sportpädagogik. Schorndorf 1993

Pohlmann, B.: Bewegung ins Klassenzimmer. In: Zeitschrift Grundschule, 3/1995

Sportjugend Hessen (Hrsg.): Bewegung Kunterbunt.Spiel und Sport für behinderte und nichtbehinderte Kinder. Frankfurt 1993

Thomas, U.: Das Varussell -Viel Bewegung auf wenig Raum. In: Praxis der Psychomotorik, 2/1994.

von Hentig, H.: Die Schule neu denken. München 1993

Zimmer, R.: Handbuch der Sinneswahrnehmung. Freiburg 1995

Fotos: Beudels (1), Beins (2 – 9)

# „Wut im Bauch"

## – vom psychomotorischen Umgang mit Aggressivität –

*Wolfgang*
*Beudels*
*Iris*
*Oertel-Goetz*

*Wolfgang Beudels, Iris Oertel-Goetz*

# „Wut im Bauch"

## – vom psychomotorischen Umgang mit Aggressivität –

> *„Von einem idealen Aussichtspunkt von der Erde aus betrachten wir eine Formation Flugzeuge in der Luft. Eine Maschine schert aus der Formation aus. Die ganze Formation kann aber auf dem falschen Kurs liegen. Die 'aus der Formation' ausgescherte Maschine kann aus der Sicht der Formation abnormal, falsch oder 'verrückt' fliegen. Doch die Formation selbst kann vom Standpunkt des idealen Beobachters aus falsch oder verrückt fliegen ... Wenn die Formation selbst vom Kurs abgekommen ist, muß, wer wirklich 'Kurs halten' will, die Formation verlassen."* (Laing, zit.n. Hölter 1988, 42)

## 1. Vorbemerkung

Aggressives, wütendes und herrschsüchtiges Verhalten einzelner Kinder kann das Geschehen in der Familie, in der Schule sowie im Kindergarten bestimmen. LehrerInnen und ErzieherInnen klagen über zunehmende Aggressivität und Gewalt in ihren Einrichtungen. Nach ihren Aussagen wächst trotz verstärkter Bemühung und verschiedenster therapeutischer und pädagogischer Hilfsangebote die Zahl der Kinder, die offensichtlich nicht in der Lage sind, ihre Ansprüche, Wünsche und Ziele deutlich zu machen und umzusetzen, ohne anderen Personen oder Objekten Schaden zuzufügen. Ihre aggressiven Handlungen steigern die Wut derjenigen, die mit diesen Kindern zu tun haben. Diese Wechselwirkung führt nicht selten zu einer Eskalation und zu einer dauerhaften „Vergiftung" des Klimas.

Aber: Das aggressive und wütende Kind als Hauptschuldigen darzustellen, wäre aus unserer Sicht viel zu einfach. Wir wollen vielmehr mit unserem Beitrag, dem in den letzten Jahren erkennbar gewordenen Perspektivenwechsel Rechnung tragen, der dazu führte, das auffällige Kind im Kontext seiner Lebens- und Alltagswelt zu sehen. Die systematische Familientherapie hilft hier, Entstehungsbedingungen von Wut und Aggression aufzuzeigen. Die Psychomotorik bietet Möglichkeiten, über Bewegung und Spiel der eigenen Wut „leibhaftig" zu begegnen sowie entwicklungsfördernde Maßnahmen kontextnah zu gestalten.

## 2. Aggression und Wut als Belastungsfaktoren in Kindergarten und Schule

Aggression wird in den einschlägigen Fachbüchern und Lexika i.d.R. definiert als „Angriff, feindseliges Angriffsverhalten mit dem Ziel, einem anderen Individuum, einer Sache oder sich selbst (Selbstverachtung, Selbsthaß, Masochismus) eine Verletzung bzw. Schaden zuzufügen" (Böhn 1994, 13). Wir gehen davon aus, daß Aggression meist spontan negative Bedeutungen, die gemeines, bösartiges Verhalten umschreiben, zugeordnet werden. Das lateinische Ursprungswort *„aggredi* = sich nähern, angreifen, heranschreiten" ist dagegen als solches keineswegs nur negativ besetzt. Es bezieht sich mehr auf die angeborene Fähigkeit des Menschen, sich wehren und sich jemandem oder einer Sache annähern zu können („etwas in Angriff nehmen"). Das entsprechende Substantiv *„aggressio"* wäre mit dem Begriff „Zerstörung" falsch übersetzt, vielmehr müßte es neutral in unserer Sprache die Bedeutung als der „erste Anlauf" gegen eine wie auch immer geartete (alltägliche) Schwierigkeit annehmen.

Im Umfeld von Therapie und Pädagogik wird fast ausschließlich auf die engere Definition zurückgegriffen. „Ob man Aggression aus der Sicht des Handelnden, des Beobachters oder des Opfers definiert, immer beinhaltet 'Aggression' die Tatsache, daß jemandem Schaden zugefügt wird." (Petermann/Petermann 1991, 4). Folgende Ausdrucks- und Erscheinungsformen der Aggression sind jedem bekannt, der mit der Erziehung von Kindern betraut ist (vgl. Petermann/Petermann 1991, 4f):

— Offen gezeigte – verdeckt hinterhältige Aggression (wie erkennbare und offen ausgetragene Aktionen bzw. vom Gegenüber nicht unmittelbar erkennbare Aktionen – z.B. „Gerüchte in die Welt setzen")

— Körperliche – verbale Aggression (z.B. boxen und schlagen bzw. schimpfen und laut ärgern)

— Aktiv-ausübende – passiv-erfahrende Aggression (hier wird unterschieden zwischen den Handlungen des „Aggressors" und den Handlungen, denen ein „Opfer" ausgesetzt ist)

51

- Direkte – indirekte Aggression (die direkte Aggression richtet sich unmittelbar gegen eine Person, die indirekte hat das Ziel, einer Person zu schaden, indem z.B. Gegenstände aus ihrem Besitz verunglimpft, gestohlen oder beschädigt werden)

- Nach außen-gewandte – nach innen gewandte Aggression (unterschieden wird hier zwischen den aggressiven Handlungen, die sich gegen andere Personen oder gegen Gegenstände richten, und den Handlungen, die sich auf die eigene Person beziehen – „Autoaggression")

Wir setzen den Begriff „Wut" vom Begriff „Aggression" ab. Wir wollen „Wut" als ein lebensnotwendiges Grundgefühl verstehen, das hinter (bzw. zeitlich vor) der Aggression steht. Es handelt sich um einen Zustand hoher affektiver Erregung und Spannung, dessen Energie sich irgendwo „Luft machen" muß, dabei jedoch zunächst nicht von der Absicht bestimmt ist, anderen Personen zu schaden oder Gegenstände zu zerstören. So erleben Eltern den ersten wirklichen Wutausbruch eines Kleinkindes in der sogenannten „Trotzphase" (die wir lieber „Autonomiestreben" nennen möchten). Wenn das Kind die Bedeutung des unendlich wichtigen Wortes „ICH" erahnt hat, erkennt es seine Unterschiedlichkeit vom anderen. Es lernt sich abzugrenzen und „Nein" zu sagen und dieses „Nein" in irgendeiner Form zum Ausdruck zu bringen, eine lebensnotwendige Entwicklung hin zu Eigenständigkeit und Bindungsfähigkeit.

## 3. Ein Flug ins „Land der Wut"

Das oben (S. 50) wiedergegebene Zitat inspirierte uns zu der Idee, in unseren Seminaren und Workshops unsere TeilnehmerInnen zu einem (Aus-)Flug in das aufregende „Land der Wut" einzuladen. Wir verstanden bzw. verstehen uns dabei nicht als „allwissende Piloten" sondern vielmehr als „Flugbegleiter in der Ausbildung", die nur gemeinsam mit den Mitreisenden weiter kommen...

**Start**

Wir gehen davon aus, daß alle Mitreisenden, die in pädagogischen und erzieherischen Bereichen tätig sind, an ihren mit Erfahrungen und Wissen über Aggression vollgepackten Koffern schwer zu tragen haben. Der Umgang mit aggressiven Kindern und Jugendlichen ruft oftmals Gefühle der Hilflosigkeit, Verunsicherung und auch verzweifelter Wut hervor. Alle diese so wichtigen Gefühle sollten wir auf diese Reise mitnehmen, sie werden uns als Wegweiser dienen.

Voraussetzung für die Teilnahme ist nur eine kleine Neugier und die Bereitschaft, der Wut und Aggression einmal anders zu begegnen.

## Sicherheitshinweise „Meine Wut im Bauch"

Wir Flugbegleiter möchten Aggressivität aus psychomotorischer und systemischer Sicht näher beleuchten, vor allem aber das Potential und die Kraft, die hinter Aggression und Wut steckt, sichtbar machen. Wenn wir von vornherein die Wut der Kinder nur als bedrohlich erleben, wenn wir versuchen, sie mit immer neuen Patentrezepten zum Schweigen zu bringen, werden wir den Gewinn und Nutzen dieser Wut nicht entdecken können.

Wir sehen als wichtige Voraussetzung für den adäquaten Umgang mit aggressiven Kindern die Akzeptanz der eigenen Wut. Wer sich also mit seiner eigenen Wut nicht beschäftigen möchte, wer sie lieber leugnet oder unterdrückt, sollte aus Sicherheitsgründen besser nicht an unserem Flug teilnehmen.

Kurz nach dem Start wenden wir uns also unserer eigenen „Wut im Bauch" zu, indem wir uns mit folgenden vier Fragen beschäftigen:

- Wann war ich in der letzten Woche richtig wütend?

- Was oder wer hat mich wütend gemacht?

- Wie habe ich mich dabei gefühlt, wo in meinem Körper habe ich die Wut gespürt?

- Wie habe ich reagiert?

In den meisten Fällen dürfte es nicht schwer fallen, sich einer wutauslösenden Situation zu erinnern. Fast immer sind es Situationen, in denen unsere Bedürfnisse sich mit denen anderer nicht decken. Und wer sich seiner Wut aufmerksam zuwendet, wird auch das Organ kennen, mit dem sein Körper auf Wut reagiert. Beim einen ist es der Magen („Das ist mir richtig auf den Magen geschlagen"), bei anderen das Herz, wieder andere reagieren mit der Galle („Mir läuft die Galle über") oder der Leber. Selbst die Nieren werden nicht ausgespart („Das geht mir an die Nieren"). Wut sucht sich ihr Ventil und muß ihr Ventil finden. Wenn sie nicht gelebt und akzeptiert wird, wenn sie ständig unterdrückt wird („Der Klügere gibt nach", „Wer schreit hat Unrecht" u.ä.), wird sie in Form von Krankheiten früher oder später zum Durchbruch kommen. Auch den Hinweis darauf, daß die Kehrseite der „Aggression" die „Depression" ist, sollten wir in diesem Zusammenhang beachten.

## Wut als Wegweiser

Wir sollten uns aber nicht damit begnügen, Möglichkeiten zu finden, wie wir diese Wut abreagieren können, sondern einen Schritt weitergehen. Wieviele wichtige Informationen bekämen wir durch die liebevolle Frage: „Wut, was willst du mir sagen?" Wenn wir unsere Wut als Wegweiser betrachten, erhalten wir Hinweise auf längst fällige und notwendige Veränderungen in unserem Leben. Welche Bedingungen in meiner Beziehung, meiner Arbeit, meinem Verhalten will ich nicht mehr akzeptieren? Hält mich nur die Angst vor Konflikten und der gestörten Harmonie davon ab, Schritte nach vorn zu tun? Welche Wünsche unterdrücke ich dauerhaft?

Wenn ich meine Wut als hilfreich und sinnvoll entdecke, werde ich auch der Wut anderer Menschen, der Wut des Kindes in meiner Gruppe oder Klasse anders und offener begegnen. Häufig aber gestatten wir uns und anderen nicht einmal, Wut auch zu leben. Für dieses „Auswüteln" bietet die Psychomotorik (für die Kinder, wie für uns Erwachsene) wertvolle Anregungen. Meist ist es besser, sich zunächst alleine „auszuwüteln", es spricht jedoch auch nichts dagegen, mit einem Partner oder in der Gruppe „Dampf ablassen".

*„Auswüteln"*

54

Primäres Ziel ist die Spannungsabfuhr, wobei aber darauf geachtet werden sollte, daß nach intensiver Bewegung eine Ruhe- und Entspannungsphase kommen muß. Hier wird dann die Möglichkeit geschaffen, sich (wieder) auf sich selbst zu konzentrieren bzw. „in sich hinein zu horchen".

*Praxisanregungen*

– Großräumige Bewegungen ohne große (koordinative) Anforderung: Laufen, Hüpfen, Springen (ggf. unterstützt durch Musik).

– Rollbrettfahren (schnell – langsam).

– „Klammerklau" auf Rollbrettern: Jeweils zu zweit Rücken an Rücken. Mehrere Klammern sind unten an der Hose oder an den Schuhen befestigt. Es wird versucht, den anderen Paaren die Klammern wegzunehmen, wobei gleichzeitig auf die eigenen aufgepaßt werden muß.

– „Luftballontennis": Mit einem an beiden Enden in einer Hand festgehaltenen Schleuderhorn so hart wie es geht auf einen Luftballon schlagen. Erfahrungsgemäß erzielt man eine gute Wirkung, wenn man den Grund der Wut auf den Luftballon schreibt.

– Entspannungsübungen (z.B. aus dem autogenen Training); bei Kindern unterstützt durch Musik oder durch das Vorlesen einer Geschichte.

– Sich zurückziehen in vorbereitete „Fluchtburgen" (bei Kindern beliebt: „Ausruh-Höhle" aus Matten, Schwungtüchern etc.).

**Einer erträgt für alle**

Wenden wir uns mit dieser neugierigen Haltung der Wut eines uns anvertrauten Kindes zu, werden wir wertvolle Informationen über die Gruppe und das Kind erhalten. Lassen Sie sich also ein auf einen kleinen Exkurs in die Betrachtungsweise des aggressiven Kindes aus der Sicht der systemischen Familientherapie, d.h., schauen Sie einmal aus dem Fenster unseres Flugzeugs auf das Land der Wut, wir überfliegen es gerade.

Zunächst gibt es aggressionsfördernde Bedingungen, die wir nicht ändern können, wie z.B. beengte Wohnverhältnisse, die keinen Platz zum Toben und für Krach zulassen, der Winter, der die Kinder im Haus hält und den Bewegungsdrang erheblich einschränkt. Geburt von Geschwistern, erlebte Gewalt im Elternhaus und auch im weitesten Sinne jede Erziehungsmaßnahme, weil sie den eigenen Handlungs- und Freiraum begrenzt, müssen ebenfalls zu diesen Bedingungen gerechnet werden. Manchmal bleibt uns nicht mehr, als Verständnis zu zeigen und Aggressionen wie

Wut – soweit es geht – in soziale Bahnen zu lenken bzw. Möglichkeiten des Auslebens zu schaffen (s.o.).

Es gibt aber auch Aggressivität, die ein Kind stellvertretend für andere lebt. Das aggressive Kind ist dann ein Indikator für ungesunde, ungeklärte Zustände in der Gruppe, der Klasse, der Familie, der Institution, in der es lebt. Auf der Landkarte erkennen wir, daß das Kind gewissermaßen für uns wütend sein **muß** und im Grunde unsere eigene Wut austrägt.

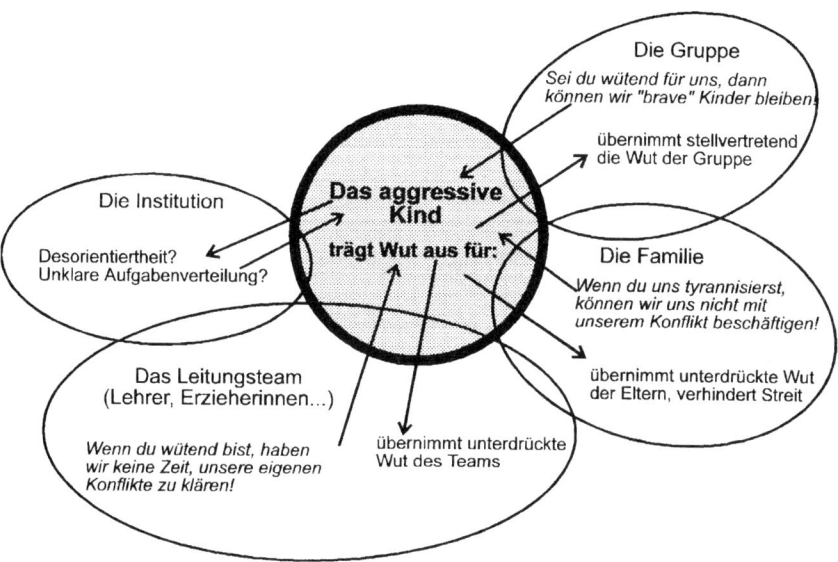

Karte „Land der Wut"

Wenn in einer Gruppe das Ideal konfliktfreier Harmonie herrscht, wenn Streit und Raufen verpönt sind, werden sich alle Kinder darum bemühen, brav und lieb zu sein, weil sie sich dann des Lobes und Wohlwollens der LeiterInnen gewiß sein können. Das in jeder Gruppe vorhandene Potential an Wut und Aggression übernimmt dann unbewußt ein Kind, das aufgrund seiner biographischen oder charakterlichen Anlage dazu prädestiniert ist. Ist nun dieses eine Kind bekannt als Störenfried und Raufbold, können die anderen sich weiterhin als brave Kinder verhalten. Das Kind trägt stellvertretend für die anderen Kinder Wut aus. LeiterInnen von Gruppen sollten sich fragen, ob sie Konflikte lieber vermeiden oder sie ernst nehmen und akzeptieren und mit den Kindern nach sozialverträglichen Lösungen suchen wollen. Viele LeiterInnen erleben, daß, wenn der

Störenfried beseitigt wurde (durch Hinausschicken o.ä.), häufig ein anderes Kind die Rolle übernimmt. Aber: Wut braucht ihren Platz und läßt sich nicht hinausschicken.

Ebenso kann das aggressive Kind Wut für seine Familie übernehmen. Zum einen kann es durch seine Wut die Eltern davon abhalten, sich mit ihren Konflikten zu befassen, weil sie sich ständig nur um das Kind kümmern müssen; es verhindert den längst fälligen Streit. Es kann aber auch darauf aufmerksam machen, daß gewisse Dinge ständig unter den „Teppich gekehrt" werden. Der entstehende latente Druck entlädt sich in der kindlichen Aggression. Nicht zuletzt kann diese Aggression dafür sorgen, daß das Kind Zuwendung erfährt, die es, wenn es brav wäre, nicht bekäme. Eltern sollten sich die Frage stellen, welche Themen bei ihnen besprochen würden, wenn aus dem kleinen "mafioso" plötzlich ein braves Kind würde. Hinsichtlich der Zuwendung gilt diese Überlegung auch für GruppenleiterInnen: Welchen „Ersatz" für unsere, wenn auch negative Zuwendung (Tadeln, Bestrafen etc.), bieten wir dem „Störenfried", damit auch das nicht-aggressive Verhalten sich „lohnt"?

Wir können unsere Ausgangsfrage nach der Leistung, die das aggressive Kind für das System, in dem es lebt, bringt, ausdehnen auf das Leitungsteam und die Institution. Unter systemischer Betrachtung werden Probleme nicht bei bestimmten Personen angesiedelt, wie es in allgemeinen Bewertungsgewohnheiten oft zum Ausdruck kommt: „Kind ‘A' ist nicht kommunikationsfähig, es ist aggressiv, bringt nicht die richtige soziale Einstellung mit usw..."

Es wird von uns eher die Aussage formuliert, daß dieses Verhalten zwar problematisch ist, aber durchaus einen Sinn bzw. eine Bedeutung haben kann. Problempersonen werden als *Symptomträger eines System-Problems* gesehen. Symptomträger (=„schwarze Schafe" aus der Sicht des Systems) dienen dann oft dazu, System-Widersprüche und Probleme zu erhalten, zu schützen, also letztlich einer Bearbeitung unzugänglich zu machen.

Konkret bedeutet diese Annahme, daß das aggressive Kind möglicherweise unausgesprochene und unbearbeitete Konflikte im Leitungsteam bzw. in der Institution übernimmt und durch sein problematisches Verhalten dafür sorgt, daß diese Konflikte auch weiterhin nicht angesprochen werden (können). Als ein erster Lösungsschritt böte sich an, daß ein Leitungsteam sich unter anderem die Frage stellen würde, ob sich nicht hinter dem „Opfermarathon", zu dem sich viele mit dem Helfersyndrom ausgestattete Menschen verpflichtet fühlen, längst unausgesprochener Ärger versteckt? Immer wieder übernimmt man lächelnd und verständnisvoll Arbeit für die Kollegin, die, wie man weiß, von privatem Kummer überhäuft ist. Den angestauten Ärger gesteht man sich nicht ein, man ist „liebevoll miteinander böse".

Ein auffällig aggressives Kind in der Gruppe sorgt dafür, daß auch Gruppenbesprechungen oder Supervisionen hauptsächlich der Fragestellung nach dem angemessenen Umgang mit diesem Kind dienen und unterdrückte Konflikte mit KollegInnen nicht zur Sprache kommen. Da es uns ohnehin schwer fällt, derlei wütende Gefühle in uns zu akzeptieren, „bewahrt" uns das aggressive Kind vor diesen unangenehmen Auseinandersetzungen.

Auch Fragen nach unklarer Aufgabenverteilung und Zuständigkeit, nach Desorientiertheit in den oberen Reihen der Institution, kann uns das aggressive Kind abnehmen. Desorientiertheit macht aggressiv, nicht nur Kinder brauchen klare Grenzen und Strukturen. Solange aber ein „Problemkind" unsere Aufmerksamkeit voll in Anspruch nimmt, können wir auch diese Klärung vermeiden. Auch hier trägt das Kind stellvertretend für das System Wut aus.

Es soll keineswegs bestritten werden, daß es auch wirkliche „Problemkinder" gibt, die einer gezielten und professionellen Behandlung bedürfen – und in dieser Hinsicht bietet die Psychomotorik über Bewegung, Spiel und Sport ausgezeichnete (Hilfs-) Möglichkeiten an – es ist uns jedoch daran gelegen, die positiven, richtungsweisenden Aspekte der Wut und Aggression in unser Denken mit einzubeziehen. Wenn wir es mit einem aggressiven Kind zu tun haben, sollten wir eben nicht nur darauf bedacht sein, dieses Kind „zur Ruhe zu bringen", sondern uns die Frage stellen, welche Hinweise auf mögliche Veränderungsbedürftigkeiten des Systems uns diese Wut gibt. Dies bedeutet konkret die Fokussierung auf das System und nicht auf das „auffällige Kind". Die systemische Familientherapie spricht in diesem Zusammenhang vom "Indexpatienten", d.h. von demjenigen, der auf ungesunde Zustände des Systems aufmerksam macht. Diese Perspektive führt zu einer Entlastung derjenigen, die das aggressive Kind betreuen, aber auch zu einer Entlastung des Kindes. Welche Anteile der Wut sollte ich selbst übernehmen, damit das Kind sie nicht länger stellvertretend für mich übernehmen muß? Hilfreich ist auch in diesem Zusammenhang die Frage: Was leistet das Kind für mich, für unser Team, für unsere Institution?

Zur **Kurskorrektur** im Umgang mit Wut und Aggression bzw. mit wütenden und aggressiven Kindern lassen sich bei einer **Zwischenlandung** entsprechend der „Teilregionen" auf unserer Landkarte zusammenfassend einige Leitfragen formulieren:

*Zur Gruppe:*

- Herrscht in der Gruppe das Ideal konfliktfreier Harmonie?
- Werden Konflikte ernst genommen?
- Ist Streit/Raufen verpönt?
- Gibt es genügend Raum zum Austoben von Wut?

*Zur Familie:*

- Was wird dauernd „unter den Teppich gekehrt"?
- Welche Themen wären dran, wenn das Kind plötzlich lieb wäre?
- Wieviel Aufmerksamkeit bekommt das Kind, wenn es brav ist?

*Zur Institution:*

- Gibt es unterdrückte Konflikte mit Kollegen?
- Gibt es Unklarheiten über die Arbeitsverteilung und Zuständigkeit?
- Gibt es Ärger, der hinter „Opfermarathon" versteckt liegt?
- Welche Themen würden wir besprechen, wenn nicht dieses aggressive Kind unsere Aufmerksamkeit beanspruchen würde?

**Alle (er)tragen einen**

Nach dem Zwischenstop, d.h. wenn wir das aggressive Kind in seiner (möglichen) Bedeutung und Wirkungsweise für das Gesamtsystem (bis in die obersten Hierarchien) sehen, bietet sich aus dem Fundus der Psychomotorik eine Fülle von Spielen und Übungen an, die die Einbindung eines aggressiven Kindes in das Gesamtsystem fördern. Zunächst müssen wir uns jedoch als verantwortliche Erwachsene ein „Rüstzeug" erarbeiten, durch das wir in der Lage sind, im Unterricht wie im Alltag des Kindergartens der Wut und der Aggression von Kindern so zu begegnen, daß das pädagogisch-therapeutische Ziel (Abbau und Unterbindung von Aggression) auch wirklich erreicht werden kann. "Der Therapeut ... - oder besser gesagt der therapeutisch orientierte Steuerer kindlichen Verhaltens – wird sich zwar auch dafür interessieren, wie wirksam eine Technik ist, mit deren Hilfe man ein bestimmtes Verhalten unterbinden bzw. anregen kann, aber genauso wichtig wird ihm sein, ob die angewandte Technik hinsichtlich ihrer **Nebenwirkungen** (Hervorhebungen durch d. Verf.) für das grundlegende therapeutische Ziel zumindest unschädlich sei." (Redl/ Wineman 1986, 18).

Hölter (1988) hat die ursprünglich aus der therapeutischen Arbeit mit stark verhaltensauffälligen Kindern und Jugendlichen stammenden pädagogisch-therapeutischen Interventionstechniken von Redl/Wineman auf dem Hintergrund des normalen (Sport-)Unterrichts reflektiert. Dabei wird der "Begriff 'Technik' in diesem Zusammenhang weniger im Sinne von 'technologischen Unterrichtsmanagement' gebraucht, sondern als Bezeichnung für eine pädagogisch-therapeutische Maßnahme, die nur dann sinnvoll ist, wenn sie in eine umfassendere pädagogische Beziehung eingebettet ist" (Hölter 1988, 44). An dieser Stelle mag ein Überblick über diese Techniken genügen.

---

**Pädagogisch-therapeutische Techniken**

A. *Unterstützung der Ich-Kontrolle und Selbstbeherrschung*

1. Eingriff durch Signale
2. Kontrolle durch körperliche Nähe und Berührung
3. Verstärkung des Interesses und der Anteilnahme
4. Spannungsentschärfung durch Humor
5. Bewußtes Ignorieren von Störungen
6. Ableitung von Spannungen durch offene Diskussion
7. Vorbeugendes Hinausschicken zur Wiederherstellung von Selbstkontrolle
8. Vorausschauendes Besprechen von möglichen Konflikten

B. *Situationsgerechte Hilfen*

1. Individuelle Hilfestellung
2. Umstrukturierung der Situation, z.B. durch Umgruppierung
3. Unterstützung durch Routineabläufe und Vorschriften
4. Physisches Eingreifen als beschützende Handlung
5. Einschränkung der räumlichen Bewegungsfreiheit und Beseitigung verführerischer Gegenstände
6. Deutliches Setzen von Grenzen, Verbote
7. Umdeutungen, paradoxe Aufforderungen

C. *Appell an die Reflexion, das Gewissen und Hinweis auf mögliche Folgen von Handlungen*

1. Direkter Appell
2. Deutungen am Rande
3. Reflektierende Aufbereitung *nach* einer Problemsituation

D. *Einsatz des Lust- und Unlustprinzips*

1. Belohnungen und Versprechungen
2. Drohungen und Bestrafungen
3. Lob und Tadel

*(Redl/Wineman 1986, zit. n. Hölter 1988, 45)*

---

Zur eigentlichen Einbindung bieten sich zunächst Übungen und Spiele an, in denen das aggressive und wütende Kind eine positive Aufnahme oder Zuwendung durch die Gruppe erfährt.

*Beispiele:*

- Ein Kind wird von der Gruppe in einem Schwungtuch (Decke, Laken etc.) getragen oder geschaukelt.
- Ein Kind wird von den anderen mit einem Schwungtuch (Decke, Laken etc.) nach einem Sprung (vom Boden, vom Tisch, vom Kasten etc.) sanft aufgefangen.
- Über ein Rollbrett wird ein Schwungtuch gelegt, das Tuch wird von der Gruppe am Rand festgehalten, auf Schwungtuch und Rollbrett steht ein Kind. Die ganze Gruppe setzt sich in Bewegung. Wenn das auf dem Rollbrett stehende Kind fällt, fängt es die Gruppe auf.
- Ein Kind steht auf einer Weichbodenmatte. Nah herum stehen vier oder fünf weitere Kinder. Plötzlich sackt das Kind in der Mitte in sich zusammen, wird aber, bevor es auf den Boden stürzt (an den Armen und Hüften) aufgefangen.
- „Baumstammflössen": Die MitspielerInnen liegen versetzt gegeneinander auf dem Rücken (Ohr an Ohr) und strecken ihre Arme und Hände nach oben. Abwechselnd wird je ein Kind (ebenfalls auf dem Rücken liegend) vom Beginn der Reihe bis zum Ende "durchgereicht".
- „Spinnen-Netz": Aus Seilchen (jeweils an beiden Enden halten und dann ineinander schlingen) läßt sich schnell ein "Spinnennetz" herstellen, das zunächst auf den Boden gelegt wird. Darin kann sich ein Kind setzen und wird dann von den anderen, im Kreis stehenden MitspielerInnen hochgehoben, geschaukelt und im Kreis bewegt.

Desweiteren haben sich nach unseren Erfahrungen Spiele bewährt, in denen gerade dem wütenden und aggressiven Kind die „Verantwortung" (spielerisch) für einen Partner oder die ganze Gruppe übertragen wird oder wenn es zeitweise mit "besonderen Aufgaben" betraut wird. Oft wird so ganz von selbst ein Gruppengefühl entwickelt (vgl. Smith 1995; Beudels u.a. 1994).

*Beispiele:*

- Führen – Geführtwerden: Ein Partner hat die Augen geschlossen oder verbunden und wird vom anderen durch den Raum geführt (taktil oder verbal).
- „Wildgewordene Roboter": Die ganze Gruppe besteht aus Robotern, die außer Kontrolle geraten sind. Sie können nur noch in eine Rich-

tung gehen. Ein Kind paßt auf, daß die Roboter nicht zusammenstoßen und vor die Wand laufen. Durch vorsichtiges Drehen an den Schultern ändern die Roboter ihre Richtung.

– Bei einigen Fallschirm- und Schwungtuchspielen können einzelne Kinder für eine bestimmte Zeit gesondert hervorgehoben werden: „Haifisch": Die MitspielerInnen sitzen im Kreis auf dem Boden und halten einen Fallschirm oder ein Schwungtuch so, daß ihre Beine unter dem Tuch sind. Ein Kind ist als Haifisch unter dem Tuch. Wenn die anderen große Wellen machen, „schwimmt" der Haifisch umher und zieht ein Kind nach dem anderen ins Wasser. Aus der gleichen Ausgangsposition bietet sich auch das Spiel „Katz und Maus" an: Hier ist eine Mitspielerin unter (Maus), eine andere auf dem Tuch (Katze). Die Katze versucht auf allen vieren die Maus zu fangen. Durch heftige Wellenbewegungen der übrigen Teilnehmer gelingt es der Maus häufig, zu entwischen. Wenn die Katze die Maus fängt, ist der Durchgang zu Ende.

## Landung

Wir sind auf unserem Flug schon weit ins "Land der Wut" eingedrungen und werden nun zur Landung ansetzen. Wichtig erscheint uns nach der Reise aber nochmals der Hinweis, daß wir unsere eigene Wut, die häufig der Hilflosigkeit entspringt, nicht einfach durch Spielanleitungen oder verbale Äußerungen übergehen sollten. Mit **Wut im Bauch** kann ich keinem wütenden Kind begegnen, es wird meine Wut an meiner Körpersprache und -haltung ablesen und Widerstand leisten. Gute Erfahrungen haben wir damit gemacht, über dieses aggressive Kind einfach mal eine „Lobrede" zu schreiben. Anhaltspunkte: Was kann dieses Kind besonders gut? Wofür würde es in dieser Gruppe einen Preis bekommen? Welche positive Absicht steckt hinter seinem aggressiven Verhalten? Sucht es Freunde? Braucht es mehr Verantwortung? Wie kann ich dem Kind helfen, bessere Wege zu finden?

Aus dieser Überlegung ist unsere Idee der „Lobstraße" entstanden, die nicht nur unseren „Problemkindern", sondern im übrigen auch den strapazierten Mitarbeitern gut tut: Die MitspielerInnen stehen in der Gassenaufstellung einander gegenüber. Eine Mitspielerin steht mit verbundenen Augen am Beginn der Gasse. Sie darf durch die „Lobstraße" gehen und wird durch lobende oder aufmunternde Geräusche und Ausrufe (z.B. Applaudieren, „Bravo"-Rufe u.v.m. ) der anderen über die Straße geleitet. Die MitspielerInnen, an denen sie vorbeigegangen ist, laufen außen herum und stellen sich am Ende der Gasse wieder an.

*Lobstraße*

# Literatur

*... für Kinder*

McKnee, D.: Du hast angefangen! Nein Du! Aaru 1988

Kitamura, S./Oram, H.: Der wütende Willi. Mühlheim: Verlag an der Ruhr 1996

Ross, T.: Oskar ist schuld. Stuttgart 1987

Ruprecht, F.: Jakobs Traum. Büchergilde Gutenberg o.J.

Sendak, M.: Wo die wilden Kerle wohnen. Zürich 1967

Wolters, D./Braun, G.: Das große und das kleine NEIN. Mühlheim: Verlag an der Ruhr 1995

*... für Erwachsene*

Balgo, R. / Voß, R.: "Kinder, die sich auffällig zeigen" – Die systemisch-konstruktivistische Wende in der Psychomotorik. In: Kiphard, E.J. / Olbrich, I. (Hrsg.): Psychomotorik und Familie – Psychomotorische Förderpraxis im Umfeld von Therapie und Pädagogik. Dortmund: verlag modernes lernen 1995

Beudels, W./Lensing-Conrady, R./Beins, H.J.: ...das ist für mich ein Kinderspiel. Handbuch zur psychomotorischen Praxis: Dortmund: borgmann 1994

Böhn, W.: Wörterbuch der Pädagogik. Stuttgart: Kröner [14]1994

Büttner, CHR.: Mit aggressiven Kindern leben. Weinheim: Beltz 1988

Büttner, CHR.: Wut im Bauch. Weinheim: Beltz 1993

Hölter, G.: Bewegung in Therapie und Sportunterricht. In: Hölter, G. (Hrsg.): Bewegung und Therapie interdisziplinär betrachtet. Dortmund: verlag modernes lernen 1988

Hurrelmann, K.: Familienstreß, Schulstreß, Freizeitstreß: Gesundheitsförderung für Kinder und Jugendliche. Weinheim: Beltz 1990

Petermann, F. / Petermann, U.: Training mit aggressiven Kindern. Weinheim: Psychologie-Verlags-Union 1991

Lerner, H.G.: Wohin mit meiner Wut? Frankfurt a.M.: Fischer 1992

Preuschoff, G./Preuschoff, A.: Wir können etwas tun. Gegen Gewalt an Schulen. Köln: PapyRossa 1994

Redl, F. / Wineman, D.: Steuerung des aggressiven Verhaltens beim Kind. München: Piper [4]1986

Smith, CH. A.: Hauen ist doof. 162 Spielideen gegen Aggression in Kindergruppen. Mühlheim: Verlag an der Ruhr 1995

Stein, A.: Wenn Kinder aggressiv sind. Wie wir verstehen und helfen können. München: Kösel [6]1995

Fotos: W. Beudels

# Auch ein Grund durchzudrehen...!

## Sexueller Mißbrauch an Mädchen und Jungen

*Gisela*
*Braun*

*Gisela Braun*

# Auch ein Grund durchzudrehen...!

## Sexueller Mißbrauch an Mädchen und Jungen

*„Kinder lernen im Lauf ihrer Entwicklung die Welt kennen.*

*Sie beobachten, fragen, probieren, „begreifen" mit unerschöpflicher Energie und Phantasie. Um leben und wachsen zu können, brauchen sie die Unterstützung der Erwachsenen, sie brauchen Liebe, Geborgenheit, Zärtlichkeit, Hilfe, Schutz und Sicherheit. Darauf sind Mädchen und Jungen angewiesen und darauf vertrauen sie.*

*Mißbraucht ein Erwachsener ein Kind sexuell, so benutzt er die Liebe, die Abhängigkeit oder das Vertrauen für seine sexuellen Bedürfnisse – und setzt sein Bedürfnis nach Unterwerfung, Macht oder Nähe mit Gewalt durch. Ergefährdet die Lebens- und Entwicklungsgrundlage und schädigt die Seele des Kindes."* (Braun 1994)

## 1. Die Realität sexuellen Mißbrauchs

Für viele Mädchen und Jungen gehört der sexuelle Mißbrauch zum Lebensalltag. Untersuchungen belegen, daß etwa jedes 3. bis 4. Mädchen und etwa jeder 7. bis 9. Junge von sexuellem Mißbrauch betroffen ist (vgl. Bange 1994, Braun 1992, Wetzels 1995), und zwar auch schon Säuglinge und Kleinkinder. „Mädchen und Jungen werden gezwungen, lüsterne Blicke und Redensarten zu ertragen, Zungenküsse zu geben, sich nackt zu zeigen, sich berühren zu lassen, den Mißbraucher nackt zu sehen und ihn anzufassen, Pornografie anzuschauen, bei Pornoaufnahmen mitzumachen, den Erwachsenen mit der Hand oder dem Mund zu befriedigen. Mädchen und Jungen werden vergewaltigt, anal, oral oder vaginal mit Fingern, Gegenständen oder dem Penis" (Braun 1994). Dies sind nur einige Beispiele dafür, wie Kinder sexuell ausgebeutet werden.

Oft ist der sexuelle Mißbrauch eingebettet in Spiel und Pflege. Da „spielt" der Täter das Zauberspiel, (den Penis groß und klein zaubern) oder Schokoladenmännchen, (Schokocreme auf den Penis schmieren und das Kind ablecken lassen). Andere Täter kontrollieren, ob das Kind beim Baden auch von „innen" sauber geworden ist oder „pflegen" die Genitalien intensivst mit Salbe. Manchmal wird dem Kind erzählt, daß es krank sei und sterben müsse, wenn es nicht zweimal die Woche die besondere Medizin (Sperma) schlucken würde.

Der überwiegende Teil der Täter sind Männer, aber es gibt auch Täterinnen. „Die Täter sind nicht fremde, sondern überwiegend den Mädchen und Jungen bekannte und vertraute Männer – Väter, Stiefväter, Lehrer, Onkel, Nachbarn, Freunde der Familie, Brüder, Jugendgruppenleiter, Erzieher etc.; Männer aller Altersgruppen und aller sozialer Schichten" (Weber/Rohleder 1995, 16). Man sieht es keinem Menschen an, daß er Kinder mißbraucht. Das bedeutet, der Täter kann ein Mensch sein mit tadellosem Ruf, religiös oder politisch aktiv, ein guter Ehemann und Vater, vielleicht erfolgreich im Beruf oder engagiert im sozialen Bereich – er kann all das sein und trotzdem ein Täter. Vielzuoft wird sexueller Mißbrauch nicht aufgedeckt, weil diesem Mann „sowas" nicht zugetraut wird. Es geht nicht um Mißtrauen gegen alle Männer, ganz gewiß nicht – es geht darum, daß wir unsere blinden Flecken verringern.

Bei einem sexuellen Mißbrauch handelt es sich in den seltensten Fällen um einen „einmaligen Ausrutscher" oder eine spontane Handlung. „Vielmehr plant und organisiert der Täter ganz bewußt Gelegenheiten, um sich Mädchen und Jungen zu nähern. Manche Mißbraucher suchen sich eigens einen erzieherischen Beruf oder eine entsprechende Freizeitbeschäftigung, um an ihre Opfer zu kommen. Dabei mißbrauchen sie meist nicht nur ein Kind, sondern mehrere, entweder gleichzeitig oder in Folge" (Braun 1994, 10). Zudem ist der sexuelle Mißbrauch fast immer eine Wiederholungstat, die sich teilweise über Jahre hinziehen kann. Dabei gilt vor allem für innerfamilialen Mißbrauch: Je enger die Beziehung zwischen Opfer und Täter, – desto intensiver die sexuelle Gewalt – desto länger dauert sie an – desto sicherer kann der Täter für Geheimhaltung sorgen (vgl. Weber/Rohleder 1995, 18).

Nicht selten wird Mädchen oder auch Jungen unterstellt, sie hätten den Täter „verführt" oder „provoziert". Dies ist unzulässig, denn Kinder tragen niemals die Verantwortung für einen sexuellen Mißbrauch. Kinder wollen geliebt und beachtet werden – nicht mißbraucht. Eine weitere verbreitete Annahme, daß Kinder möglicherweise einen sexuellen Mißbrauch erfinden oder erlügen, ist ebenso falsch. Diese Unterstellung zeugt allein von dem Wunsch der Erwachsenen, es möge doch bitte, bitte alles nicht wahr sein. Weil sie es nicht fassen können, wird die Schuld auf die Kinder geschoben.

Die Frage nach den Ursachen sexuellen Mißbrauchs ist nicht leicht zu beantworten. Die Täter sind nicht „krank" – sie tragen die Verantwortung für ihre Taten. Sie handeln auch nicht aus einem „sexuellen Notstand" heraus – häufig haben sie sexuelle Kontakte zu erwachsenen Frauen oder könnten sie zumindest haben. „Es geht um den Mißbrauch von

Macht durch die sexuelle Gewalt. Die Sexualität wird als Mittel, sozusagen als Waffe benutzt, um Macht auszuüben. Sexueller Mißbrauch ist nicht eine gewalttätige Form von Sexualität, sondern eine sexuelle Form von Gewalttätigkeit" (Braun 1992, 13).

Der sexuelle Mißbrauch ist immer mit einem Schweigegebot verbunden. Die Mädchen und Jungen dürfen und können meist nicht über das Geschehen sprechen. Drohungen des Täters, das Kind zu schlagen oder gar zu töten, kommen vor, sind aber oft gar nicht nötig. Auch subtile Gewalt zeigt ihre Wirkung. Das Kind ist gewöhnt, der Autorität des Erwachsenen, vor allem im Familienkreis, zu gehorchen. Zu Beginn des Mißbrauchs ist es verwirrt, meint sich getäuscht zu haben, hofft, daß „das" nicht wieder vorkommt. Wenn „es" aber weiter geht, scheint es zu spät. Das Kind fühlt sich mitschuldig – eine Empfindung, die der Täter nach besten Kräften fördert. Er sagt vielleicht, das Mädchen „sei so sexy, daß er nicht an sich halten könne" oder der Junge „wolle es schließlich auch". Nun beginnen die Kinder, sich zu schämen und verlieren das Vertrauen in sich selbst. Vor allem wenn der Täter dem Kind sehr nahe steht, kann es einfach nicht glauben, daß der geliebte Papa oder Opa etwas Unrechtes tun könnte.

Das Mädchen oder der Junge fühlt sich ausgeliefert und ohnmächtig, hilflos und unsicher, begleitet von ständiger Angst. Der Täter erpreßt es mit Geschenken und Aufmerksamkeiten, aber auch mit Liebe und Zuneigung. Er entfremdet und isoliert das Kind von anderen Vertrauenspersonen wie etwa der Mutter. Er droht, daß die Mutter krank würde oder das geliebte Meerschweinchen eingeschläfert werden müsse. Er macht das Kind verantwortlich für den Zusammenhalt der Familie. Er zerstört Spielzeug und tötet Haustiere.

Und wenn die Kinder tatsächlich diese schier unüberwindlichen Drohungen überwinden und sich jemandem anvertrauen, wird ihnen häufig noch nicht einmal geglaubt.

## 2. Vom Wert des Durchdrehens

Sexuelle Gewalt geht an keinem Kind spurlos vorbei. Alle Kinder wehren sich gegen die Übergriffe, alle Kinder teilen sich mit. Allerdings sind diese Mitteilungen nicht immer leicht zu verstehen und oft genug werden sie falsch gedeutet – als Störung nämlich, als Mangel, Defekt, Defizit, auf jeden Fall ein Verhalten, das uns im täglichen Umgang mit Betroffenen oft ganz schön zusetzt:

– Mädchen und Jungen, die böse, aggressiv und zerstörerisch sind

- Mädchen und Jungen, die lügen, stehlen und Männer sexuell provozieren
- Mädchen und Jungen, die einnässen und einkoten, sich selbst verletzen, unmäßig essen oder unmäßig hungern, sich nicht waschen oder sich wund schrubben
- Mädchen und Jungen, ständig voller Unruhe in Bewegung, die in Panik und grenzenloser Wut toben oder sich in eine Ecke verkriechen, stumm und steif.

Der Umgang mit solch belastenden Verhaltensweisen fällt leichter, wenn man sich in einem Perspektivenwechsel versucht und die Frage stellt: „Wofür war oder ist dieses Verhalten gut – in Anbetracht eines sexuellen Mißbrauchs?" Was zunächst als Störung erscheint, ist in Wahrheit ein Bewältigungsmechanismus, Teil einer Überlebensstrategie, eine „normale „ Reaktion auf „unnormale" Zustände.

Der Junge macht immer noch ins Bett und zudem übergibt er sich auch noch häufig? Ein solcherart verschmutztes Bett schreckt den Täter vielleicht ab. Das Mädchen „frißt alles in sich rein" und wird entsprechend füllig? Gut möglich, daß der Täter zierliche Figuren bevorzugt.

So hat jedes auffällige „abweichende" Verhalten seinen Sinn gehabt (oder hat ihn noch) – als Versuch, sich gegen die sexuelle Gewalt zu wehren, als Möglichkeit, sich Schutz zu besorgen, als Hilferuf und um Aufmerksamkeit zu erregen.

Die Mädchen und Jungen sind aber – verständlicherweise – so tief in ihrer Vertrauensfähigkeit verstört, daß sie ihr Schutzverhalten erstmal beibehalten, auch wenn der Mißbrauch beendet ist oder wenn sie bei uns als Betreuenden sicher sind. Auch dies ist vernünftig – in Anbetracht der vorausgegangenen Erfahrungen. Es braucht viel Zeit, schier unendliche Geduld und Stabilität, bis das Kind daran glaubt, daß die Abwehrmechanismen nicht mehr nötig sind. Die Schutzmauer muß Stein für Stein abgebaut werden – einreißen wäre bloß ein weiterer Gewaltakt. Was aber nicht bedeutet, daß wir den Kindern keine Grenzen setzen dürfen. Das müssen wir sogar, denn wenn sie ihr „grenzloses" Verhalten überwinden sollen, brauchen sie Vorbilder in Sachen Grenzziehung.

Aber auch an uns ist es, kindliche Grenzen zu respektieren, d.h. nicht drängen und bohren, um alles zu erfahren, aber sich auch nicht abwenden, mit der Ausrede, das Kind solle so schnell wie möglich vergessen. Was brauchen Kinder? Was wollen sie von uns hören? Vielleicht dies – es muß nicht wörtlich oder laut gesprochen sein, es kann auch als Haltung vermittelt werden:

*„Du, Kind, es interessiert mich sehr, was Du erlebt hast.*

*Ich würde gern davon hören. Aber Du entscheidest ganz allein, ob Du erzählen kannst oder nicht. Und Du entscheidest auch, wann Du erzählst und was und wieviel.*

*Du bestimmst, was wichtig ist und was nicht so sehr, denn ich kann nicht beurteilen, was Dir wichtig ist. Wenn Du erzählst, werde ich Dir glauben. Und ich werde es aushalten, denn ich bin erwachsen und Du mußt mich nicht schützen. Du kannst alle Gefühle äußern und ich werde sie nicht bewerten.*

*Sagst Du, Du liebst den Täter, akzeptiere ich das. Sagst Du, Du haßt ihn, akzeptiere ich das. Deine Gefühle sind richtig und wichtig. Ich weiß, daß Dir verboten wurde, zu reden und wie schwer es ist, es trotzdem zu tun. Du bist sehr mutig.*

*Ich werde nichts hinter Deinem Rücken tun.“*

Fazit: Kein Kind muß reden und die meisten betroffenen Mädchen und Jungen müssen auch nicht unbedingt sofort in eine Therapie. Die Kinder brauchen Schutz, Trost, die Möglichkeit zu sprechen und ihre Ängste auszuagieren. Aber was sie vor allem wollen, ist Normalität. Sie wollen nicht als Monster oder bedauernswerte Opfer oder auf immer Geschädigte oder Gestörte stigmatisiert werden – sie wollen endlich, endlich ganz normale Kinder sein und so behandelt werden – mit Zuwendung, Achtung und liebevollem Respekt.

# Literatur

Bange, Dirk: Die dunkle Seite der Kindheit. Sexueller Mißbrauch an Mädchen und Jungen. Ausmaß Hintergründe-Folgen. Köln 1992

Braun, Gisela:  Zum Ausmaß sexuellen Mißbrauchs an Mädchen und Jungen. Vergleichende Untersuchungen. In: AJS-Forum 2/92 und Sozialmagazin 5/92

Weber, Monika/Rohleder Christiane: Sexueller Mißbrauch. Jugendhilfe zwischen Aufbruch und Rückschritt. Münster 1995

Wetzels, Peter: Sexueller Mißbrauch: Neue Zahlen. In: Psychologie Heute 7/94

*Weitere Materialien:*

Gisela Braun: Ich sag' NEIN. Arbeitsmaterialien gegen den Mißbrauch an Mädchen und Jungen. Verlag an der Ruhr Mülheim 1989

Gisela Braun: Gegen sexuellen Mißbrauch an Mädchen und Jungen. Ein Ratgeber für Mütter und Väter. Herausgeberin und Bezug: AJS NRW e.V., Hohenzollernring 85-87, 50672 Köln (3,- DM Schutzgebühr)

*Kinderbücher:*

G. Braun/D. Wolters: Das große und das kleine NEIN. Mülheim 1991

G. Braun/D. Wolters: Melanie und Tante Knuddel. Mülheim 1994

# Psychomotorik mit verhaltensauffälligen Kindern im Kindergarten

*Matthias Brüx*

*Matthias Brüx*

# Psychomotorik mit verhaltensauffälligen Kindern im Kindergarten

Leser oder Seminarteilnehmer haben beim Thema „Psychomotorik mit verhaltensauffälligen Kindern" große Erwartungen oder zumindest große Hoffnungen:

Bekomme ich endlich gezielte Tips und Anregungen, um mit meinen akuten Problemen besser fertig zu werden? Die praktische Arbeit mit verhaltensauffälligen Kindern bringt den Pädagogen (Erzieher/Therapeuten) häufig an den Rand seiner Kräfte und läßt mitunter die Stimmung von Hilflosigkeit und Resignation aufkommen. Leider kann auch dieser Beitrag keine Patentrezepte liefern, aber er möchte allen LeserInnen Mut machen weiterzukämpfen und einige Anregungen für die psychomotorische Praxis geben.

## 1. Theoretische Überlegungen

Wer sind die verhaltensauffälligen Kinder im Kindergarten?

Kinder, die durch ihr Verhalten den harmonischen Gruppenalltag stark beeinträchtigen (Symptomebene).

Kinder in problematischen Lebenssituationen, die besondere pädagogische Maßnahmen der Entwicklungsförderung und Ich-Stärkung bzw. besondere Hilfe bei der Lösung aktueller Konflikte benötigen (pädagogisch-psychologische Ebene).

Die psychomotorische Arbeit mit verhaltensauffälligen Kindern ist immer dann erfolgversprechend, wenn sie die Ursachen für die Verhaltensauffälligkeiten in ihre Überlegungen einbezieht. Nun ist es so, daß Verhaltensauffälligkeiten i.d.R. multifaktoriell bedingt sind, wobei sich dennoch zwei Gruppen herauskristallisieren:

Die Ursache liegt primär beim Kind selbst (primär organisch bedingte Verhaltensauffälligkeit).

Beispiel: Das Kind ist aufgrund einer minimalen Hirnstörung mit einer relativ geringen Frustrationstoleranz ausgestattet und reagiert schon bei geringen Anlässen verhaltensauffällig.

Die Ursache ist primär in den Umweltbedingungen, in denen das Kind aufwächst, begründet (primär milieubedingte Verhaltensauffälligkeit).

Dieser Beitrag bezieht sich in erster Linie auf Kinder mit milieubedingten Verhaltensauffälligkeiten, da sie zahlenmäßig den anderen m.E. weit überlegen sind. Wenn also das Verhalten von Eltern/Erziehungsberechtigten den Hintergrund für kindliche Verhaltensauffälligkeit darstellt, müssen die Eltern auch in die pädagogische Arbeit/Therapie einbezogen werden. 'Elternarbeit' ist jedoch ein schwieriges Kapitel für sich, auf das ich hier nicht näher eingehen möchte. Wichtig ist aber zu bedenken, daß die pädagogische/psychomotorische Arbeit mit dem Kind nur Teil eines Gesamtkonzeptes darstellt, in dem die Elternarbeit eine bedeutende und daher unverzichtbare Stellung einnimmt. In diesem Sinne sind die Anregungen für die psychomotorische Praxis immer vor dem Hintergrund eines Gesamtkonzeptes zu verstehen (welches sich jedes Team selbst erarbeiten muß) und sollten nicht isoliert betrachtet werden. Ferner ist zu beachten, daß die Wirkungen psychomotorischer Förderung weniger funktional sind (nach dem Motto: man nehme diese oder jene Übung und schon verschwinden die Verhaltensauffälligkeiten), sondern die Wirkungen gehen mehr von den Erfahrungen und Erlebnissen während der Stunde aus, sind also eher affektiv/emotional. Von daher spielt die Beziehung zwischen Pädagoge und Kind eine übergeordnete Rolle. Ohne eine gegenseitige, positive persönliche Beziehung zwischen beiden Seiten läuft gar nichts!

Für die pädagogische Arbeit ist es zudem wichtig, daß sich der Erwachsene durch das Verhalten des Kindes nicht persönlich angegriffen fühlt, sondern sich vielmehr als Stellvertreter, der eigentlich gar nicht gemeint ist, versteht. Man sollte sich bemühen, das Kind so anzunehmen und zu akzeptieren, wie es gerade ist, also mit allen seinen Sonderheiten. Die merkwürdigen Verhaltensweisen des Kindes resultieren in den seltensten Fällen aus eigener Schuld oder gar Böswilligkeit bzw. charakterlicher Schwäche. Allzuoft ist es doch so, daß das Kind einfach nur Symptom für unsere defekte Gesellschaft ist, die in dem ewigen Streben nach immer mehr Konsum ständig neue Mißstände produziert:

– kranke Beziehungen
– gestörte Kommunikation
– Fehler und Mängel in der Erziehung
– Kinderfeindlichkeit etc.

In Wahrheit leidet das Kind, weil seine (Grund-) Bedürfnisse nach Geliebt- und Umsorgtwerden, nach Anerkennung und Geltung nicht ausreichend befriedigt werden. Der Drang nach Kompensation dieser Mangelerscheinungen sowie die Sehnsucht nach kleinen Lebenserfolgen, führen das Kind zu Verhaltensweisen, die von unserer Gesellschaft als negativ bzw. auffällig definiert werden. Somit darf das auffällige Verhalten nicht als Defekt des Kindes gesehen werden, sondern als – leider gescheiterter – Versuch, sich an unerträgliche Lebensbedingungen anzupassen. Vor dem Hintergrund, daß auffälliges Verhalten als Antwort auf auffällige Umweltbedingungen normales Verhalten ist, stellt sich hier die Frage, wer eigentlich therapiert werden muß.

Doch zurück zum Kind: Im Innern ist das Kind aufgrund zahlreicher bedrohlicher Erlebnisse und emotionaler Enttäuschungen extrem verunsichert und verängstigt. Sein Überlebenstrieb produziert Abwehrmechanismen und so suchen viele betroffene Kinder trotz intensiver oberflächlicher Kontakte zur Außenwelt (z.B. in Form von Aggression) ihr Glück in einer (emotionalen) Isolierung. So können sie auch mit der körperlichen Nähe des Pädagogen zunächst wenig anfangen, es verunsichert sie. Erst allmählich trauen sie sich, intensivere menschliche Beziehungen einzugehen und dort Sicherheit und Geborgenheit zu suchen.

Wie ich als Pädagoge durch gezielte praktische Angebote sukzessive eine persönliche Beziehung zum Kind aufbauen kann, soll der nächste Abschnitt zeigen.

## 2. Beispiele für die psychomotorische Praxis

### 2.1 Kleine Hilfen

Die erste Aufgabe und das erste Ziel des Pädagogen ist es, das Vertrauen des Kindes zu erwerben. Dieser Prozeß kann sich mitunter in die Länge ziehen, was nicht verwundert, wenn man bedenkt, wie lange manches Kind die Unzuverlässigkeit und Unberechenbarkeit im menschlichen Bezug erfahren mußte. Das Ziel wird um so schneller erreicht, wenn folgende zwei Bedingungen erfüllt werden:

Es sollte mit Einzelarbeit begonnen werden.

Das Kind erhält einen größtmöglichen Freiraum für Eigeninitiativen und ist damit Hauptgestalter der Stunde.

Für die Anfangsphase ist es wichtig, daß das Kind den Erwachsenen mit keinem anderen Kind teilen muß. So kann es sich der Zuwendung sicher sein und verfällt nicht in Konkurrenzverhalten, welches unerwünschte Verhaltensmuster eher stabilisieren würde. Der Pädagoge kann das Kind intensiver beobachten und professioneller auf die Impulse, die vom Kind gesetzt werden, eingehen. Nicht zuletzt bietet die Einzelarbeit Gelegenheit für vertrauensvolle Gespräche unter vier Augen, welche bei Anwesenheit eines weiteren Kindes i.d.R. nicht stattfinden würden.

Auch bei der Auswahl der Inhalte braucht das Kind zunächst auf keinen Mitmenschen Rücksicht zu nehmen, kann sich also aussuchen, „was es möchte" (soweit es sich realisieren läßt, ohne daß Personen oder Sachen Schaden nehmen), und kann sich somit als Herr und Gestalter der Situation erleben. So entwickelt es das Gefühl von Macht, was für die Psychohygiene des Kindes wichtig ist, da es doch häufig im Ausleben seiner Bedürfnisse unterdrückt wurde. Für den Pädagogen bedeutet dies, daß er dem Kind Spielraum zum Ausleben seiner Vorlieben bieten sollte.

Tragen wir die Vorlieben der Kinder im Kindergartenalter zusammen, so stoßen wir auf die motorischen Grundfertigkeiten und die kindlichen Bewegungsmuster:

Laufen, rennen, hüpfen, springen, kriechen, klettern, rutschen, schwingen, schaukeln, balancieren etc.

Pipi Langstrumpf hat ein nettes Spiel kreiert, welches viele dieser Elemente integriert: 'Nicht den Fußboden berühren!'

Dieses Spiel läßt sich nahezu in jedem Raum arrangieren und kann durch den Wechsel des materiellen Angebots bzw. durch die Phantasie aller Beteiligten immer wieder neu gestaltet werden. Neben dem Rennen über die unterschiedlichsten Auflagen (Matten; Matratzen; Weichboden; Teppichfliesen; etc.) sind besonders die Hindernisstationen beliebt: das Schwingen an einem Seil oder Turnring über eine gefährliche Schlucht bzw. über den gefährlichen Fluß (blaue Matten), in dem es vor Krokodilen, Haien und Seeschlangen nur so wimmelt. Auch das Balancieren über wackelige Stege (umgedrehte Langbank auf Gymnastikstäben bzw. Rollbrettern) und das Überwinden größerer Strecken mit Hilfe eines Sprungs vom Minitramp (besser noch Lkw-Reifen) stehen in der Gunst der Kinder ganz oben.

Rücken wir die Ich-Stärkung des Kindes in den Mittelpunkt unseres Bewegungsangebotes, sollten die beiden Hauptursachen für das aktuelle mangelnde Selbstbewußtsein des Kindes berücksichtigt werden:

– nicht altersentsprechende motorische Fähigkeiten

– ständige Rückmeldung darüber, den Erwartungen seiner Mitmenschen nicht gerecht geworden zu sein (hast Du etwa schon wieder ...; kannst Du nicht einmal ...)

Von daher ist es wichtig, abgesehen von der Einhaltung der unverzichtbaren Grundregeln, so wenig wie möglich konkrete Erwartungen zu stellen. Unsere Bewegungsangebote dürfen selbstverständlich auch abgelehnt werden. Darüber hinaus sollten sie intensive motorische Erfahrungen ermöglichen, d.h. Gelegenheit bieten, sowohl Grenzen (das schaff' ich jetzt nicht mehr) als auch versteckte Fähigkeiten und Talente entdecken zu können. Wenn wir bedenken, daß Kinder ihr Selbstbewußtsein gerade über motorische Fähigkeiten und Erfolgserlebnisse entwickeln, dann ist dieser Aspekt besonders wichtig.

## 2.2 Bewegungsangebote für den Kindergarten

*Hopsen auf dem Lkw-Reifen*

Phantasie- und Mutsprünge vom (doppelten) Lkw-Reifen auf eine Landefläche aus Matratzen (gebrauchte Lkw- oder Traktorschläuche gibt es billig bis umsonst im Reifenhandel).

*Mutsprung vom LKW-Reifen*

*Bergsteigen*

Ein langes, griffiges Seil wird in einiger Höhe an der Wand befestigt. Darunter wird ein Weichboden (Matratzen) schräg an die Wand gestellt.

*Klettern auf dem Kletterturm*

Eine sinnvolle Alternative zur weit verbreiteten Sprossenwand ist der Kletterturm, der zahlreiche Bewegungsmöglichkeiten eröffnet. Neben der Feuerwehrstange bietet besonders die waagerecht angebrachte und höhenverstellbare Turnstange eine Vielzahl von Betätigungen. Den entscheidenden Vorteil gegenüber der Sprossenwand stellt das hoch oben liegende Plateau dar. Hier können die Kinder die Aussicht genießen und sich dem Erwachsenen endlich einmal überlegen fühlen. Sprünge aus der Höhe (variable Höhe durch die verstellbare Turnstange) auf einen Matratzenberg erfordern Mut und stärken das Selbstbewußtsein.

*Rollbrettspiele*

**Schleuderwagen:** Auf zwei oder mehr Rollbretter werden kleine Federkernmatratzen, große Matratzen (1 x 2 m) oder kleine Weichböden mit Seilen befestigt. An einem Zugseil wird dieser Wagen herumgeschleudert und das Kind versucht in verschiedenen Positionen auf dem Wagen mitzufahren. „Unfälle" gegen weiche Gegenstände sind erlaubt. Als Stundenabschluß bietet sich eine ganz langsame Fahrt in liegender Position (mit geschlossenen Augen) an.

**Flugzeug:** Das Kind liegt bäuchlings auf dem Rollbrett und hält sich mit den Händen an den Längsseiten des Rollbretts fest. Der Erwachsene faßt das Kind an den Sprunggelenken und dreht sich immer schneller im

Kreis. Langsam hebt das Flugzeug vom Boden ab und der Pilot fährt sein „Fahrwerk" ein (das Rollbrett wird unter den Bauch gezogen). Dann wird die Landung eingeleitet. Der Flug wird langsamer und der Pilot fährt sein „Fahrwerk" wieder heraus (das Rollbrett wird Richtung Boden gestreckt) und landet.

**Fahrt durch den Tunnel:** Aus Stühlen, Bänken, Tischen, Matratzen, Matten, Decken etc. läßt sich ein dunkler, kurvenreicher Tunnel bauen und – auf dem Rollbrett liegend – durchfahren. Im Tunnel können Geschichten erzählt werden bzw. der Tunnel wird in eine Geschichte einbezogen (Bärenhöhle; Geisterhöhle). Hier kann das Thema 'Ängste' angesprochen werden. Diese Spielform und diese Gespräche setzen ein gefestigtes Vertrauen zwischen Kind und Erwachsenem voraus.

Abschließend möchte ich noch ein paar praktische Anregungen zu einem Bereich geben, der nicht nur bei verhaltensauffälligen Kindergartenkindern gleichermaßen beliebt wie entwicklungsfördernd ist:

### 2.3 Schaukeln zur vestibulären Stimulation

Wir wissen um die große Beliebtheit von Schaukeln, Rutschen, Wippen und Karussells bei kleinen Kindern (vgl. Lensing-Conrady in diesem Buch). Bewegungsangebote dieser Art haben einen großen Aufforderungscharakter und eignen sich deshalb besonders für die Einstiegsphase, in der sich Pädagoge und Kind kennenlernen, langsam näherkommen und schließlich gegenseitiges Vertrauen aufbauen. Neben den positiven sensomotorischen Entwicklungsimpulsen steht besonders der Motivationsaspekt im Vordergrund. In und auf den Schaukeln kann sich das Kind einfach mal gehen bzw. hängen lassen, den Wind um die Nase pfeifen lassen (unbeschwertes Spielen ohne Erwartungs- oder Konkurrenzdruck) oder aber seinen Mut erproben bzw. demonstrieren. Das Spiel auf einer selbst gestalteten Schaukel (siehe Praxistips) hat immer auch den Charakter von Risiko und Abenteuer und verschafft dem Kind – eben spielerisch – die Erfolgserlebnisse, die es für seine psychische Entwicklung braucht.

Grundsätzlich läßt sich die Wirkung von Schaukeln in zwei Richtungen nutzen:

– kräftige Stimulation wirkt aktivierend und tonussteigernd

– sanfte Stimulation wirkt beruhigend und tonussenkend

Von daher bieten sich letztere Aktivitäten zum Stundenende an, damit das Kind wieder ruhiger in seine Gruppe zurückkehren kann.

Besonders für die unruhigen und überaktiven Kinder ist die vestibuläre Stimulation durch Schaukeln eine wichtige Sache, denn oft haben diese Kinder sensorische Integrationsstörungen, speziell auch im vestibulären Bereich (vgl. organisch bedingte Verhaltensauffälligkeit). Die Weichboden-schaukel bietet diesen Kindern ein ideales Bewegungsangebot, lassen sich doch beide Wirkungen (Beruhigung: z.B. als Floß, welches auf den Wellen des Meeres sanft daherschaukelt; Aktivierung: z.B. als Raumschiff, welches in rasanter Fahrt bis in den Himmel hinauf fliegt) realisieren.

*Die Weichbodenschaukel – Viel Platz für gemeinsame Aktivitäten*

Voraussetzung für den Bau von Schaukeln sind sicher befestigte, sehr belastbare Seile, die von der Decke hängen. Optimal sind vier Seile, angebracht in Quadratform mit einem Abstand von ca. 80 cm, weil sie sowohl eine Vier-Punkt-Aufhängung (für Weichböden; Therapieschaukel), als auch eine Zwei-Punkt-Aufhängung gewährleisten. Grundsätzlich sollten so viele Seile wie möglich nebeneinander mit einem ausreichenden Sicherheitsabstand installiert werden, weil viele Kinder unterschiedliche Schaukelangebote gerne gleichzeitig nutzen.

Im Kindergartenbereich haben sich folgende Materialien als Schaukel bestens bewährt:

– Ein kleiner Weichboden (200 x 150 x 30 cm) – Kosten ca. 600,– DM
  Aufhängung an vier Punkten mit Hilfe zweier langer Seile, die durch die Laschen gezogen werden und unter der Matte durchlaufen. Bitte nicht an den Laschen direkt aufhängen, diese können reißen!

– Die Therapieschaukel
  ist ein Brett von 80 x 80 cm und wird ebenfalls an vier Punkten aufgehängt.

– Lkw-Reifen (Schläuche)
  können mit zwei Seilen an zwei oder vier Punkten aufgehängt werden (Vorsicht Ventil, Verletzungsgefahr!).

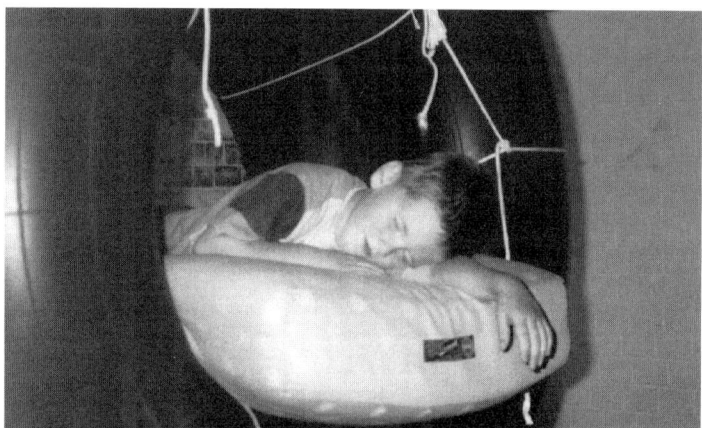

*Entspannung im Schaukelbett*

– Pkw-Reifen (Schläuche) siehe oben

– Turnring, Hängeleiter (Strickleiter), Schaukeltuch (Schaukelsack)
  Aufhängung mit einem Seil an zwei Punkten

– Zwei Turnringe, Trapezschaukel
  Aufhängung mit zwei Seilen an zwei Punkten

## Spielideen

*Flugzeug*

Zwei Pkw-Reifen werden in Schulterhöhe der Kinder als Schaukel aufgebaut. Das Kind legt sich mit dem Bauch auf die Reifen und stellt ein Flugzeug dar (ausgebreitete Arme). Der Erwachsene bringt das Flugzeug in eine große Kreisbewegung.

*Crash-Schaukel*

Das Kind liegt bäuchlings auf der Therapieschaukel und stößt mit den Händen einen Turm um (Schaumstoff; Pappkartons etc.).

*Schaukel-Brett*

Zwei Lkw-Reifen werden als Schaukel installiert und darauf wird eine kleine Federkernmatratze gelegt. Das Kind legt sich in entspannter Haltung hin und der Erwachsene erzählt eine Entspannungsgeschichte bzw. Phantasiereise.

*Riesenkrake*

Die 'Riesenkrake' ist ein Kirmeskarussell, welches den Fahrgast in zwei entgegengesetzte Rotationen versetzt (daher der Name). Ein Weichboden wird als Schaukel aufgebaut und z.B. in Rechts-Richtung eingedreht. Dann wird er ständig kreisförmig rechts herum angeschaukelt. Während er sich links herum abdreht, kreist er in großen Bahnen rechts herum (Gegenrotation).

*Turbo-Start und Turbo-Stop*

Ein Kind sitzt in der Weichbodenschaukel. Der Erwachsene bringt die Schaukel in Bewegung, indem er sie möglichst schnell und möglichst hoch in eine Richtung anschiebt. Am höchsten Punkt hält er einen Moment inne (das Kind befindet sich auf einer schrägen Schaukel in luftiger Höhe), dann taucht er zur Seite ab und läßt die Schaukel ausschaukeln. Dauert ihm diese Fahrt zu lange, sorgt er für ein abruptes Ende, indem er sich der Schaukel mit seinem Körper in den Weg stellt. Dieser Aufprall stoppt die Schaukel „turbomäßig" ab und schleudert das Kind im Weichboden herum.

*Schaukel mit Zusatzaufgabe*

Der Erwachsene geht mit dem Kind auf die Weichbodenschaukel. Während sanfter Schaukelbewegungen werden leichte Aufgaben gelöst (z.B. Hörmemory; Tastsack; Ich seh etwas, was Du nicht siehst, etc.) oder das Kind wird massiert (z.B. mit einem Igelball) bzw. es finden einfach nur schöne Gespräche statt. Meine Erfahrung ist die, daß unruhige Kinder, die ansonsten Schwierigkeiten mit dieser Art von Beschäftigung haben, in der Schaukel besser zurechtkommen.

*Phantasieschaukel*

Die Weichbodenschaukel kann im Rahmen von Geschichten in unendlich viele Rollen schlüpfen (z.B. Traumschiff; Raumschiff; Piratenschiff u.v.m.). Die große Fläche bietet reichlich Platz für Requisiten, welche die Fahrt im selbst gebauten Flugobjekt so richtig gemütlich machen.

## 3. Zusammenfassung und Abschluß

Verhaltensauffällige Kinder sind häufig seelisch verletzte Kinder, die durch ihr unkontrolliertes und unkontrollierbares Verhalten das Gruppenleben z.T. erheblich beeinträchtigen. Ihre Verhaltensweisen sind Notsignale, die um eine besondere pädagogische Unterstützung bei der Lösung ihrer Konflikte bitten.

Eine erfolgversprechende Hilfe durch den Pädagogen ist an personelle, räumliche und materielle Bedingungen geknüpft. Die Einzelarbeit erfordert eine gute personelle Ausstattung und ohne gewisse räumliche und materielle Standards (Therapieraum; Schaukeln; Matten usw.) ist eine effektive psychomotorische Förderung sehr erschwert. In Einrichtungen, in denen diese Bedingungen nicht ausreichend erfüllt sind, muß für eine Verbesserung der Arbeitsverhältnisse gekämpft werden.

Unsere Gesellschaft „produziert" immer mehr verhaltensauffällige Kinder. Von daher hat sie auch für die Kosten der Förderung aufzukommen (Verursacherprinzip).

# Literatur

Becker-Textor, Ingeborg: Schwierige Kinder gibt es nicht – oder doch? Freiburg 1991

Holler-Zittlau, Inge: Schule-Unterricht-soziale Wirklichkeit. Zur Notwendigkeit der Berücksichtigung veränderter Lern-, Entwicklungs- und Sozialisationsbedingungen von SchülerInnen bei der Planung von Organisation von Lernprozessen, in: Die Sprachheilarbeit 40 (1995) 1, S. 56-66

Irmischer, Tilo: Praxistip: Sicherheit beim Schaukeln, in: Motorik, Schorndorf 16 (1993) Heft 4

Irskens, Hauck, Bührlen: Auffällige Kinder. Materialien für die sozialpädagogische Praxis (MSP) 1 Eigenverlag des Deutschen Vereins für öffentliche und private Fürsorge 1982

Kiphard, Ernst J.: Mototherapie bei Verhaltensstörungen, in: Kiphard, E.J.: Mototherapie-Teil 2 Dortmund 1993, S. 251 ff

Michalke-Haffke, Manfred: Ein Urwald in der Turnhalle. Abenteuersport-Sportabenteuer mit Behinderten, in: Praxis der Psychomotorik, Febr. 1994 Heft 1, S. 39-42

Sagi, Alexander: Verhaltensauffällige Kinder im Kindergarten. Freiburg 1993

Speck, Otto: Verhaltensstörungen, Psychopathologie und Erziehung. Berlin 1984

# Vom Glück einer betroffenen Mutter, auf eine offene Fachfrau zu treffen

**Roswita
Defersdorf**

*Roswita Defersdorf*

# Vom Glück einer betroffenen Mutter, auf eine offene Fachfrau zu treffen

## 1. Von der Notwendigkeit der Elternarbeit

Ich wende ich mich an Sie in meiner Eigenschaft als betroffene Mutter und betrachte mich als Stellvertreterin für Hunderte von anderen Eltern, die unter immer wieder anderen Voraussetzungen doch oft mehr oder weniger das gleiche erleben wie wir. Im Lauf der Jahre bin ich zur Fachfrau für die Probleme meines Kindes geworden, freilich ohne Zeugnisse und staatlich anerkannte Abschlüsse. Ich bin also keine Ergotherapeutin, Motopädin, Logopädin, Sozialpädagogin, Kinderärztin, Psychologin oder Sonderpädagogin und tue auch nicht so, als ob ich es wäre. Ich bin eine ganz gewöhnliche betroffene Mutter mit Fachwissen.

Dabei ist mein Wissen vermutlich genau so groß wie das der meisten Fachleute, nur eben anders. Im Gegensatz zu ihrem Fachwissen, das in die Tiefe geht, habe ich viel gemischtes Wissen rund um das Thema meines Kindes – das teilweise auch in die Tiefe geht – und einen großen Sack voll praktischer Erfahrung, die ich mit meinem Kind im Alltag in der Familie gesammelt habe, von Wahrnehmungsförderung im Alltag über die Bewältigung von Geschwisterkonflikten bis hin zum Umgang mit dem Unverständnis des sozialen Umfeldes gegenüber den Verhaltensauffälligkeiten meines Sohnes.

Ich habe in den letzten Jahren erlebt, wie fruchtbar ein guter Austausch zwischen Eltern und Fachleuten sein kann, aber auch wie schwierig er oft ist. Dies ergibt sich unter anderem daraus, daß sich Eltern und Fachleute aus völlig unterschiedlichen Motiven heraus mit der gleichen Thematik befassen und die jeweilige Problematik ganz unterschiedlich erleben. Es ist aus meiner Sicht einem Therapeuten, der keine eigenen Kinder hat, geschweige denn ein Sorgenkind, unmöglich, sich in die Lage der Eltern hineinzuversetzen und sie wirklich angemessen zu betreuen. Sie sehen auch eher ihre Aufgabe in der Hilfe für das Kind als in der Hilfe für die Eltern.

Für Elterngespräche sind sie in den seltensten Fällen ausgebildet. Außerdem haben sie viel zuwenig Gelegenheit, eine umfassende Supervision in Anspruch zu nehmen. So wird Elternarbeit oftmals aus Unsicherheit heraus nahezu ausgeklammert. Genau diese ist aber von zentraler Bedeutung, da die letzte Verantwortung für das Gedeihen des Kindes ausschließlich den Eltern zukommt.

## 2. Meine eigene Betroffenheit

Als selbst betroffene Mutter bemühe ich mich, Möglichkeiten einer guten Zusammenarbeit aufzuzeigen. Zu diesem Zweck lege ich erst einmal dar, wie meine eigene Betroffenheit aussieht und wie ich die Kontakte mit unterschiedlichen Therapeuten erlebte. Ich hoffe, daß es mir gelingt, mein Erleben so darzulegen, daß Sie bis zum Schluß offen bleiben können.

Ich will in groben Zügen die Behinderungen schildern, mit denen wir umzugehen lernten: Unser zweites Kind litt schon als Säugling unter ausgeprägten Wahrnehmungsstörungen. Diese wurden aber von niemandem so richtig erkannt. Wir sprachen den Kinderarzt, Nachbarn und natürlich auch den Kindergarten immer wieder auf irgendwelche Kleinigkeiten an, die uns in der Motorik, der Sprache und auch im Verhalten auffielen. Doch hielt sie niemand für besonders ungewöhnlich oder gar besorgniserregend. Wir hörten: „Das wächst sich aus, das vergeht von allein." Oder aber: „Das muß mit Ihrem Erziehungsstil zusammenhängen." Irgendwann glaubten wir aber nicht mehr daran, daß alles in Ordnung war. Schließlich hatten wir schon ein älteres Kind, das sich bei der gleichen Erziehung anders entwickelte.

Als unser Sohn viereinhalb Jahre alt war, besuchten wir eine mit uns befreundete Sonderpädagogin, die wir mehrere Jahre nicht gesehen hatten. Sie erkannte nach kurzem Beobachten die verschiedenen Auffälligkeiten unseres Sohnes und stellte sie als erste in den richtigen Zusammenhang. Ihr größtes Geschenk war ihr Mut, uns ihre Beobachtungen mitzuteilen und ihre Bereitschaft, uns von ihrem Wissen und Können soviel abzugeben, wie es ihr möglich und für uns förderlich war. Sie traute es uns ganz selbstverständlich zu, daß wir in der Lage waren, uns in die Thematik einzuarbeiten.

Sie ermöglichte es uns, Zusammenhänge zu erkennen und die Grundlagen der Sensorischen Integration so gut zu verstehen, daß wir binnen weniger Wochen in der Lage waren, sie bei nahezu allen Gelegenheiten scheinbar nebenbei in den Alltag umzusetzen. Das ist ja auch gar nicht so schwer, wenn man einmal gesagt und gezeigt bekommen hat, worauf zu achten ist. Sie nannte uns Bücher und gab uns ganz konkrete Ratschläge zur Umgestaltung unseres Wohnraums, damit unser Kind dort reichlich Gelegenheit erhielt, sein Wahrnehmungsvermögen zu entwickeln. Wir schafften als erstes eine Hängematte und ein Rollbrett an und räumten dafür alles Überflüssige aus dem Kinderzimmer heraus. Außerdem riet sie uns dringend, möglichst umgehend Kontakt zur Sprachheilschule und zu einem Ergotherapeuten herzustellen, der nach den Grundlagen der Sensorischen Integration arbeitet.

Unsere Freundin riet mir auch, ein Tagebuch zu schreiben, damit ich drei bis vier Monate später an den Anfang zurückblättern und im Vergleich sehen kann, daß sich bereits einige Kleinigkeiten geändert haben. Von da an, so versicherte sie, würde sich ein kleiner Erfolg nach dem anderen einstellen. Ihren Rat griff ich gerne auf. Mein Tagebuch war auch ein gutes Ventil für den verschiedenen Frust, den ich einsammelte mit meinem Sohn, der Tochter, dem Mann, den Nachbarn, den Institutionen, meinen eigenen Schwächen usw.

## 3. Im Warten auf den Therapieplatz lag eine Chance

Nach unserer Rückkehr von unserer Besuchsreise nahm ich zur Frühförderung und zur Sprachheilschule Kontakt auf. Glücklicherweise hatte in der Frühförderstelle soeben ein Ergotherapeut angefangen, der dabei war, eine SI Ausbildung zu machen. Doch leider mußte ich eine Wartezeit von mehreren Monaten hinnehmen. Bei der Sprachheilschule mußte ich sogar ein dreiviertel Jahr warten. Ich hätte viel eher kommen sollen, der Fall sei dringlich. Trotz der großen Dringlichkeit erhielt ich bei keiner der beiden Stellen irgendwelche weiterführende Hinweise oder Informationen, die es mir ermöglicht hätten, selber aktiv zu werden und mich zumindest etwas einzulesen. Selber fragte ich nicht danach, dafür war mir alles noch zu neu. Ich kam beispielsweise gar nicht auf den Gedanken zu fragen, ob es eine Selbsthilfegruppe in der Nähe gibt. Die wäre für mich sehr wertvoll wegen des Erfahrungsaustauschs und der Kontakte zu anderen betroffenen Eltern gewesen. Dann hätte ich mich nicht mehr so sehr als Einzelkämpfer gefühlt. Jahre später erfuhr ich dann, daß es eine sehr rührige Gruppe in der Nachbarstadt gibt, die auch regelmäßig diese beiden Stellen einlädt. Ebenso wäre ich brennend interessiert gewesen an einer Bestelladresse für Spiele und Spielgeräte zur Förderung der Wahrnehmung. Diese Informationen hätten uns eine gewisse Selbständigkeit ermöglicht. Ohne die Unterstützung durch die Freundin hätten wir untätig warten müssen. Für uns Eltern war auch so das Warten auf den Therapieplatz eine Qual, da wir sahen, wie unser Kind litt und das Geschwisterkind und wir mit ihm.

Auf der anderen Seite lag in diesem Warten eine Chance. Wir wußten wie kostbar die Zeit war und nahmen daher die Förderung kurz entschlossen und engagiert selbst in die Hand. Dabei konnten wir für ihn einfach Vater und Mutter bleiben. Unser Sohn weiß heute noch nicht, was alles letztlich Therapie war und braucht es auch nicht zu wissen. Nicht für alles braucht es eben ein therapeutisches Setting.

In den Monaten bis zum offiziellen Therapiebeginn stellte sich mein Denken und auch Handeln auf Wahrnehmungsförderung ein. Ich begegnete den Schwierigkeiten meines Sohnes mit einem anderen Verständnis und nahm sie auch ganz anders wahr als vorher. Dort, wo ich mich bislang an seinem ewigen „Ich auch" gestört hatte, freute ich mich nun über seinen Lerneifer und ließ ihn überall mitmachen, wo es nur ging. Etwa alle zwei Wochen telefonierte ich ausführlich mit unserer Freundin, die mir immer wieder praktische Anregungen gab und mit mir gemeinsam überlegte, wie ich die Anregungen in meiner Situation umsetzen konnte. Sie erklärte mir natürlich auch, was jede dieser Anregungen für die Wahrnehmungsförderung bedeutete. Mein Sohn bekam diese Gespräche nie mit.

So wies unsere Freundin mir als Mutter eine Schlüsselrolle in der Förderung unseres Sohnes zu. Das war ihr und auch mir selbstverständlich. Sie vertraute meinem Instinkt, meiner Liebe und meinen Fähigkeiten und machte mir immer wieder neuen Mut, durchzuhalten. „Du wirst sehen," sagte sie oft, „in zwei Wochen ist sicher schon wieder ein kleiner Fortschritt da. Erst ändert sich die Motorik, danach die Sprache und erst ganz zum Schluß das Verhalten. Gut machst du das. Aber stell dich dennoch darauf ein, daß es bei eurem Sohn noch bis in die Pubertät hinein immer wieder irgendwelche Aufregungen geben wird. Aber in zwei Wochen ist schon wieder ein kleiner Fortschritt zu bemerken. Bleib bloß dran und laß nicht locker!" Ihrem Eingreifen ist es zu verdanken, daß unser Sohn mit viereinhalb Jahren gerade noch rechtzeitig Hilfe erfuhr und mittlerweile zu einem kontakt- und konfliktfähigen, fröhlichen, selbstbewußten und lebenstüchtigen Kind herangewachsen ist. Er ist jetzt zehn Jahre alt und besucht im Augenblick die vierte Klasse der örtlichen Grundschule und ab dem kommenden Schuljahr eine Realschule.

Als ich mein erstes Fachbuch über Sensorische Integration las, brachte ich dafür nicht viel mehr mit als meine Liebe, meine Offenheit und mein Engagement. Sicher war es gelegentlich hilfreich, daß ich im Laufe meines Studiums – ich bin Philologin und habe Englisch, Französisch und Arabisch studiert – gelernt hatte, mit Fachbüchern umzugehen. So schwer ist das aber auch wieder nicht. Ich bin der festen Überzeugung, daß auch jede andere Mutter zur Fachfrau für ihr Kind werden kann, wenn die Therapeuten und Ärzte, die ihr Kind betreuen, es ihr nur zutrauen und sie dabei ein wenig unterstützen würden.

## 4. Sind engagierte Eltern wirklich der Wunsch aller Fachleute?

Als die offizielle Ergotherapie begann, konnten wir bei unserem Sohn die ersten kleinen positiven Veränderungen bereits erkennen. Das beflügelte mich und gab mir Kraft, denn ich sah jetzt, daß die Therapie der Sensorischen Integration griff. Ich war froh über die Unterstützung durch den Therapeuten und freute mich über die liebenswerte Art, mit der er meinem Sohn begegnete. Von ihm und auch von all den anderen Therapeuten, Ärzten, Erziehern, Lehrern, Ärzten und Sonderpädagogen, mit denen ich seither zu tun hatte, erwartete ich unbewußt, daß er mich in meiner Kompetenz für mein Kind so ernst nehmen würde wie unsere Freundin.

In dieser Erwartung hatte ich mich aber getäuscht. Es waren immer Kleinigkeiten, die mir nicht gewährt wurden. Ich erinnere mich, daß ich einmal den Ergotherapeuten darum bat, mir ein bestimmtes Fachbuch für ein paar Tage auszuleihen, weil ich etwas darin nachschauen wollte und es über den Buchhandel nicht so problemlos beschaffen konnte. Erst wurde mir meine Bitte mit der Begründung abgeschlagen, daß auf diese Weise zu viele Bücher verloren gehen. Als ich dann den Vorschlag machte, ein Kapitel zu kopieren, wurde mir gesagt, daß das Buch für Fachleute geschrieben sei und nicht für Eltern. Ich könnte das nicht lesen, weil da so viele Fachwörter drin seien. Nun, ich hatte sieben Jahre Latein. Die Latinismen machten mir gar nichts aus. Schwieriger war für mich eher der ach so selbstverständliche Gebrauch von Wörtern wie „retardiert", „von Behinderung bedroht" usw., mit denen ich mich noch nicht so recht identifizieren konnte. Ich erhielt das Buch dennoch nicht.

Dann fragte ich mich, warum ich das Buch denn nicht erhielt. Ob der Therapeut meinte, daß ich aus seiner Sicht ohnehin schon mehr als genug wußte und sich durch meine Wißbegierde verunsichert fühlte? Wenn dies so war, dann übersah er vielleicht, daß er mein Lehrmeister, nicht aber mein Prüfling war, und daß ich seine Therapiestunden als handlungsorientierten Unterricht verstand, aus dem ich sehr viel lernen konnte. Auch später, an der Sprachheilschule, spürte ich, daß meine Kompetenz als eine Bedrohung empfunden wurde. Das tat mir leid. Ich war aber nicht bereit, so zu tun, als ob ich nichts wüßte, nur um niemanden zu verunsichern.

Im Laufe der Jahre machte ich immer wieder die Beobachtung, daß ich unterschiedlich behandelt wurde, je nach dem, ob ich als eine Frau kam, die sich mit Entwicklungsauffälligkeiten von Kindern befaßt und Beratungsgespräche für Eltern abhält, oder ob ich – mit dem gleichen Wissen

– mit meinem unruhigen, verhaltensauffälligen Kind erschien, durch das und dessentwegen ich mein Wissen erworben habe. Während ich im ersten Fall normal behandelt wurde, so wie ich dies von meiner Freundin kannte und dies auch sonst normal ist, änderte sich der Tonfall und die Haltung mir gegenüber im zweiten Fall oftmals für mich deutlich wahrnehmbar. Ich kam mir dann sehr merkwürdig vor.

Ich bin überzeugt, daß dies meinem Gegenüber nie aufgefallen ist, mir aber wurde es immer peinlich bewußt. Vielleicht darf ich hier eine Anregung anbringen. Es ist immer sehr aufschlußreich, sich selbst auf Video zu beobachten. Für uns Eltern werden manchmal Videos aufgenommen, damit wir mehr über uns und unser Kind erfahren können. Fachleute können nur profitieren, wenn sie sich selbst einmal im Kontakt mit ihren Eltern filmen und anschließend mit den Augen der Eltern betrachten.

Bei den Ergotherapiestunden meines Sohnes durfte ich bei allen Therapiesitzungen dabei sein und zuschauen. Ich hatte einmal den Vorschlag gemacht, alle vier Wochen eine Therapiestunde meines Sohns für ein Elterngespräch zu nutzen. Dann hätten der Therapeut und ich in Ruhe über Fortschritte und Probleme sprechen können sowie über den Sinn und Zweck der verschiedenen Beschäftigungen, die er auswählte. Wir hätten auch gemeinsam überlegen können, wo ich zu Hause den Schwerpunkt legen soll und wie ich das in meinen Alltag am besten integrieren kann. Er hat das mit der Begründung abgelehnt, daß die Therapiestunden kostbar sind und meinem Kind auf diese Weise verloren gehen. Genau das Gegenteil wäre aber der Fall gewesen. Ich hatte zwar die Freundin im Hintergrund, doch dachte ich mir, daß der Therapeut mein Kind besser kennt und mich daher noch besser beraten kann.

Wenn Eltern in dieser Weise in die Therapie einbezogen werden, dann werden sie in ihrer Rolle als Eltern ernst genommen, und die Kinder erhalten an Stelle der ausgefallenen Stunden immer viele andere Stunden daheim. Außerdem gewinnen die Eltern ein anderes Verständnis für die Schwierigkeiten ihres Kindes und auch für die Arbeit des Therapeuten. Wenn ich andere Mütter vor oder nach den Psychomotorikstunden beobachtet habe, wie sie mit Druck und Schimpfen wieder vieles zunichte machen, dann sehe ich, daß sie selbst Hilfe bräuchten. Durch Einbeziehen und Erklären bei der Therapie des Kindes erhielten sie notwendige Hilfe, mehr als durch eine weitere Therapie für sich, zu der sie oftmals gar keine Zeit neben der Therapie des Kindes haben. Therapieerfolge werden nicht nur durch Ungeduld der Eltern, sondern auch durch gut gemeintes, aber unsachgemäßes Herumtherapieren an falschen Ecken in Frage gestellt oder sogar zunichte gemacht. Das passiert weniger, wenn Eltern mehr wissen.

Um dahin zu kommen, müssen Fachleute sich natürlich immer wieder neu bemühen, eine Sprache sprechen, die die Eltern verstehen können, und zwar sowohl vom Wortschatz und der Grammatik, als auch von ihrer Sichtweise. Manche Eltern vermissen es sehr, daß die Fachleute, die die Verantwortung ihrer Kinder mitübernommen haben, so gar nicht mit einem Elternherz fühlen können. Sie würden es sich sehr wünschen, daß der Fachmann das ihm anvertraute Kind auch einmal – zumindest probeweise – aus dem Blickwinkel der Eltern zu betrachten versucht und vielleicht auch einmal gedanklich die Rolle der Eltern einnimmt, die auf ihn angewiesen sind und auf seine Art, wie er ihnen und ihrem Kind begegnet. Ich halte es für außerordentlich erhellend, wenn ein Therapeut, Erzieher oder anderweitiger Fachmann, der beruflich mit Kindern zu tun hat und deren Eltern Ratschläge erteilt, sich für ein Wochenende ein solches Kind ausleiht und ganz normale Sachen mit ihm unternimmt wie Restaurantbesuch und Einkauf im Supermarkt. Das ist mit die beste Fortbildung. Wer diesen Vorschlag aufgreift, der wird danach keine Ratschläge mehr erteilen und auch mit Äußerungen wie „Da müssen Sie eben durch!" vorsichtiger sein. Das hat nur positive Auswirkungen auf die gesamte Elternarbeit.

## 5. Zu einer guten Zusammenarbeit gehört die gegenseitige Offenheit

Fachleute, die die Kompetenz von Eltern anerkennen, können eine umso bessere Therapie durchführen, weil sie das Potential der Eltern nutzen. Gleichwertige Partner sind sie aber immer noch nicht. Dazu würde ein besserer Informationsfluß gehören. Bislang habe ich gezeigt, daß Therapeuten Eltern etwas beibringen. Doch auch die Eltern können wertvolle Beiträge leisten und von ihrem Wissen und ihrer Zeit zum Nutzen der Fachleute und anderer Eltern abgeben. Hier liegt noch ein großes Potential brach.

In der Zeit, als mein Sohn in der Sprachheilschule war, besuchte ich etliche Kinesiologie-Seminare. Als ich mein dort erworbenes Wissen bereits eine geraume Weile in der eigenen Familie und bei Freunden mit deutlichem Erfolg eingesetzt hatte, bemerkte ich, daß kinesiologische Übungen an der Schule nicht eingesetzt wurden. Ich bot der Lehrerin und dem Rektor an, ihnen davon im Rahmen einer Konferenz etwas zu erzählen, weil ich überzeugt war, daß sie daraus Nutzen ziehen könnten. Sie lehnten mit der Begründung empört ab, daß sie Fachleute seien und – im Gegensatz zu mir – ihr Fach an der Universität studiert hätten und folglich auf meine Informationen nicht angewiesen seien. Das ist eine ungute Mischung von Ignoranz und Arroganz. Ähnliches habe ich auch an anderen Stellen erlebt, unabhängig von dem Wissen, das wir oder andere Eltern beisteuern wollten. Es waren alles Methoden, die therapiebegleitend von den Eltern mit großem Erfolg eingesetzt werden können, angefangen vom Festhalten über die Homöopathie, die Naturheilkunde, die Bachblüten bis hin zu bewährten Spielen für zu Hause u.ä..

Es gibt verschiedene Möglichkeiten, solche Informationen von Eltern an Fachleute oder an Eltern fließen zu lassen. Eine Möglichkeit wäre ein **Informationsbrett**, wo Eltern gute Tips oder Angebote anpinnen können. Dort könnten Buchtips, Geschenktips, Kontaktadressen, Selbsthilfegruppen, Spielgeräte und vieles mehr mit Telefonnummer des Ansprechpartners angepinnt werden. Vielleicht sucht eine Mutter jemanden, der ihr Fingerspiele zeigen kann und bietet dafür im Tausch Erfahrungen mit Festhalten, Homöopathie oder anderem an.

Ich halte es für sehr wesentlich, daß Eltern untereinander Austausch pflegen. Dazu brauchen sie teilweise einen Rahmen, der ihnen dieses erleichtert. Nicht nur Eltern, sondern auch Fachleute können von der Erfahrung betroffener Eltern sehr profitieren, und zwar zum einen für die eigene Arbeit und zum anderen, um den Eltern zu raten, wo sie sich noch hinwenden können, damit die Therapie schneller und noch besser greift. Sie dürfen nicht vergessen, daß sie als Nicht-Betroffene aus Unkenntnis vieles nicht erahnen, was für Eltern und auch deren Kinder wichtig ist. Nur wer selbst Vergleichbares erlebt hat, kann sich wirklich in die Situation anderer hineinversetzen. Die einzige Chance für Fachleute, hier einen Ausweg zu finden, besteht darin, betroffenen Eltern offen zuzuhören, aus ihren Erfahrungen zu lernen und sie an andere Eltern weiterzugeben. So können sie beraten ohne Gefahr zu laufen, Rat-Schläge zu erteilen.

Glücklicherweise streben ja im allgemeinen alle Beteiligten eine gute Zusammenarbeit an. Freilich gibt es sicher auch viele Eltern, die die Verantwortung für ihr schwieriges Kind am liebsten gänzlich an die Therapeuten und Sonderpädagogen abgeben würden und die Therapie überhaupt nicht unterstützen. Die irrige Vorstellung, daß der Fachmann alles heilt, wird aber teilweise von ihm selbst genährt, beispielsweise wenn er sagt – und so erging es mir: „Wir machen hier die Therapie, und die lassen Sie vor der Tür. Leben Sie ganz normal!" Ich fragte mich nur, wie er sich das vorstellt, mit einem schwer gestörten Kind ganz normal zu leben.

Jeder Fachmann – und das gilt nicht nur für diese Thematik – neigt dazu, gerade sein Gebiet besonders wichtig zu nehmen. Die betroffenen Eltern haben da ein wenig mehr Abstand und auch ein anderes Spektrum. Sie kennen sich dafür oft in Bereichen aus, die für den Fachmann neu sind. Umgekehrt sind sie gefühlsmäßig stark an ihr Kind gebunden. Hier hat der Fachmann mehr Abstand. Eigentlich würden Fachleute und Eltern sich prima ergänzen. Und doch ist der Kontakt zwischen ihnen oft spannungsgeladen, zumindest wenn die Eltern engagiert sind und eine eigene Meinung haben.

Ich gewinne oft den Eindruck, daß Fachleute mein Interesse an einer Zusammenarbeit mit ihnen als einen unerwünschten Eingriff in ihr Revier betrachteten. Dabei geht es ganz und gar nicht um Reviere und Machtausübung und auch nicht um persönliche Erfolge, sondern einzig und allein nur um eines: Wie entwickelt sich das Kind, und was hilft ihm am besten?

Ich denke, daß manche Fachleute oftmals einfach unsicher im Umgang mit Eltern sind. Außerdem ist Elternarbeit ja auch wirklich Arbeit und beschränkt sich nicht auf 5 Minuten Liebenswürdigkeit pro Therapiestunde und eine Tasse Kaffee, auch wenn diese wirklich ein Genuß ist. Insbesondere junge Therapeuten haben einen schweren Stand, weil sie selbst noch zu wenig Lebenserfahrung haben. Ich habe Verständnis für sie und beneide sie nicht. Es wäre aber wohltuend und hilfreich, wenn sie ganz ehrlich eingestehen würden, daß sie unsicher sind oder gerade Schwierigkeiten haben, die durch die Krise bedingte labile Gefühlslage der Eltern zu ertragen. Durch diese Ehrlichkeit wäre ein offener Umgang miteinander möglich. Aus meiner Sicht gewinnt ein Mensch an Autorität, wenn er so handeln kann. Und doch fällt es den meisten unendlich schwer, ihre Unsicherheit zuzugeben.

Bei einigen Fachrichtungen lernen die Therapeuten in ihrer Ausbildung nicht, wie sie mit Eltern arbeiten sollen, und dann machen sie es lieber gar nicht. Das ist im Prinzip auch richtig, denn man soll sich auf das beschränken, was man kann. Nur, die Elternarbeit ist immens wichtig für eine wirklich gute Therapie.

Nach meiner Meinung muß hier grundlegend etwas geändert werden. Zum einen sollten in der Ausbildung zumindest die Grundlagen für eine gute Elternarbeit vermittelt werden. Desweiteren wäre aus meiner Sicht eine viel reichlicher bemessene Supervision notwendig. Schließlich wäre es auch dringlich, daß die Krankenkassen die Kosten für Elternarbeit erstatten. Natürlich würden durch diese Maßnahmen auf der einen Seite zusätzliche Kosten anfallen. Doch würden auf der anderen Seite durch die zunehmende Selbständigkeit der Eltern auch etliche Kosten eingespart werden können.

Es ist für Fachleute auch aus einem anderen Grund sehr hilfreich, die Erfahrungen von betroffenen Eltern in ihre Arbeit einzubringen: Betroffene

Eltern können zumindest in bestimmten Phasen ihrer Krise von anderen Eltern leichter etwas annehmen als von Fachleuten. Da gibt es einen ganz natürlichen Graben. Nun habe ich versucht, eine Brücke über diesen Graben zu schlagen und Fachleute bei ihrer Elternarbeit durch meine persönlichen Erfahrungen zu unterstützen, indem ich sie ihnen und auch anderen Eltern zugänglich mache.

An dieser Stelle möchte ich eine Anregung bezüglich der Früherkennung von Entwicklungsauffälligkeiten vorschlagen: In den Vorsorgeuntersuchungsheften zu den einzelnen Untersuchungen sollte jeweils ein Fragenkatalog eingeheftet werden, auf dem Beobachtungen der Eltern und des Kindergartens zu den Bereichen Motorik, Sprache und Verhalten vor der Untersuchung eingetragen werden können. Dieser Fragenkatalog müßte gemeinschaftlich von Ergotherapeuten, Motopäden, Krankengymnasten und Kinderärzten erstellt werden. Die Informationen der Eltern könnten dem Kinderarzt helfen, mit größerer Sicherheit und früher Entwicklungsverzögerungen zu erkennen, als dies den meisten Kinderärzten aufgrund von Mängeln in der Ausbildung bis jetzt möglich ist.

Hätten die Ärzte und Sonderpädagogen vor zehn Jahren, als unser Sohn fünf Monate alt war, unsere Beobachtungen ernster genommen und mich nicht als hysterisch und das Kind als faul abgetan, dann wäre dem Kind und dem Rest der Familie viel Leid und dem Staat erhebliche Kosten erspart geblieben. Doch habe ich dadurch menschlich und fachlich sehr viel gelernt und kann nun meinen Beitrag zu einer besseren Zusammenarbeit zwischen Eltern und Fachleuten leisten.

## Literatur zum Weiterlesen

Defersdorf, Roswita: „Drück mich mal ganz fest. Geschichte und Therapie eines wahrnehmungsgestören Kindes". Freiburg 1991

Defersdorf, Roswita: „Ach, so geht das! Wie Eltern Lernstörungen begegnen können" Freiburg 1992

# Zum Umgang mit Wut und Aggressionen bei Kindern

*Hubertus Deimel*

*Hubertus Deimel*

# Zum Umgang mit Wut und Aggressionen bei Kindern

## 1. Einleitung

Die Auseinandersetzung mit menschlicher Aggressivität und Gewalt bleibt – obwohl hierzu eine riesige Fülle an Publikationen, Theorien und Forschungsergebnissen von unterschiedlichen Wissenschaftsdisziplinen besteht – eine immer aktuelle, meines Erachtens sogar zunehmend brisanter und dringlicher werdende Thematik. Es handelt sich hierbei um ein Problemfeld, welches zu den grundlegendsten menschheitsspezifischen Phänomenen gehört, von daher Vergangenheit, Gegenwart und Zukunft umfaßt. So ist es sicher nicht vermessen, schon an dieser Stelle zu behaupten, daß die Diskrepanz zwischen Wissen, Einsichten, Wirkzusammenhängen und Lösungsalternativen bzw. -strategien einerseits und gesellschaftlichen Realitäten andererseits in kaum einem Wissenschaftsbereich so eklatant auseinanderfällt wie bei dieser Thematik. Ohne näher auf die Diskussion einzugehen, ob die Aggression und Gewaltanwendung besonders bei Kindern und Jugendlichen in unserer Gesellschaft in den letzten Jahren zugenommen oder lediglich mehr Beachtung durch die Medien erfahren hat, scheint mir zumindest die Anwendung von Aggression und Gewalt als ein Lösungsweg zur Konfliktbewältigung zunehmend selbstverständlicher und gewohnter zu werden (Bründel / Hurrelmann ). Die Arten und Spielformen umfassen dabei ein Spektrum von groben, brutalen Verhaltensformen bis zu höchst raffinierten und diffizilen psychologisch wirksamen Methoden und Mustern. Bei Kindern und Jugendlichen hat sich zudem die Qualität aggressiver Handlungen geändert; dies in der Form, daß der Gegenüber weiter traktiert wird, selbst wenn er geschlagen am Boden liegt. Schmerz, Niederlage oder Einhalten bestimmter Spielregeln werden nicht mehr wahrgenommen. Bei spielerischen Rangeleien ist der energetische Einsatz von Kindern teilweise völlig unangemessen dosiert. Solch ein Verhalten mag unter anderem ein Indiz dafür sein, daß sie den lustvollen Teil von aggressivem Handeln nicht erlernt bzw. erfahren haben, hingegen nur den bedrohlichen Teil.

Die Unterscheidung in die beiden Pole von „lustvoll" und „bedrohlich" scheint mir deshalb bedeutsam, weil in der Auseinandersetzung und Diskussion von Aggression und Aggressivität zu einseitig auf den bedro-

100

henden, brutalen, grausamen Pol geschaut wird, während der positiv besetzte Teil außen vorgelassen wird. Schaut man sich jedoch die heutigen realen Bedingungen in der Entwicklung von Kindern an, so kommt man schnell zu der Einsicht, daß Kinder nur noch wenige Experimentierfelder und -räume vorfinden, in denen sie ihre Energie und positive Aggressivität zur Gestaltung einfließen lassen können. Selbst im Rahmen bewegungstherapeutischer oder motopädischer Förderung wird z.B. dem Thema des „Ringens und Raufens" kaum Platz eingeräumt. Vermutlich liegt dies mehr an dem vordergründigen Harmoniebedürfnis der Erwachsenen als an der fehlenden Motivation der Kinder.

## 2. Definition und Formen von Aggression

Diese mehrheitlich einseitige Sicht der Funktion der menschlichen Aggressivität wird auch in den Definitionsansätzen der verschiedenen Wissenschaftsdisziplinen sichtbar. Die meines Erachtens ausgewogenste Definition findet sich bei Friedrich Hacker, Psychoanalytiker und einer der bekanntesten Konfliktforscher. Er definiert Aggression folgendermaßen:

„Wir definieren Aggression als die dem Menschen innewohnende Disposition, Kompetenz oder Bereitschaft, auf Grund seiner angeborenen Lernfähigkeit Handlungsweisen zu entwickeln, die sich ursprünglich in Aktivität und Kontaktlust, später in den verschiedensten gelernten und sozial vermittelten, individuellen und kollektiven Formen, von Selbstbehauptung bis zur Grausamkeit, ausdrücken" (Hacker 1988, S. 38).

Aggressivität äußert sich dabei in unterschiedlichsten Formen, in der wiederum die zuvor genannte Polarität sichtbar wird:

- Expressive Aggression:       Ausbruch von Wut und Ärger

- feindselige Aggression:      auf Schmerz und Schaden des Opfers gerichtet

- spontane Aggression:         ohne äußeren Auslöser

- reaktive Aggression:         als Reaktion auf etwas oder jemand anderes

- instrumentelle Aggression:   zur Lösung von Problemen und Konflikten

- offene Aggression:           sichtbar, spürbar körperlich oder verbal

- befohlene Aggression:        auf Befehl eines anderen

(vgl. Schulte-Markwort 1994).

Bezogen auf bewegungs- und sportbezogenes Handeln unterscheidet Pilz (1986) zwischen expressiver und instrumenteller Gewalt und beschreibt beide Formen folgendermaßen:

– Expressive Gewalt meint Gewalthandlungen, die lustvoll ausgeführt und erlebt werden, ohne Belastung des sozialen Gewissens erfolgen, da sie den gesellschaftlich tolerierten Gewaltstandards entsprechen.

– Instrumentelle Gewalt wird weniger als ein Ausagieren aggressiver Bedürfnisse, als vielmehr ein genau kalkuliertes, geplantes und rational eingesetztes, das Regelwerk oder die gesellschaftlichen Gewaltstandards überschreitendes Handeln verstanden, das im Interesse übergeordneter Ziele (z.B. sportlichen Erfolgs) eingesetzt wird (Pilz 1986, 160).

Mit der folgenden Abbildung werden die verschiedenen Faktoren, die auf aggressives Handeln Einfluß nehmen, anschaulich in ihrer Komplexität aufgelistet.

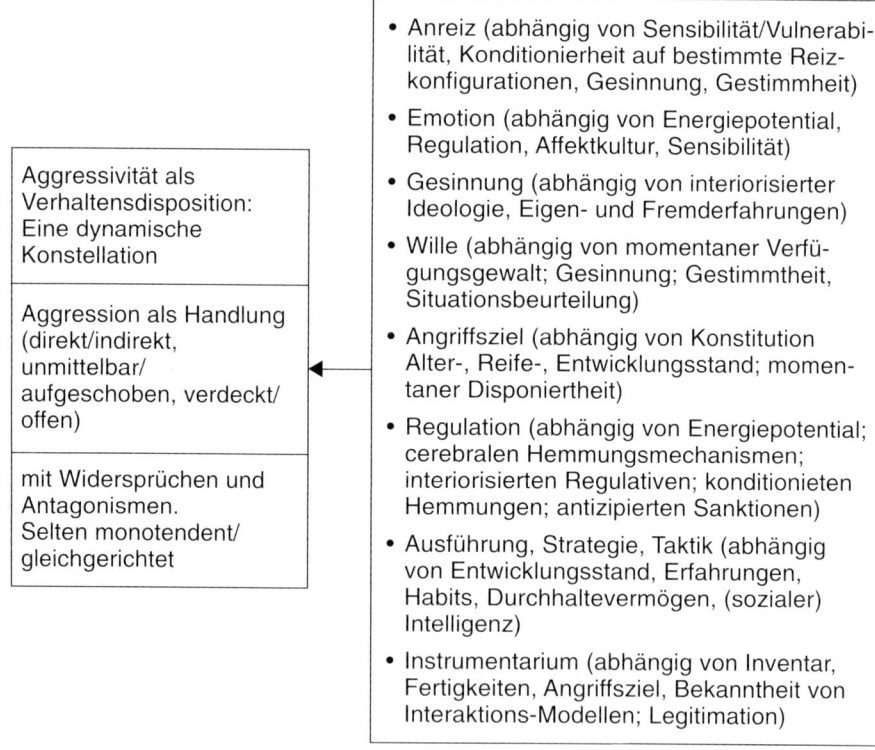

*Abb. 1: Komponenten, die Einfluß auf Aggression nehmen (Kobi 1978, 137)*

Hinsichtlich der Ursachen von Aggression und Gewalt existieren Erklärungsansätze, die von biologischen, triebtheoretischen Konzepten über psychologische und soziologische Modelle unterschiedlicher Schulen und Richtungen reichen. Bevorzugt werden heute aufgrund der Komplexität des Themas mehrperspektivische, systemische Modelle (Nolting 1990). So müssen neben den mikrosozialen Belastungsfaktoren (individuumsspezifische Gründe; Familie; Erziehungsstil; ökonomischer Status/ Schicht/Situation; Medieneinfluß u.a.) auch makrosoziale Bedingungen beachtet werden wie:

- früher Konkurrenz- und Leistungsdruck für Kinder (auch im Sportverein);

- widersprüchliche individuell oder sozial orientierte Wertvorstellungen; Verlust an verbindlichen Wertsystemen;

- ein Schulsystem, das Wissensvermittlung vor Erziehung betont;

- ein Gesellschaftssystem, in dem Aggression und Gewalt bei Erwachsenen wenig hinterfragt wird (z.B. jährliche Verkehrstoten-Rate u.a.).

## 3. Zum Gefühl der Wut

Antisoziale Verhaltensweisen von Kindern sind in den meisten Fällen eigentlich nicht der Ausdruck von Ärger oder Zorn, sondern eher ein Hinweis darauf, daß echte Gefühle durch die Aktion vermieden werden. Hinter dem vordergründig agierenden Verhalten verbirgt sich häufig ein selbstwertschwaches, verunsichertes, ängstliches und verletztes Kind. Diese Gefühle zu zeigen bzw. an die Oberfläche zu bringen ist schwierig und evtl. mit Schamgefühl in Form von Angst vor Selbstentblößung verbunden. Es ist leichter, die Wut aus den erlebten Verletzungen und Grenzüberschreitungen körperlicher und seelischer Art in Energie umzuleiten, indem man losschlägt. Kinder bekommen zudem im Umgang mit ihrer Wut vielfach doppeldeutige Botschaften zu spüren, indem Erwachsene einerseits ihre eigene Wut ihnen gegenüber direkt äußern oder indirekt durch kalte Mißbilligung, andererseits den Kindern nicht gestatten, ihre eigene Wut zum Ausdruck zu bringen. Kinder internalisieren dies schnell und lernen, statt dessen sich für den Zorn der Eltern verantwortlich zu fühlen in dem Sinne: „Wenn meine Eltern so wütend sind, bin ich daran schuld oder ich bin böse?" Wut hat jedoch auch die Funktion von Initiative und Verlangen, wenn eine gewünschte Befriedigung durch ein Hindernis nicht erreicht wird, insofern also auch gesund und wachstumsfördernd wirkt, wenn sie auf ein vernünftiges Ziel gerichtet ist. Insofern ist es für Pädagogen wichtig zu lernen, die Wut von Kindern wahrzunehmen und sie zu unterstützen, Wutgefühle zu zeigen, um später den Wutgefühlen auch einen sprachlichen Gehalt zu geben und nachzufragen, wie sie diese Gefühle erleben und wie man mit ihnen umgehen kann . Wenn Kindern der „warme" Umgang mit Wut erlaubt wird und dies als normales Gefühl akzeptiert wird, ist dies meines Erachtens die beste Prävention, daß dieses Gefühl nicht in „kalten", ungespürten Haß verwandelt und abgespaltet wird (Perls et al. 1986; Oaklander 1989).

## 4. Zum Umgang mit Aggressionen in Bewegungs- und Sportsitutationen

Gerade im Umgang mit Kindern und Jugendlichen mit schon generalisierten Verhaltensauffälligkeiten/-störungen sind jedoch auch strukturelle und sonderpädagogische Maßnahmen notwendig, um Neuorientierung und Verhaltenskontrolle zu entwickeln. Diese sollen im folgenden schlagwortartig in Form allgemeiner und bewegungs- und sportspezifischer Hinweise aufgelistet werden:

Dissoziales Verhalten läßt sich in Anlehnung an Dutschmann (1982) und Redl/Wineman (1982) allgemein bereits im Ansatz blockieren bzw. durch folgende Maßnahmen beeinflussen:

- Strukturierung von Raum und Zeit

- Erstellung von Familienregeln/Gruppenregeln/Klassenregeln (möglichst gemeinsam mit Familie, Kind, Lehrern erarbeiten)

- positive Verstärkung nicht-dissozialer Verhaltensweisen:
  - spontan durch    >> einfaches Lob
                     >> direkte  Zeitschenkung
                     >> natürliche Verstärker
  - strukturiert durch  >> Tokensystem mit sozialem und / oder
                          materiellen Verstärkern

- Frühzeitiges Eingehen auf aggressive und dissoziale Verhaltensweise durch:
  - Spiegeln der Begleitemotion
  - Deeskalation durch Angebote
  - Anleitungsadäquate Konfliktlösung
  - Aufbau von Selbstinstruktion
  - Signale geben (mißbilligender Blick, „nein" u. a.)
  - Ignorieren (bei mehr provokativen Versuchen)

104

Dissozialem Verhalten konstruktiv entgegentreten durch:

– Kurze, präzise Rückmeldung über das erwartete Verhalten mit eindeutiger Ankündigung negativer Konsequenzen
– Negative Konsequenzen sind u. a.:
  • natürliche Konsequenzen  >> Wiedergutmachung
  >> Selbstausschluß
  • Entzug oder Rückgabe des Token
– Konsequenzen bedürfen einer klaren Festlegung der Zeitfolge:
  • Überschaubarkeit
  • Überprüfbarkeit
  • Wiederholbarkeit
– Handlungsorientierter Vorgang
– Entgegengehen, Anfassen, Begleiten

Klimatisch-atmosphärisch günstige Bedingungen durch die Beachtung folgender Maßnahmen im Sportunterricht/in der psychomotorischen Förderung  herstellen:

– gleichwertige und homogene Gruppen (Mannschaften bilden),
– den Wetteifer sowenig als notwendig betonen; Bewegungsfreude und Gemeinschaftsgefühl verstärken; Spiele wählen, die den Wetteifer nicht so dominant in den Vordergrund stellen bzw. nicht bewußt machen (Funktionsspiele, Gruppenspiele); Aggressionen nicht unnütz durch Wettkampfspiele provozieren,
– Leistungsunterschiede deutlich machen und mit den Kindern besprechen,
– guten Spielern Hilfsfunktionen übertragen,
– eine entspannte, freudvolle und humorvolle  Atmosphäre schaffen,
– Leistungsfortschritte bewußt machen,
– Anerkennen von Regeln trainieren,
– Rituale einführen,
– Sportverträge (vgl. Abb. 2),
– Entdramatisierung von Mißerfolgen/eigenes Beispiel von anfänglichen Mißerfolgen beim Erlernen von Fertigkeiten anführen,
– Konflikte kooperativ lösen/Techniken vermitteln:
  • Erheben der Sichtweisen der Konfliktparteien,
  • Aufeinander-Beziehen der konflikthaften Positionen in ihrer Interdependenz,

- gemeinsame Suche nach Lösungsvorschlägen/Bewertung und Umsetzung der Lösungsvorschläge,
- Überprüfen auf spätere Tauglichkeit,
- Schlichtung lernen,
  - Streitpunkte klären,
  - am Konflikt arbeiten ohne „Autoritäten",
  - eigene Standpunkte überdenken,
  - Kompromisse finden,
  - Konfliktlösung ohne Niederlage,
- aktives Zuhören lernen,
- Optimismus entwickeln (Ihr werdet/wir werden das schon lösen),
- Gesichtsverlust vermeiden,
- Transparente und gerechte Chancenstruktur,
- Vorbildfunktion von Lehrern und Lehrerinnen,
- Gestaltung der sozialen Beziehungen,
- Beteiligung am Unterrichtsgeschehen/Gestaltung/offene Anteile,
- soziales Kompetenztraining für Teilnehmer und Teilnehmerinnen.

Abschließend soll darauf hingewiesen werden, daß es trotz der Fülle an Vorschlägen, Prinzipien und Maßnahmen im Einzelfall keine Patentlösung gibt, sondern durch geduldiges Begleiten des Kindes ein ihm gerecht werdender Zugang gesucht werden muß. Zudem sollte die Zielsetzung im Sportunterricht bzw. in der psychomotorischen Förderung nicht zu hoch angesetzt werden in dem Sinne, eine generalisierte Verhaltensänderung bzw. tiefgreifende Verbesserung zu erzielen oder zu erwarten. Punktuelle Erfahrungen mit alternativen Formen der Konfliktlösung sind für das Wachstum auch wertvoll; den Kindern werden auf diesem Wege Wahlmöglichkeiten eröffnet.

## SPORTVERTRAG

Hiermit verpflichte ich mich, folgende Regeln für den Sportunterricht zu beachten und einzuhalten:

1. Die Beteiligung am Sportunterricht verlangt das Tragen von Sportschuhen und Sportbekleidung. Bei Vergessen der Sportkleidung kann eine Beteiligung am Sportunterricht nur in Ausnahmefällen erlaubt werden.

2. Das Herumtoben im Geräteraum oder in den Umkleiderräumen ist verboten

3. Probleme und Konflikte mit anderen Schülern/innen oder mit dem Lehrer dürfen nicht mit Gewalt gelöst werden.

4. Jedes Klassenmitglied hat das Recht, am Sportunterricht teilzunehmen. Es ist untersagt, andere Schüler/innen körperlich oder seelisch zu verletzen oder sie auszuschließen.

5. Die Anweisungen des Lehrers oder die gemeinsam aufgestellten Regeln der Klasse beim Spielen und Turnen sind zu befolgen.

6. Jede(r) Schüler/in hat das Recht, sich bei Ungerechtigkeiten zu beschweren.

7. Der Lehrer verpflichtet sich, die Interessen der Kinder ernst zu nehmen und ihre Würde zu achten.

*Abb. 2: Beispiel für einen Sportvertrag zwischen Schülern und Lehrer/Übungsleiter*

# 5. Literatur

Bründel, H.; Hurrelmann, K.: Gewalt, Macht, Schule. Wie gehen wir mit aggressiven Kindern um? Droemer-Knaur, München 1994

Dutschmann, A.: Aggressivität bei Kindern. verlag modernes lernen, Dortmund 1982

Hacker, F.: Aggression – Die Brutalisierung unserer Welt. Ullstein, Frankfurt/M. 1988

Kobi, E.: Aggressivität als pädagogisches Problem, In: Klauer, K.J.; Reinartz, A.: Sonderpädagogik in allgemeinen Schulen. Marhold, Berlin 1978, S. 133-142

Nolting, H.-P.: Lernfall Aggression. Wie sie entsteht – wie sie zu verhindern ist. Rowohlt, Reinbek 1990

Oaklander, V.: Gestalttherapie mit Kindern und Jugendlichen. Klett-Cotta, Stuttgart 1989

Perls, F.; Hefferline, R.; Goodmann, P.: Gestalttherapie – Lebensfreude und Persönlichkeitsentfaltung. Klett-Cotta, Stuttgart 1988

Pilz, G.: Sport und körperliche Gewalt. Rowohlt, Reinbek 1986

Preuschoff, G.; Preuschoff, A.: Gewalt an Schulen. Papyrossa, Köln 1992

Redl, F.; Wineman, D.: Steuerung des aggressiven Verhaltens beim Kind. Piper, München 1982

Singer, K.: Lehrer-Schüler-Konflikte gewaltfrei regeln. Beltz, Weinheim 1994

Schulte-Markwort, M.: Gewalt ist geil. Mit aggressiven Kindern und Jugendlichen umgehen. Thieme, Stuttgart 1994

# Die (Wieder-)Entdeckung der Langsamkeit

**– ein tanztherapeutischer Zugang zum Umgang mit Zeit(-'Fehlern')**

**Helma
Drefke**

*Helma Drefke*

# Die (Wieder-)Entdeckung der Langsamkeit
## – ein tanztherapeutischer Zugang zum Umgang mit Zeit(-'Fehlern')

*„Die Uhr schlägt. Alle."* (Stanislaw Jerzy LEC)

## 1. Einleitung

Der Titel von Sten Nadolny's Roman „Die Entdeckung der Langsamkeit", 1983 erschienen und inzwischen in alle Weltsprachen übersetzt, ist mittlerweile zu einem 'geflügelten Wort', einer Metapher geworden – selbst bei Menschen, die das Buch gar nicht gelesen haben. Offensichtlich hat der Titel einen Nerv getroffen: Die Sehnsucht nach Zeit-haben, nach Pausen und Muße im 'Muß' und Getrieben-Sein, in der Hektik und Zeitverknappung des Alltags.

Der Lebenslauf des Polarforschers John Franklin gerät Nadolny zu einer subtilen Studie über die Zeit, insbesondere über die Langsamkeit als Kunst, dem Rhythmus des Lebens Sinn zu verleihen. John Franklin ist eigentlich ein Behinderter: Von Kind an paßt er nicht in die Zeit-Normen seiner sozialen Umwelt; er ist langsam im Sprechen und Denken, in seinen Reaktionen und Aktionen. Er mißt die Zeit nach eigenen Maßstäben und ist – aus der Perspektive seiner Mitmenschen gesehen – ein „Zeit-Fehler".

Zunächst erkennt nur sein Lehrer, daß in John's eigentümlicher Behinderung auch ein Potential steckt: Einzelheiten und Einzigartigkeiten sieht, begreift und behält John besser und genauer als andere. Er lernt alles, was er im schnellen Ablauf des Geschehens nicht erfassen kann, mit zäher Ausdauer und Geduld für sich allein in vielen Wiederholungen auswendig – mit einem „vergegenwärtigenden", langsamen und nicht mit dem schleunigen Blick (vgl. Rumpf 1987, 12-27).

In dieser kurzen Skizzierung von Nadolny's Romanfigur werden bereits Prinzipien deutlich, die auch in (tanz-)psychotherapeutischen Kontexten wesentlich sind: Potential- statt Defizitorientierung; Suche nach Sinn und persönlicher Bedeutung; Umwertung: einen „Mangel" als Herausforderung statt als Schwäche begreifen lernen; Geduld, Ausdauer, Beharrlichkeit, im Umgang mit eigenen und fremden Lern- und Wandlungsprozessen; Lernen durch sinnliches, leibliches Vergegenwärtigen, durch „Vor sich-" statt raschem „Hinter-sich-bringen".

## 2. Langsamkeit und Geschwindigkeit – diagnostische Gedankensplitter

Auf dem Hintergrund einer gesellschaftlichen und ökonomischen Entwicklung, die nach der uneingestandenen, aber nahezu allem Denken, Fühlen, Handeln und Bewerten zugrundeliegenden „Geheimmaxime der Epoche" verläuft: Was immer Zeit kostet, kostet zu viel Zeit (vgl. Anders 1980, 338; Rumpf 1987, 23), läßt sich neben dem ungebremsten Fortschreiten des Beschleunigungs- und „Wachstum = Fortschrittstrends" mittlerweile eine Gegenbewegung ausmachen: Beschleunigung, die über ein für Mensch und Umwelt faß- und verarbeitbares Maß hinausgeht (z.B. auf Autobahnen), kippt um in ihr Gegenteil: Stau, Stagnation, Lähmung, die man auch als 'unerlöste' Formen von Langsamkeit bezeichnen könnte.

Bezogen auf die eiligen Menschen in den westlichen und auch östlichen Industrienationen – zumindest auf die, die Arbeit haben – läßt sich zudem folgende Frage-Perspektive einnehmen: Wohin eilen, rennen, flitzen, hetzen all die Menschen, oder anders herum: Wovon, wovor laufen sie weg?

Lauert unter der Sehnsucht nach „Zeit-Haben", nach Muße und Pause die Angst vor der Stille, die nur noch als Leere und Langeweile wahrgenommen werden kann – statt als 'lange Weile', d.h. viel Zeit in einer Gesellschaft, die kontinuierlich die Arbeitszeit verkürzt und die sogenannte Freizeit verlängert?!

Ist es inzwischen vielleicht so, daß „Zeit haben" und „Arbeit-Haben" umgekehrt proportional sind?

Menschen, die Arbeit haben, „haben keine Zeit", denn „Zeit ist Geld", Arbeitslose dagegen „schlagen die Zeit tot" ... Beide Gruppen haben offensichtlich eine Art 'Zeit-Leiden', die einen durch zuwenig, die anderen durch zuviel.

Dieser Dichotomisierung bzgl. der Zeitmenge entspricht die der Zeitdauer und deren Wertigkeit: Schnelligkeit, Geschwindigkeit „sind Trumpf", der „Höher-Schneller-Weiter"-Trend beherrscht nicht nur den Sport, sondern auch die Medien, die Wirtschaft etc.

Langsamkeit „gewinnt nicht", „zahlt sich nicht aus", „rechnet sich nicht"!

Langsamkeit ist auch kein Lernziel in Lehrplänen und im didaktischen Handlungsfeld von Sportunterricht und SportlehrerInnenausbildung – trotz befürwortender Stimmen in der pädagogischen Fachliteratur (vgl. Rumpf 1987; Emmenecker/Polzin 1992; Selle 1988).

Langsamkeit scheint in unserer Gesellschaft allenfalls ein Grund für eine Zuweisung zu pädagogischen bzw. therapeutischen Sondermaßnahmen zu sein.

Langsamkeit in einer schleunigen, hektischen Umwelt erzeugt Reibung, Spannung, Druck. Unter elterlichem und schulischem Zeitdiktat geraten bereits Kinder unter Zeitdruck. Die Freizeit gespickt voll mit Terminen, gelangen sie meist unmerklich in eine Zeit-Spirale von Eilen und Drängen; aus „Zeit-Gedrückten" werden über Verinnerlichung eines solchen Erfahrungsmusters häufig „Zeit-Drücker", die sich selbst und anderen keine Zeit mehr lassen, denen selbst Lehrer zu langsam denken und reden – verglichen mit dem Tempo und Out-Put von Computern.

Was aber ist mit denen, die aus der Tempo- und Instant-Gesellschaft herausfallen, die die Geschwindigkeit nicht halten können (oder wollen), die den Zeit-Normen nicht entsprechen, „nicht in die Zeit passen"?

Werden solche Menschen, besonders Kinder, Behinderte, Senioren, nicht von den Schnellen wie ein Verkehrshindernis ungeduldig umschifft oder gar gnadenlos an den Rand gedrängt, nicht nur räumlich, sondern auch sozial über Be- bzw. Entwertung? Bleibt langsamen Menschen in unserer Gesellschaft nur die Ausgrenzung durch Spott, Gehänselt-werden, Nicht-Mitkommen, nur das Leiden am Anders-Sein in einer Umwelt, die sich unter das Diktat von Maschinentempo und – metrum begeben hat – bis hin zu deren „Verlängerung" in das Techno-Disco-Freizeit-Vergnügen von Teenies – mit Extasy als „Drogen-Brennstoff" für Dauer-Power?

Langsamkeit könnte aus dieser Frageperspektive gesehen ein Zeichen für Ohnmacht in einem Gesellschaftskontext sein, in dem technokratische Macht ihre Herrschaft unter anderem über die Definition von Zeit ausübt und diese einschränkt auf lineare, meßbare, „geschwinde" statt einer ausgefüllten und gedeuteten „Sinn-Zeit, über die das Subjekt und nicht eine fremde Macht verfügt" (Selle 1988, 309).

Auf dem Hintergrund der Frage nach Sinn und Bedeutung von Zeit – Zeit-Gewinn, Zeit-Ersparnis, Zeit-Verlust, Zeit-Vergeudung etc. – für den einzelnen Menschen in seinem Lebenskontext kann die Wiederentdeckung der Langsamkeit andererseits auch den Charakter eines Qualitätssprungs bekommen: „Man versuche doch einmal, schneller zu leben, schneller zu essen, schneller zu lieben oder schneller zu trauern. Mit dem Lernen und Bewußtwerden ist es nicht anders. Es sind Lebensprozesse. Jede Empfindung will durchlebt, jede Wahrnehmung verarbeitet, jede Erfahrung bewertet werden. Das Bewußtsein will ohne Eile auf die Beine kommen", (Selle 1988, 308).

## 3. Von der Polarisierung zur „Gegensatzeinheit" – Geschwindigkeit und Langsamkeit im tanztherapeutischen Kontext

„Zur Wiederentdeckung der pädagogischen Vernunft zählt heute die Anerkennung der Langsamkeit (...) Man muß lernen, sich Zeit zu nehmen. Man braucht die Zeit zum Ansehen und Begreifen eines Stoffes, einer Sache, eines Problems, dazu Zeit, hinter den Stoff, die Sache, das Problem in die eigene Lebensgeschichte und in die Geschichte der gesellschaftlichen Wahrnehmung zurückzugehen. Nur so holen wir die Zeit ein, unsere Zeit – die Zeit des Lernens und Lehrens, die Zeit bewußten Seins. 'Therapie' mit der Zeit, gegen die Zeit, durch die Zeit"? (Selle 1988, 308/309). Im therapeutischen Kontext bekommt der Umgang mit Zeit(qualitäten) außer dem edukativen wie im pädagogischen Feld noch einen reparativen Aspekt: Ein wesentliches Ziel von tanztherapeutischer Arbeit ist die Wiedergewinnung von (verlorengegangenen) Wahrnehmungs- und Handlungsalternativen.

Alternativen lassen sich – zunächst vordergründig – verdeutlichen durch das Mittel der Kontrastierung (Polarisierung).

Eine Liste von Zeit-Kontrasten kann z.B. folgende Bandbreite umfassen:

| | | |
|---|---|---|
| Uhren- (Metronom) Zeit | <--> | erlebte, „gedehnte", psychische Zeit |
| Gequantelte, gestückelte Zeit, Maschinen-Zeit | <--> | individuell akzentuierter Zeitrhythmus |
| Schnelligkeit, Geschwindigkeit | <--> | Langsamkeit |
| Beschleunigung, Hektik | <--> | Geruhsamkeit, Muße, Pause |
| Ökonomische Zeit, | <--> | Sinn-Zeit |

Zeit als Ware

Bei welchem dieser Zeit-Pole, bzw. an welchem Punkt auf einem gedachten Kontinuum zwischen diesen Polen befindet sich der einzelne? Was ist sein/ihr Lebenshintergrund dafür? Wie kann aus der Dichotomisierung, der Spaltung der andere Pol, der fehlende Teil zurück- oder neugewonnen werden?

Welche Möglichkeiten gibt es im Rahmen von tanztherapeutischer Auseinandersetzung, die Pole, statt als unversöhnliche Gegensätze, als „Ge-

gensatzeinheiten" (vgl. Waldenfels 1985, 165) verstehen zu lernen? Für einen leib- und bewegungstherapeutischen Zugang müßte der Dreischritt „Anamnese, Diagnose, Therapie" tanztherapeutisch differenziert und mit Inhalt gefüllt werden. Wahrnehmen, Spüren, Empfinden – (Wieder-)Erleben, Fühlen – Imaginieren, Phantasieren, Erfassen, Reflektieren – Explorieren, Experimentieren, Gestalten (Improvisieren und Komponieren) – Verstehen, Einordnen, Umwerten, Neu-Orientieren sind je nach Person, Thema, Lebenskontext und -geschichte, in Relation zum Therapieprozeß und zur therapeutischen Beziehungsstruktur unterschiedlich fokussierte und gewichtete Stationen eines tanztherapeutischen Weges.

Ziel ist, über das Arbeiten mit dem Offen-sichtlichen, den sichtbaren, spürbaren, d.h. 'im Vordergrund' wahrnehmbaren Phänomenen zur Entdeckung der internalisierten, meist verdrängten, verleugneten oder entwerteten Hintergrund-Anteile zu kommen, um über eine allmähliche Umwertung dieser Gegenpole längerfristig zu deren Annahme und Akzeptanz zu gelangen.

Das bedeutet, es gilt Langsamkeit als Potential, Stärke und Ressource zu entdecken! Das Leiden 'an der Zeit' kann hierfür als Signal, als 'Botschaft' dienen und – z.B. mit Hilfe und Stütze durch eine (tanz-)therapeutische Begleitung – als Herausforderung begriffen werden. Über die allmähliche Integration der abgespaltenen, bisher nicht oder nicht mehr gelebten Zeit-Qualitäten kann nach und nach ein Heil-Werden, eine Ganzwerdung als dynamische (niemals als statische) „Gegensatzeinheit" erreicht werden.

Im folgenden werden einige inhaltliche Beispiele aufgeführt, die dazu dienen können, dem eigenen Tempo, dem eigenen Rhythmus und damit verbundenen Antrieben auf die Spur zu kommen, Diskrepanzen zu Wünschen und Sehnsüchten nach Zeit-Haben in der eigenen Alltagsrealität wahrzunehmen und über die Erprobung von kontrastierendem Zeitverhalten der (Wieder-) Entdeckung der Langsamkeit näherzukommen. Die verschiedenen Beispiele fokussieren Gegenwart, Vergangenheit und Zukunft des 'Zeitsuchenden'.

Die folgenden Fragen und Bewegungsaufgaben sind z.T. in Ich-Form gefaßt und stichpunktartig skizziert:

● Zur Bestandsaufnahme aus gegenwärtiger Sicht:

Mit welchen Tempo bin ich gerade angekommen (z.B. bei Beginn einer Gruppe, Stundensequenz etc.)?

Welche Zeitqualität ist in mir gerade vorherrschend?

Aufgabe: In sich hineinspüren und das jeweilige Tempo, die vorhandene Unruhe o.ä. in ein entsprechendes Gehtempo umsetzen und damit äußerlich sichtbar machen.

- Retrospektive Betrachtung:

Was ist mein Alltagshintergrund für mein derzeitiges Bewegungstempo?

Mit welchem Tempo habe ich mich durch mein bisheriges Leben bewegt? Welchen Umgang mit Zeit, welche Zeit-Atmosphären kenne ich aus meiner Herkunftsfamilie? Welche 'Zeit-Botschaften' (offene und verdeckte/geheime) wirken sich jetzt noch in meinem Leben aus? Wie? (Gelenkte Phantasiereise)

In welchen Bewegungsformen können sich meine bisher dominanten Lebenstempi jetzt widerspiegeln? (Exploration, Improvisation)

- Prospektive Sicht:

Was wäre aus jetziger Perspektive mein Wunschtempo, meine Ideal-Geschwindigkeit in Zukunft in meinen verschiedenen Lebensbereichen (Arbeit, Freizeit, Privatleben etc.)? Welche Formen von Pausen, von Verweilen und Innehalten schweben mir vor?

Aufgabe: Im Anschluß an eine gelenkte Phantasiereise anhand verschiedener Fortbewegungsarten das vorgestellte Wunschtempo, mit Pausen und Verweilformen ausprobieren. Sowohl bei den introspektiven als auch bei den explorativen Aufgabenanteilen auf aufkommende Stimmungen, Gefühle, innere Bilder, Atmosphären, Szenen, Gedanken, Impulse etc. achten.

- Zeit-Experimente (Exploration, Improvisation)

Kontraste, eigene Tempogrenzen ausprobieren (Langsamkeit > Zeitlupenbewegungen; Schnelligkeit > Zeitraffer-Bewegungen);

Wortinterpretationen durch Bewegung: z.B. rennen, rasen, flitzen, eilen, sausen – im Wechsel mit schleichen, schlurfen, gleiten, verharren, stoppen etc.

Musikinterpretation durch Bewegung; Musikauswahl unter Aspekt 'schnell-langsam-Pause'

- Kompositionsaufgaben:

Entwicklung einer kurzen Szene zu zweit,

Thema: „Zeitnehmer – Zeitgeber".

Ausprobieren und Festlegen eines eigenen „Zeit-Tai Chi's" als raumzeitlich-formal gegliederte und wiederholbare Bewegungsstruktur, deren Bedeutungs- und Sinngehalt sich im Bezug zum eigenen Lebenskontext z.B. auch in einem nachträglich gegebenen Titel, einem Namen für die Komposition ausdrücken kann.

Für die tanztherapeutische Aufarbeitung dieser Beispiele gelten darüber hinaus die o.g. Arbeitsschritte.

Schließen soll der vorliegende Beitrag mit einem Zitat von Gert Selle (1988, 310):

„... man kann durch beharrliches Üben lernen, wie selbstbestimmte Zeit zu einem Baustein selbstbestimmter Erfahrung werden kann und wie Zeitgestalten aussehen, in denen sinnlich-kognitive, emotionale, lebensgeschichtliche und intellektuelle Elemente eines Bewußtseins im Werden zusammenfinden. Sie tun das niemals auf Kommando, erst recht nicht nach der Uhr und überhaupt unpünktlich und unordentlich".


# Literatur

Anders, G.: Die Antiquiertheit des Menschen (Bd. 2), München 1980

Drefke, H.: Tanztherapie, in: Bundesmin. f. Arbeit u. Sozialordnung: Bewegung, Spiel u. Sport mit Behinderten u. von Behinderung Bedrohten. Indikationskatalog u. Methodenmanual, Bd. 1, Bonn 1990, 280-289

Emmenecker, I./Polzin, M.: Stille und Langsamkeit im Sportunterricht, in: Polzin, M. (Hrsg.): Bewegung, Spiel und Sport in der Grundschule, Arbeitskreis Grundschule, Frankfurt/M. 1992

Fraser, J.T.: Die Zeit – Auf den Spuren eines vertrauten und doch fremden Phänomens, dtv, München 1991

Nadolny, St.: Die Entdeckung der Langsamkeit, Serie Piper, München/Zürich 1990

Petzold, H.: Zeit und Psychotherapie, in: Integrative Therapie, Junfermann, Paderborn, 3/1986, 155-162

Rumpf, H.: Belebungsversuche – Ausgrabungen gegen die Verödung der Lernkultur, Juventa, Weinheim, 1987

Schoop, T.: ... komm und tanz mit mir! Pan, Zürich 1981

Selle, G.: Gebrauch der Sinne. Eine kunstpädagogische Praxis, Reinbek, Rowohlt, 1988

Waldenfels, B.: Das Problem der Leiblichkeit bei Merleau-Ponty, in: Petzold, H. (Hrsg.): Leiblichkeit – Philosophische, gesellschaftliche und therapeutische Perspektiven, Junfermann, Paderborn, 1985

116

# „Abenteuerreise nach Sansibar"

Bewegungs- und
Spielmöglichkeiten im Wasser

*Regine
Hermans*

*Regine Hermans*

# „Abenteuerreise nach Sansibar"

## Bewegungs- und Spielmöglichkeiten im Wasser

## 1. Eine Abenteuerreise nach Sansibar

Eine Reise ist immer ein Verlassen von vertrauter Umgebung, ein Einlassen auf Unsicherheiten und neue Erfahrungen, manchmal sogar ein Unternehmen mit unbekanntem Ziel.

„Sansibar", das klingt wie ein Traum vom ewigen Glück, eine Insel voll Zauber und Magie. Dort kann ich vielleicht Neues entdecken, mich selbst anders erleben, Erfahrungen sammeln, die mir eine neue Perspektive von mir und der Welt geben.

Diese „Abenteuerreise nach Sansibar" beginnt im Schwimmbad mit einer sogenannten „Erlebnisbahn".

Schon in den Umkleideräumen werden den Teilnehmern die Augen verbunden. Die Spannung steigt, wenn sie unter dem Schwungtuch durchgeführt werden, das die Sicht ins Schwimmbad versperrt. Ganz anders hört sich nun das Rauschen und Plätschern des Wassers an. Zuerst sollen sie ihre gewohnte Gehweise ändern und sich (wieder) auf den Knien durch eine Krabbelrolle oder einen Kriechtunnel vortasten. Gleich dahinter patschen sie mit den Händen und Knien durch nasse Schaumgummi – Frisbeescheiben, sie überwinden einen Berg aus Seilen und Ringen, steigen durch einen „Tauchtunnel" und dann in eine Wanne, die randvoll mit wassergefüllten Ballons ist. Dadurch schon etwas naß geworden, wird der Rasierschaum auf der „Airex-Matte" (oder einer Isomatte) so richtig schön rutschig und glitschig und sie müssen schon alle Sinne "beisammen halten", um dieses Hindernis zu überwinden. Zwischendurch wurden sie noch kräftig naß gespritzt, manchmal auch wieder trockengeföhnt, so daß der Einstieg ins Wasser auch nicht mehr schwerfällt. An einem Seil entlang tasten sich die Teilnehmer durch das Wasser, immer noch mit verschlossenen Augen, nehmen den Wasserwiderstand, die Temperatur des Wassers und, je nachdem wie tief es ist, den Auftrieb diesmal ganz anders wahr. Auch im Wasser sind noch verschiedene Hindernisse (Fußmatten mit Noppen o.ä.) zu überwinden, zu umgehen oder vielleicht sogar zu untertauchen.

Der Phantasie sind bei diesem Parcours nur Grenzen durch die Sicherheitsbedürfnisse der Teilnehmer gesetzt. Ansonsten ist (fast) alles möglich.

Nach dieser anstrengenden Reise sind alle wohlbehalten an der Küste angekommen und dürfen die anderen Mitreisenden begrüßen und „beäugen". Wir besprechen kurz, was uns auf den nächsten Etappen erwartet, welche Wünsche und Befürchtungen wir haben.

Um auf unsere Trauminsel zu gelangen, müssen wir alles Treibgut (Airex-Matten, Luftmatratzen, Schwimmtiere, Reifen, Styropor-Schmetterlinge usw.), das im Wasser schaukelt, als „Boote" benutzen. Wenige Meilen vor der Küste werden plötzlich Haie gesichtet und alle versuchen, sich zu stellen, um nur ja nicht von den Raubfischen erwischt zu werden. Am besten, man hilft sich dabei gegenseitig. Nach diesem überstandenen Abenteuer kommt der große Hunger. Wir versuchen alle herumschwimmenden Fische und Enten zu „angeln", ohne vom Boot zu fallen. Und doch bleibt uns auch das nicht erspart, weil ein großer Sturm aufkommt, der uns aber glücklicherweise ans Ufer spült. Hier fällt uns auf, daß wir gar keine Gastgeschenke für die Inselbewohner mitgebracht haben. Wir tauchen nach allem, was wir finden können: Kostbare Reifen und Ringe, mit Sand gefüllte Ü-Eier, größere schwere Bälle, silberne Löffel und alles, was unten bleibt.

Die Inselbewohner bedanken sich und schenken uns dafür zwei fliegende Teppiche (Airex – Matten) – leider ohne Bedienungsanleitung oder Zauberformel. Also versucht jeder einmal, sich auf dem Teppich im Liegen, Sitzen, Knien oder Stehen in die Luft zu erheben. Die wildesten Abenteurer versuchen gar, über den Teppich zu laufen oder ihn mit einem Purzelbaum zum Fliegen zu bewegen.

Doch leider fliegen unsere Teppiche trotz aller Bemühungen nicht und wir müssen mit einer besonderen Eisenbahn wieder nach Hause fahren: Wir bilden eine Polonaise und der letzte Waggon muß die Lok einholen, um dann selbst Lokführer zu werden. Wir sind wieder zuhause, wenn alle Teilnehmer einmal den Zug angeführt haben.

## 2. Warum Psychomotorik im Wasser ?

Das Wasser bietet eine Vielzahl an Bewegungsmöglichkeiten und -erfahrungen, die wir auf dem „Trockenen" nicht haben.

Der Auftrieb im Wasser macht uns „leicht", wir „schweben" fast und können uns in drei Richtungen bewegen. Besonders für Menschen mit eingeschränkten Bewegungsmöglichkeiten ist das eine neue Erfahrung. Das „Schweben" im Wasser ist allerdings nur dann ohne Hilfe möglich, wenn man lernt, seinen Körper immer wieder ins Gleichgewicht zu bringen. Sinken beispielsweise die Beine ab, kommt der Oberkörper zu weit aus dem Wasser heraus und es ist nur mit der entsprechenden Ausgleichsbewegung möglich, wieder in eine gerade Wasserlage zu kommen. Das gilt auch für die Rotationen um die Körperlängsachse.

Wasser ist schwerer als Luft, deshalb drückt es auf den Körper und läßt alle Bewegungen langsamer und anstrengender werden.

So spürt man seinen Körper umso intensiver, je tiefer man eintaucht. Die Muskulatur wird gelockert und gestärkt, die Atmungsorgane werden gekräftigt und der gesamte Organismus besser durchblutet.

Dieser Wasserwiderstand fördert die kinästethische Wahrnehmung und verstärkt den Muskeltonus.

Die Temperatur des Wassers und die ständige leichte Massage durch den Wasserwiderstand setzen taktile Reize.

Darüberhinaus sollen die Ängste vor dem Wasser durch einen individuell abgestimmten und spielerischen Umgang mit diesem Element abgebaut werden. Das Erlernen dieser Fähigkeiten in Verbindung mit verschiedenen Materialien fördert die Körper-und Selbstwahrnehmung.

Psychomotorik im Wasser ist keine „Individualsportart", sondern fördert die Auseinandersetzung und Zusammenarbeit mit den anderen Teilnehmenden.

# 3. Die Wassergewöhnung

**Die Ziele der Wassergewöhnung:**

– Anpassung des Körpers an die physikalischen Eigenschaften des Wassers, wie Dichte, Druck, Widerstand, Auftrieb und Temperatur,

– Anpassung der Bewegungen gegen den Wasserwiderstand,

– Anpassung des Gleichgewichts an den Auftrieb,

– Abbau von Angst durch Erwerb von Erfahrungen, Kenntnissen und Fertigkeiten,

– Stärkung der Selbstsicherheit durch mehr Sicherheit im Wasser und durch neue Erfahrungen in der Gruppe.

120

**Einstieg im Duschbereich:**

– Wir gehen gemeinsam durch das Schwimmbad und machen uns mit den Gegebenheiten vertraut (Gefahren, Toiletten, Duschen, Bademeister o.ä. Ansprechpartner).

– Wir duschen gemeinsam ...(auch noch häufiger), zuerst die Füße, Beine, Bauch, Rücken u.s.w. (Körperschema).

– Wir duschen mit Schwimmbrettern über dem Kopf (akustische Wahrnehmung).

– Wir schmieren uns mit Rasierschaum ein oder malen uns mit Malseife an. Jeder bemalt sich selbst. Wir laufen unter der Dusche her, ohne naß zu werden und bauen uns schützende Dächer (mit Brettern, Eimern, Schüssel, Schwämme u.s.w.). Mit dem aufgefangenen Wasser waschen wir uns, (gegenseitig?).

– Wir gehen mit Regenschirmen unter die Dusche. Wieviele passen wohl darunter?

*„Schwimmbrettdusche"*

**Spiele im Treppenbereich:**

- Wir gehen gemeinsam ins Wasser: alle fassen sich an den Händen und gehen soweit ins Wasser, wie jeder einzelne noch stehen kann!

- Wir „hangeln" uns um das ganze Becken herum (Raumorientierung).

- Wir setzen uns auf die oberste Treppenstufe und rutschen soweit wie jeder kann. Wir lassen mit den Fingern die Regentropfen auf das Wasser fallen. Es donnert mit den Händen und es blitzt mit den Füßen.

- Wir waschen uns: Zuerst die Füße: Wer kann einen Fuß aus dem Wasser strecken? Ein Bein? Den Bauch? (Dabei kann man den Kindern auch unter die Arme greifen.) Den Rücken? Wer kann die Ohren, die Nase, das Gesicht ins Wasser tauchen?

- ZOO – Spiel: Wir gehen gemeinsam durch das Wasser:

- laufend, wie Pferde,

- stampfend, wie Elefanten,

- springend, wie Frösche,

- staksend und klappernd, wie Störche,

- watschelnd, wie Pinguine,

- rückwärts, wie Ameisen,

- prustend, wie Seehunde,

- mit gestreckten Beinen, wie Krokodile usw..

- „Schattenfahren": Jedes Kind erhält einen Tauchring als Steuer. Nun fährt ein Kind vor, mal schnell, mal langsam, bremst u.s.w.. Sein Partner folgt ihm und macht alles nach – Rollentausch!

**Kreisspiele:**

- Wir bilden einen Kreis und laufen mit Richtungswechsel durch das Wasser, jedes zweite Kind kann sich treiben lassen.

- Ein Kind ist nicht im Kreis und soll versuchen, hinein zu kommen.

- Katz und Maus: Die Maus ist im Kreis und darf rein und raus, die Katze ist draußen und soll die Maus fangen; in allen Varianten.

- Plumpsack (mit Tauchring).

- Schwungtuch: Alle halten das Schwungtuch fest und ziehen es stramm, dann kann sich abwechselnd ein Kind hineinlegen und treiben lassen – mit Richtungswechsel.

**Gruppenspiele:**

- „Fischer, Fischer, wie tief ist das Wasser?"

- „Wer hat Angst vorm weißen Hai"?

- Schlangenfangen: alle Kinder fassen sich an den Händen und der „Kopf" fängt den „Schwanz".

- Lokomotive: alle Kinder fassen sich an die Schulter und der letzte „Waggon" fängt die „Lok" und wird so selbst Lokführer.

- „Blinder Fisch": ein Kind schließt die Augen und versucht ein anderes Kind zu finden und zu erraten, wen es gefunden hat. Dieses Kind ist dann der nächste „blinde Fisch".

- „Der Zauberball": Man wirft einem Kind einen Ball zu und sagt z.B. er sei ganz schwer, der Ball macht auf diese Weise die Runde und wird plötzlich ganz glitschig, kostbar, er stinkt, klebt, er ist spitz oder ein Kaninchen usw..

- „Wasserbrennball" (die Regeln entsprechen dem bekannten Spiel):

  eine Mannschaft befindet sich in einem abgegrenzten Spielfeld und soll den Ball der anderen Gruppe fangen und in einen Reifen werfen. Die andere Mannschaft schwimmt um das Feld herum, solange der Ball nicht in dem Reifen gelandet ist. Sie hat aber „Stationen", an denen sie sich ausruhen dürfen, diese müssen vorher deutlich gekennzeichnet werden. Wurde der Ball in den Reifen geworfen, bevor der Schwimmer seine Station erreicht hat, muß er von vorne beginnen.

Eine spannende Ergänzung gibt es für ältere Kinder, indem sie an den Stationen noch bestimmte Aufgaben erfüllen müssen, z.B.: einen Purzelbaum schlagen, drei Ringe heraufholen, durch einen Reifen tauchen u.s.w..

- „Flußüberquerung": im Wasser liegen alle vorhandenen Matten, Luftmatratzen, Schwimmtiere usw.. Die Kinder haben nun die Aufgabe, alle von der einen auf die andere Seite zu gelangen, ohne daß einer ins Wasser fällt.

# 4. Spielideen mit verschiedenen Materialangeboten

## Luftballons (LB)

- Mit dem LB unter der Dusche:

  * Wer kann seinen LB trocken halten?

  * Wir halten den LB als Dach über den Kopf.

– mit dem LB im Wasser:

  * Wer kann den LB auch im Wasser trocken halten? (hoch über dem Kopf tragen).

  * Wer kann den LB auf dem Wasser vorwärts bewegen, ohne ihn zu berühren?

  * Wer kann den LB übers Wasser pusten?

  * Wer kann den LB hoch werfen und wieder auffangen, ohne daß er das Wasser berührt?

  * Wer kann sich auf den Rücken legen und den LB auf dem Bauch festhalten?

  * Wer kann sich auf den Bauch legen und durch den LB schauen – wie in einem U-BOOT?

  * Wir setzen uns auf die Treppe und versuchen die LB auf die andere Seite zu strampeln, in Bauch- und Rückenlage.

*„Hoffentlich geht mir nicht die Puste aus"*

- Partnerspiele mit dem LB:
  * Wer kann den LB zwischen den Köpfen halten, zwischen den Bäuchen, den Rücken, den Schultern usw.?
- Kreisspiele mit dem LB:
  * Wir bilden einen Kreis, legen alle LB's in die Mitte und drehen uns, so daß sich auch die LB's drehen und keiner aus dem Kreis herausschwimmt.
  * Ein (kleiner) LB befindet sich im Kreis, ein Kind außerhalb. Es versucht, den LB aus dem Kreis zu holen.
  * Wir legen alle LB auf ein Schwungtuch, lassen sie „tanzen" oder drehen.
- Luftballonkissen:
  * Man füllt einen großen alten Kissenbezug mit LB's, so daß er fast voll ist. Dieses LB-Kissen eignet sich sehr gut zum Klettern und Floß spielen!
- Kleine bunte Plastikbälle oder bunte Tischtennisbälle lassen sich:
  * über das Wasser pusten (auch mal ins Wasser hinein pusten), um die anderen Kinder herum, über das Wasser auf die andere Beckenseite strampeln.
- Jedes Kind baut sich ein „Boot" aus einem Schwimmbrett und einem Tauchreifen und sammelt alle Bälle seiner Lieblingsfarbe.
- Es wird eine Geschichte erzählt und die Kinder sammeln die Bälle der Farben, die in der Geschichte vorkommen.

## Schwimmbretter (SB)

- Wir tragen die SB hoch über dem Kopf, damit sie nicht naß werden.
- Wir balancieren sie auf dem Kopf, ohne daß sie herunter fallen.
- Wir schlagen mit den SB kräftig auf das Wasser.
- Wir „zersägen" das Wasser mit den SB.
- Wir schieben sie hochkant durch das Wasser, kräftig schieben!
- Wir lassen sie flach über das Wasser flitzen, wie Rennboote! (Unterschied zwischen aufrecht und flach herausstellen, Wasserlage!).
- Wir versuchen uns darauf zu setzen oder der Übungsleiter hält das Brett fest, ein Kind setzt sich mit dem Rücken zu ihm darauf und kann

so das Kind durch das Wasser schieben, ziehen oder herauf und hinunter bewegen. Das ist eine schöne Übung für das Gleichgewicht und für ängstliche Kinder, die noch einen engen Körperkontakt benötigen.

„Rennboot"

– Wir versuchen uns auf die Bretter zu stellen (erstmal im Treppenbereich anfangen). Wer kann denn mit einem Partner die Plätze tauschen?

– Zwei Kinder stehen sich mit einem Brett gegenüber und auf ein Kommando legen sie sich auf das Wasser und versuchen den Partner durch „Strampeln" (Crawlbeinschlag) wegzudrücken.

– „Bäume im Sturm": Die Kinder stellen sich mit beiden Füßen fest auf den Boden. Der ÜL erklärt ihnen, sie seien große alte Bäume, die fest in der Erde verwurzelt sind und sie sollen nicht umkippen. Mit dem Schwimmbrett kann der ÜL nun Wellen gegen die Kinder schieben, je nach Kind, Größe und Standfestigkeit dosiert. Wer will, kann die Augen dabei schließen.

Für geübte Kinder ist das auch ein schönes Partnerspiel.

– „Bäume fällen": Nun sollen diese schönen alten Bäume doch gefällt werden! Die Kinder halten ein Schwimmbrett (die Baumkrone) mit gestreckten Armen hoch und schließen die Augen. Der ÜL pustet die Kinder an, die daraufhin, gerade wie ein Baum (wichtig ist dabei die gestreckte Körperhaltung!) ins Wasser gleiten.

– „Baumstämme flößen": Jetzt müssen die Bäume noch den Fluß hinunter. Die Kinder stehen sich in einer Gasse gegenüber und schieben ein anderes Kind durch ihre Reihen (mit und ohne Brett).

– „Bootstour": Die Kinder liegen mit ihren Booten (SB) im Hafen vor Anker. Jedes Kind überlegt sich, welche Art von Boot es fährt (Rennboot, Frachter, Kanu usw.). Zuerst müssen die Boote jedoch gewaschen werden. Die Kinder stellen sich wieder in zwei Reihen einander gegenüber und eins fährt nun durch die „Bootswaschanlage", die mit den SB Wellen macht, mit den Händen spritzt und zum Schluß trocken pustet. Danach startet jedes Kind mit seinem SB und fischt nach herumschwimmenden Bällen oder taucht nach wertvollen Schätzen. Wer will, kann auch vom Rand auf das Boot springen, aber den nötigen Abstand zum Beckenrand einhalten. Ein Polizist regelt dabei den Verkehr: mit farbigen Tüchern oder seinen Armen zeigt er an, ob die Boote langsam, schnell oder stehen bleiben sollen.

## Schleuderhörner (SH)

– Drehen, um Töne zu erzeugen.

– In das Wasser pusten.

– Tischtennisbälle wegpusten.

– Einen Springbrunnen machen, auch einen gemeinsamen großen.

– Einen TT-Ball auf dem SH einem Partner übergeben.

– Auf dem Wasserstrahl einen TT-Ball tanzen lassen.

– Sich etwas erzählen, auch unter Wasser, aber nicht schreien.

– Wer kann das Rohr als Schnorchel benutzen?

– Die Kinder bilden zwei Reihen und machen mit den Rohren ein langes Tor. Wer taucht darunter her?

– Luftballontennis: Die SH sind die Schläger und wir versuchen den Luftballon einem Partner zuzuspielen oder über eine Schnur ins gegnerische Feld zu schlagen.

*Flossen*

- Wir ziehen die Flossen nicht an die Füße, sondern an die Hände (!) und laufen damit durch das Wasser, suchen uns einen Platz und bewegen die Arme rauf und runter, vor und zurück (zum Schwimmen braucht man eben auch Kraft in den Armen).

- Wir legen uns auf den Rücken und versuchen mit einer Auf- und Abbewegung der Arme zu schwimmen.

- Wir ziehen die Flossen an die Füße und versuchen so hoch wie möglich aus dem Wasser zu schnellen.

*„Das gezähmte Krokodil"*

## 5. Zusammenhängende Spielideen

**Zirkus**

Alle Kinder fassen sich an die Schulter und ziehen in die „Manege" ein. Der ÜL gibt zunächst vor, wer alles dabei ist:

- Wir stampfen wie die Elefanten, wir brüllen wie die Löwen, wir laufen wie die Pferde, wir winken wie die Zauberer, wir laufen auf Zehenspitzen wie die Seiltänzer, wir laufen rückwärts wie die Akrobaten u.s.w..

Zunächst schlägt der ÜL einige „Nummern" vor, die selbstverständlich von den Kindern verändert oder ergänzt werden können:

- Die Elefanten stampfen kräftig auf den Boden, tröten und spritzen mit den Heulrohren.
- Die Löwen springen vom Rand in einen Reifen oder tauchen durch einen oder mehrere Reifen.
- Die Pferde laufen im Kreis, ändern ihre Richtung und laufen auch mal rückwärts.
- Die Zauberer arbeiten zu zweit, einer hält ein Tuch in der Hand und stellt sich hinter seinen Partner. Nach einem richtigen Zauberspruch verdeckt er seinen Partner mit dem Tuch, so daß dieser unter seinen Beinen wegtauchen kann.
- Die Seiltänzer balancieren über den Beckenrand.
- Die Akrobaten versuchen einen Handstand im Wasser, machen einen Purzelbaum (auf eine Airex-Matte, die im Wasser liegt), stellen sich auf Schwimmbretter und wechseln die Plätze.
- Die „Messerwerfer" versuchen sich mit Schaumgummifrisbees abzuwerfen.

Zum Schluß ziehen sie noch einmal alle durch die Manege und jeder zeigt sein Lieblingskunststück.

## Olympiade

Die Gruppe wird in zwei oder drei Kleingruppen geteilt.

Wir eröffnen diese Olympiade mit dem „Olympischen Feuer":

- ein Teelicht auf einem Schwimmbrett wird von jedem Kind eine bestimmte Strecke transportiert,
- durch einen Reifen tauchen und so viele Ringe wie möglich heraufholen,
- einen Luftballon über eine vorgegebene Strecke pusten,
- auf einem Autoreifen, einer Matte o.ä. paddeln, wenn möglich mit der ganzen Kleingruppe,
- ein Kind schiebt ein anderes an seinen gestreckten Beinen vorwärts,
- einen Ring auf dem Kopf balancieren,
- auf dem Rücken liegend ein Schwimmbrett auf dem Bauch (mit einem Tauchring darauf und einem TT-Ball darin) transportieren,

- alle halten sich an den Händen und schwimmen,

- mit verbundenen Augen schwimmen und die eigene Gruppe gibt durch Rufe die Richtung an.

**Halloween – Party**

Wenn möglich, kann man das Schwimmbad nur wenig oder auch mit Kerzenlicht beleuchten.

Man stellt Chiffontücher und Wäscheklammern zur Verfügung. Die Kinder können sich verkleiden als Piraten, Meerjungfrauen, Hexen, Zauberer und was immer ihnen gefällt...

Sehr hilfreich sind dabei auch alte Hüte, Mützen, Kappen, Schals, Tücher usw..

Sind alle gut verkleidet, bekommt jeder eine Spritze (Einwegspritzen aus Krankenhäusern sammeln) oder eine Wasserpistole und dann darf gespritzt werden. In der Praxis haben sich folgende Regeln bewährt: Niemals ins Gesicht spritzen und beim „Auffüllen" gilt die Spritzpause!

Und wer traut sich dann mit Tüchern ins Wasser zu gehen?

Die Chiffontücher schweben sehr schön auf dem Wasser. Wenn man sie langsam auf dem Wasser ausbreitet, entsteht eine Luftblase. Geübte Schwimmer können da hinein tauchen.

**Ein Wassertanz**

Tanzen kann man auch im Wasser!

Eine einfache Polonaise (mit Hindernissen), ein Folklore – Tanz oder andere Kreistänze sind möglich. Man muß bei der Auswahl nur auf das Tempo achten, denn im Wasser sind alle Bewegungen langsamer!

Wer kennt den Labadoo?

Okay! „Wir tanzen jetzt den Labadoo, Labadoo, Labadoo, wir tanzen jetzt den Labadoo, Labadoo, Labadoo – uuh!"

Dabei gehen alle Kinder im Kreis und singen mit!

„Schön, jetzt habt ihr alle schon einmal den Labadoo getanzt, aber wer von euch ist den Labadoo denn schon einmal geschlichen?"

Also! „Wir schleichen...s.o."

Wer ist den Labadoo denn schon gehüpft, gestampft, geklatscht, geohrläppt (man faßt sich vorsichtig am Ohrläppchen) u.s.w.

Für Kinder eignen sich auch Lieder von Frederick Vahle,

z.B. aus „Anne Kaffeekanne":

- „Kawuras,der Krebs will tanzen",
- „Wer gibt dem Elefant die Hand?",
- „Katzentatzenspiel".

**„Notruf im Schwimmbad"**

Für ältere Kinder ist es ganz spannend, mit Kleidung ins Wasser zu gehen. Natürlich sollte man dabei nie die Sicherheit der Kinder gefährden. Man kann mit T-Shirts anfangen, es gibt aber auch speziell dafür vorgesehene DLRG-Anzüge.

Der ÜL am Wasser kennt verschiedene Rettungsmethoden, die die Kinder ausprobieren können.

Desweiteren kann man verschiedene Tauchspiele auch mit schwereren Gegenständen anbieten.

Dieses Thema bietet sich an, um über Verantwortung gegenüber sich selbst und anderen zu sprechen.


# Literatur

Bucher, W. (Hrsg.): 1001 Spiel- und Übungsformen im Schwimmen. Hofmann Verlag, Schorndorf 1989

Haase, J.: Spiele im – am – unter Wasser. Sport Verlag 1982

Käsbach, V.: Psychomotorik im Wasser. In: Rheinische Akademie im Förderverein Psychomotorik. Materialien zur Einführung in die Psychomotorik, Bonn 1994

Kiphard, E.J.:Motopädagogik. verlag modernes lernen, Dortmund 1979

Mertens, K.: Zurück zur Natur. Das Wasser in der Entwicklungsförderung. Verlag modernes lernen, Dortmund 1988

Wilke, K.: Schwimmsportpraxis. Rowohlt Verlag, Reinbek 1988

**...vom Scheitel bis unter die Sohle...**

Manfred
Höhne

*Manfred Höhne*

# ...vom Scheitel bis unter die Sohle...

## Körpererfahrung in der Schule

Der eigene Körper und die in der motorischen Entwicklung erlebten Körpererfahrungen sind Ausgangspunkt allen kindlichen Handelns.

Körpererfahrungen stellen eine entscheidende Grundlage für das Lernen dar. Die Kenntnis über die besondere Bedeutung körperbezogenen Lernens ist in den letzten Jahren erheblich weiter fortgeschritten und hat somit unmittelbar Einfluß auf pädagogische Aufgaben und erziehungsrelevante Intentionen genommen.

Über Körpererfahrungen wird die Grundlage für die Ich-Bildung des Kindes gelegt.

Bettelheim formuliert hierzu: *„Man ist der Ansicht, eine Grundlage für die Entstehung des Ichs bestehe darin, daß das Kind seinen Körper als etwas erkennen muß, das von der übrigen Welt getrennt ist, und zugleich als etwas, das willentlicher, bewußter Beherrschung unterworfen ist. Die erste Leistung des rudimentären Ichs ist die Fähigkeit, die willkürlichen Bewegungen nach Belieben zu steuern. Die erste Erfahrung in der Selbstbeherrschung ist die Umwandlung von Zufallsbewegungen in zielgerichtetes Handeln. Diese Erfahrung dient als Modell für jede bewußte Steuerung des Handelns im späteren Leben"* (Bettelheim, 1971).

Kinder erfahren sich und ihre Nahumwelt über ihren Körper; mit ihrem Bewegungsrepertoire – spielerisch agierend, forschend, hinterfragend und gestaltend. In verschiedensten Situationen sind sie Motor für individuell vollkommen unterschiedliche Erlebnisse.

Es kann z.B. Aufgabe einer Schule werden, diese Bewegungserlebnisse eines Kindes als für den Schüler „eigene Geschichte" zu akzeptieren und in den Unterricht zu integrieren.

Die daraus unmittelbar ersichtlichen individuellen Lernchancen bilden veränderte Grundlagen für Unterrichts- und Schulkonzepte.

Hier liegen enorme Entwicklungschancen für den Schüler; aber auch für die institutionalisierte Erziehung mit ihrem hohen Bildungs- und Erziehungsanspruch.

134

Es muß pädagogische Aufgabe von Schule sein, Lernen durch Bewegung und Körpererfahrungen zu ihrem unterrichtsbezogenen Recht zu verhelfen; den Körper zu *dem* Lerngegenstand werden zu lassen und ihn als individuelle Lernausgangslage des Kindes anzuerkennen.

## Lernen durch Bewegung

Spätestens mit der Gestaltkreistheorie F. v. Weizsäckers wird Lernen durch Bewegung sowie die Bedeutung von Wahrnehmen und Bewegen in einem veränderten und somit ganzheitlichen Denkansatz betrachtet.

Die Kernaussage, daß beide Bereiche -Wahrnehmung und Bewegung- in einem Verhältnis gegenseitiger Abhängigkeit und wechselseitiger Beeinflussung stehen und dadurch untrennbar miteinander verbunden sind, beeinflußt die Intentionen unterrichtlichen Handelns nachhaltig.

Jede Wahrnehmung löst eine Bewegung aus -und umgekehrt; „sich wahrnehmen" und „sich-bewegen" bedingen sich ständig gegenseitig.

Hieraus entwickeln sich über den Körper des Kindes Bewegungs- und Lerndialoge; Lernen durch Bewegung findet immer dann statt, wenn das Kind mit Dingen und anderen Kindern eine Beziehung eingeht.

Unterrichtliche Angebote bedeuten dann gerade auch dialogische Erfahrungsfelder, in denen für das Kind individuelle Strategien – Lernwege im eigentlichen Sinne – offen bleiben, um Neues zu erproben und Erlebtes umzusetzen.

Diese motorischen Lernprozesse bilden Grundlage und zugleich Begründung für Lernangebote mit und über den eigenen Körper.

„Lerndialoge" im Sinne von Wahrnehmen-Bewegen-Handeln, mit allen kognitiven, sozialen und affektiv-emotionalen Anteilen, bedeuten immer das Konstruieren und Gestalten einer individuellen (subjektiven) Wirklichkeit und äußern sich in komplexen motorischen Handlungen. Diese individuelle Handlungs-(oder Bewegungs-)Muster des Kindes offenbaren Lösungsvorschläge mit situationsbezogenen persönlichen Zielperspektiven.

Kinder möchten gestellte Aufgaben bewältigen und bieten hierzu – ausgehend vom verfügbaren Handlungsrepertoir – Lösungsmöglichkeiten an. (Auch der Entschluß, eine Aufgabe nicht zu bearbeiten, ist als eine bewußte Aktivität des Kindes zu bewerten.)

Dieses kindliche Vorgehen ist gleichsam Intention aller pädagogischen Bemühungen: dem Schüler Lern- und Erfahrungsräume zu ermöglichen,

in denen er sich möglichst autark verhalten und über seine Wahrneh-
mungs- und Bewegungsmuster verfügen kann.

In der praktischen Umsetzung ist der menschliche Körper hierbei grundlegendes Lernfeld und erhält somit einen zentralen Stellenwert für
(schul)pädagogische Bemühungen.

Der Aufbau, das Finden der „Ich-Identität" des Schülers über das Kennenlernen des eigenen Körpers durch Selbsterfahrung stellt die eigentliche
Grundlage für Lernen und ist gleichsam für weitere (Persönlichkeits-) Entwicklung unabdingbar.

Die Richtlinien der SfGB in NW sagen hierzu:

*„Der eigene Körper ist ein erstes Erlebnis- und Lernfeld. Durch körperli-
che Nähe und körpernahe Angebote lernt ein Mensch Kontakt zu seiner
Umwelt aufzubauen, Informationen zu übernehmen und sich somit in seinem Erleben zu bereichern. Je umfassender ein Schüler diese Lernprozesse mitvollzieht, desto differenzierter wird seine Ich- und Persönlichkeitsentwicklung und damit der Aufbau seines Lebenszutrauens gelingen.
Dies wiederum sind Voraussetzungen für seine jeweiligen Fähigkeiten
entsprechende Selbstverwirklichung"* (RL NW 1980).

Die Wahrnehmungserfahrungen über den eigenen Körper bilden das Bindeglied zwischen Individuum und Umwelt. Informationsaufnahme und die
daraus resultierenden Kenntnisse beeinflussen die individuelle Entwicklung, greifen in das Kind-Umfeld-System ein und über die Gestaltung
einer Aufgabe wird die Umwelt (hier: Schule/ Unterricht) modifiziert.

Ein Entwicklungsmodell zur Körpererfahrung beinhaltet eine Fülle von
praxisorientierten Angeboten auf der Grundlage von Wahrnehmung und
Bewegung. Die Inhalte stehen nicht isoliert nebeneinander. Sie sind vielmehr immer miteinander in Korrespondenz und bauen aufeinander auf.
Im unterrichtlichen Angebot orientieren sie sich an der „eigenen Geschichte" oder der individuellen Lerndisposition des Kindes.

Hierbei finden über intensive Auseinandersetzung mit dem eigenen Körper und dem Einsatz unterschiedlicher Materialien grundlegende Lernprozesse statt, die ein Kind evtl. befähigen, seine individuell subjektive Wirklichkeit mitzugestalten.

# Körpererfahrung

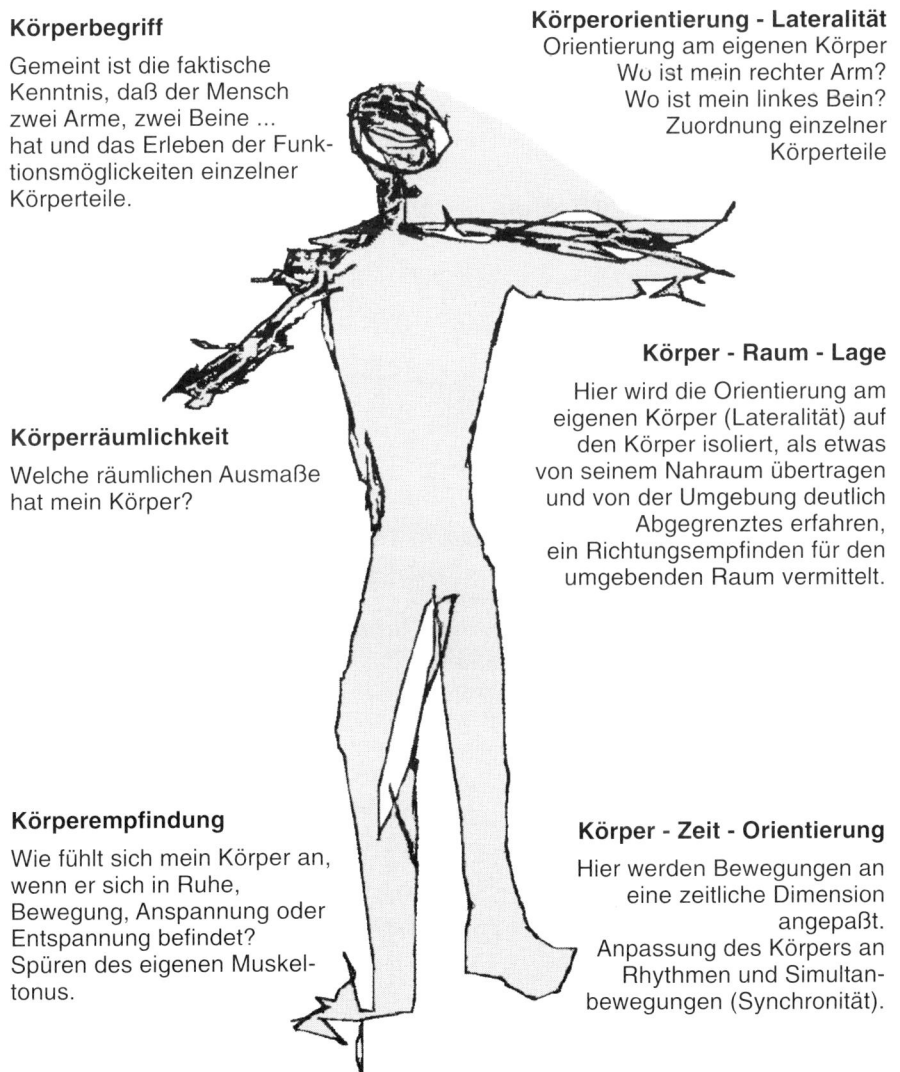

## Körperbegriff

Gemeint ist die faktische Kenntnis, daß der Mensch zwei Arme, zwei Beine ... hat und das Erleben der Funktionsmöglickeiten einzelner Körperteile.

## Körperorientierung - Lateralität
Orientierung am eigenen Körper
Wo ist mein rechter Arm?
Wo ist mein linkes Bein?
Zuordnung einzelner
Körperteile

## Körper - Raum - Lage
Hier wird die Orientierung am eigenen Körper (Lateralität) auf den Körper isoliert, als etwas von seinem Nahraum übertragen und von der Umgebung deutlich Abgegrenztes erfahren, ein Richtungsempfinden für den umgebenden Raum vermittelt.

## Körperräumlichkeit

Welche räumlichen Ausmaße hat mein Körper?

## Körperempfindung

Wie fühlt sich mein Körper an, wenn er sich in Ruhe, Bewegung, Anspannung oder Entspannung befindet? Spüren des eigenen Muskeltonus.

## Körper - Zeit - Orientierung
Hier werden Bewegungen an eine zeitliche Dimension angepaßt.
Anpassung des Körpers an Rhythmen und Simultanbewegungen (Synchronität).

137

# Literatur

Cratty, B.: Motorisches Lernen und Bewegungsverhalten. Frankfurt/Main 1975.

Cruickshank, W.M.: Schwierige Kinder und Jugendliche in Schule und Elternhaus. Berlin 1981

Eggert, D.: Grundlagen und Inhalte eines Konzepts zur Integration des Psychomotorik in die Sonderpädagogen – Ausbildung. in: Motorik 4 (198)

Irmischer, T.: Ziele und Inhalte des Bewegungsunterrichts im Primarbereich. Köln 1980.

Kultusminister NRW: Richtlinien für die Schule für Geistigbehinderte (Sonderschule) in Nordrhein-Westfalen.

Oerter, R.: Die Rolle der Motorik in der Entwicklung des Kindes. Schorndorf 1982.

Zimmer, R.: Motorik und Persönlichkeitsentwicklung bei Kindern im Vorschulalter. Schorndorf 1991.

**Wie läßt sich dem bewegungs-
gestörten Kinde helfen, Kontakt
zu seinem Körper aufzunehmen,
wie mit ihm in Bezug zu treten?**

*Renate
Holtz*

*Renate Holtz*

# Wie läßt sich dem bewegungsgestörten Kinde helfen, Kontakt zu seinem Körper aufzunehmen, wie mit ihm in Bezug zu treten?

Bevor ich meine Arbeit mit diesen Kindern beschreibe, möchte ich erst einige grundsätzliche Dinge zur normalen Bewegungsentwicklung und die daraus rekrutierenden Persönlichkeitsentwicklungen aufzeigen.

Schon im Mutterleib treten komplexe Bewegungsmuster auf (7.-8. SSWo.), die in vielen Einzelheiten den motorischen Äußerungen entsprechen, wie sie später genauso der neugeborene Säugling zeigen wird.

Daraus läßt sich ableiten, daß die Entwicklung des Bewegungsverhaltens zu einem großen Teil ein genetisch bedingtes Programm ist und nicht nur eine Reaktion auf die Einwirkung bestimmter Reize ist.

Das genetische Programm aber alleine bestimmt auch nicht das motorische Tun eines Kindes.

Es ist vielmehr von Anfang an das Wechselspiel zwischen Bewegung und Wahrnehmung und bestimmt somit die jeweilige individuelle Entwicklung eines Kindes. Dies ist auch der Grund, warum wir von einer senso-motorischen Entwicklung eines Kindes sprechen, denn alle Erfahrungen, die ein Säugling oder Kleinkind macht, geschehen über das Bewegen und das Wahrnehmen.

Indem durch motorische Aktivität auch sensorische Erfahrungen vermittelt werden, findet die Ausreifung des ZNS statt.

Bewegungsentwicklung bedeutet:

– Bewegungserfahrung an und mit seinem Körper
– Bewegungserfahrung über die Umgebung

Die Auseinandersetzung des Körpers im Umgang mit Gegenständen und Materialien.

## 1. Bewegungserfahrung an und mit dem Körper

Der Säugling übt seine Sensomotorik, indem er mit seinem Körper spielt. In dem Maße, wie das Kind mit seinen Gliedmaßen spielt, seine Kopf-

und Zungenbewegung, etc. ausführt, erfährt und begreift es seinen eigenen Körper.

Diese sensomotorische Information, die das Kind erhält, wird

✓ aufgenommen

✓ verarbeitet

✓ und abgespeichert.

Unser Körper ist also **_das_** Mittel, mit dem wir die Umwelt um uns herum wahrnehmen.

Die motorischen Äußerungen des Körpers und die dabei gespeicherten Informationen sind ein immens wichtiger Grundstein zum Aufbau des **Körperschemas.**

Dazu gehören:

– **Erfahrung des eigenen „Ich"**

Über taktil-kinästhetische Reize nimmt der Säugling sich wahr.

Indem er seine Körperteile wahrnimmt, bekommt er seine **_Körper-Ich-Identität._**

(Ich nehme mich wahr.)

– **Körperempfinden**

Aus seinem Körperinneren erhält er zusätzlich Informationen, indem er lacht, stöhnt, atmet, pustet, etc.

(Widerstand spüren)

Die Haut ist dabei ein wichtiges Bindeglied. Einerseits grenzt sie den Oberkörper nach außen hin ab, andererseits ist sie der Zugang für körperliches Wahrnehmen.

– **Körperhaltung**

Über propriozeptive Reize erhält er weitgehend Information über die jeweilige Körperhaltung.

Er gewinnt zunehmend mehr eine Vorstellung von der Lage des Körpers und seiner Glieder.

## 2. Bewegungserfahrungen über die Umgebung

Unser Körper ist also nicht nur das Mittel, mit dem wir wahrnehmen, sondern auch das Mittel, mit dem wir auf diese Umgebung reagieren.

– **Lage des Körpers im Raum**

Mit der vestibulären Stimulation, wie schaukeln, hopsen, springen, sich fallen lassen, in die Luft geschleudert werden, macht der Säugling Erfahrungen mit seinem Körper im Raum.

(Körperenergie erleben, Kraft einsetzen)

Diese Bewegungserfahrung, sei sie spontan oder aber auch reaktiv, wird durch die individuelle Aktivität eines Kindes geprägt.

– **Automatische Bewegungen**

Alle diese Bewegungserfahrung macht es über das Wegbewegen von der Unterlage. Wenn viele dieser kleinen Bewegungsabläufe abgespeichert sind, werden sie schließlich automatisiert. Diese automatisierten kleinen Bewegungsabläufe ermöglichen dann eine motorische Handlungsplanung.

Beispiel: Die wichtigste der automatischen Reaktionen ist die Kopfkontrolle.

Keine Gleichgewichtsreaktion kann sich entwickeln, bevor die Kopfkontrolle perfekt ist (Kopfkontrolle ca. ab dem 4. Monat).

Keine Rumpfkontrolle, ca. ab dem 7. Monat, bedeutet keine Balancereaktionen von Beinen und Hüfte.

Das Kind soll nicht darüber nachdenken, sondern diese Reaktionen sind sofort da, also automatisch und werden nicht über erlerntes Bewegen ausgeführt.

– **Tonusregulation**

Durch die Bewegungsabläufe des Körpers (Auseinandersetzung mit seiner Umwelt) nimmt das Kind auch seine augenblicklichen Haltungen und gerade bestehenden Gliederstellungen wahr.

Diese werden in feed-back und feed-forward Prozessen verarbeitet und gespeichert, um daraus eine Handlung zu planen und auch adäquat umzusetzen.

Die Sinnesorgane, in denen dies geschieht, sind die Muskeln, die Sehnen und die Gelenke.

Sie bestimmen die Muskelspannung (Tonus),

die Steuerung der Bewegung,

die Dosierung und den Aufbau der Kraft.

Bewegungsentwicklung geschieht aus der zentralen Ganzheit heraus. Sie ist eine Grundbedingung für eigentlich alle menschlichen Bereiche: Nichts ist voneinander zu trennen.

Zur Ganzheit gehören:

- **Vitale Grundbedürfnisse**

  Bewegung zum Leben überhaupt: Atmung, Schluckvorgang, Verdauung, etc.

- **Bewegung und Wahrnehmung**

  Mit den Augen verfolgen, nach etwas greifen, etc.

- **Sozialverhalten**

  Jemanden streicheln, anfassen, anschubsen, schlagen, etc.

- **Fühlen und Gefühle**

  Lachen, weinen, etc.

- **Körpererfahrung und Ausdruck**

  Fröhliche, ängstliche, überschießende, zappelige, gehemmte Bewegungen

- **Körperhaltungen**

  Ein fröhliches Kind hüpft, springt, ein ängstliches Kind steht, geht gebeugt oder verkrampft

Die Ausdifferenzierung all dieser Bereiche ist entscheidend an die Qualität und Verläßlichkeit der emotionalen Beziehung gebunden, die im Körperkontakt mit einer Bezugsperson erlebt wird.

Dem Kind ermöglichen die gemachten Erfahrungen, sich zunehmend besser zu organisieren.

Indem es über sein motorisches Tun Kontakt zu seinem Körper aufnimmt, nimmt es gleichzeitig Beziehung auf zu seinen kognitiven und emotionalen Fähigkeiten.

Bewegungen in sich haben eine große Bedeutung für die

✓ Bedürfnisbefriedigung,

✓ Kommunikation,

✓ Interaktion.

Dies macht klar, welche Schwierigkeiten sich für ein bewegungsgestörtes Kind auftun, denn diese Kinder zeichnen sich aus:

✓ durch massive Bewegungsarmut,

✓ durch keinerlei Variation in der Bewegung oder

✓ durch starke Stereotypien im Bewegungsverhalten oder

✓ durch die Ausprägung der massiven tonischen Reaktionen,

✓ wodurch sie ebenfalls nur ein eingeschränktes Bewegungsrepertoir erfahren.

Funktionsstörungen des Gehirns behindern also immer die Steuerung der motorischen Abläufe (Bewegungsverhalten), aber auch die Ausbildung der Körperwahrnehmung (Körperbewußtsein).

Sowohl das Bewegungsverhalten, als auch die Körperwahrnehmung ist erschwert oder kann sich gar nicht ausbilden.

**Bewegungsbehandlung für diese Kinder bedeutet:**

– **Kontaktaufnahme für das Kind**

   Bewußtsein vom Körper: Die Behandlung sollte an und mit dem Körper des Kindes geschehen, mit dem Ziel, dem Kind zu vermitteln, daß es einen Körper hat.

– **Positive Erfahrung an und mit seinem Körper**

   Bewußtsein vom Körper und seine Beziehung dazu

– **Es kann erleben und empfinden, was mit ihm vorgeht**

   Bewußtmachung der Wahrnehmung an verschiedenen Sinnesbereichen: Das Kind soll seinen Körper als etwas Ganzes spüren.

– **Art und Niveau der Behandlung haben sich an den Möglichkeiten des Kindes zu orientieren**

   Bewegungserfahrung über die gesamte Persönlichkeit des Kindes, also seinem Aufnahme- und Leistungsvermögen

– **Der Therapeut orientiert sich am Kind**

   und nicht das Kind stellt sich auf den Therapeuten ein.

Spontanes Bewegungsverhalten wird unterstützt. Es werden eigene Möglichkeiten der motorischen Problemlösung fürs Kind geschaffen.

Diese Kinder brauchen neben der Stimulation zur Unterstützung des Körperbewußtseins häufig Hilfen zur Unterstützung der Körperorganisation.

Was meine ich damit?

In der Normalentwicklung des Kindes ist das uns allen etwas sehr Vertrautes.

Beispiel: Einfache, kurze Reimspiele wie „Da kommt die Maus, da kommt die Maus. Hallo, ist der Herr ... zu Haus?"

Diese ständigen Wiederholungen von taktilen, akustischen, etc. Reizen werden durch die gleichbleibende Melodie begleitet. Je nach Reim-Bewegungsspiel werden diese rhythmischen Ereignisse mit mehr oder weniger vestibulärer Stimulation gekoppelt. Durch die Sprachmelodie kann das Kind sich darauf einstellen, eine Erwartungshaltung wird aufgebaut. Weil es „vorhersehbar" ist, bereitet es dem Kinde Spaß und Vergnügen und gibt ihm Sicherheit.

Solch ein regelmäßig wiederkehrendes Angebot kann dem bewegungsgestörten Kinde ebenso eine Hilfe sein, für sich eine Erwartungshaltung aufzubauen. Indem es wach wird, zentriert und organisiert es sich.

Nimmt der Therapeut die Äußerungen und Abwehrreaktionen des Kindes ernst, gibt er dem Kinde Sicherheit und ermöglicht es ihm hiermit, sich nach außen zu öffnen.

Es erlebt seine Fähigkeit,

✓ selbst Einfluß zu nehmen („Information war gut"),
✓ aktiv zu werden („Darauf kann ich mich einlassen"),
✓ das Angebot mitzuteilen („Ich will das noch einmal").

So lernt das Kind, eine aktive Rolle bei der Interaktion zu übernehmen.

Die Beziehungsqualität, die das Kind dabei mit dem Therapeuten erlebt, ist ausschlaggebend für seine Re-Aktion.

Es wird befähigt:

— sich kommunikativ zu verhalten
— eigene Gefühle zu spüren
— einen passenden Ausdruck dafür zu finden.

Die Bewegung bedeutet:

einerseits also ein Ausdruck seines Befindens,
andererseits aber für das Kind einen besonderen Zugang zu seiner Welt.

# Literatur

Finnie, N. R: Hilfe für das cerebral gelähmte Kind. Otto Maier Verlag, Ravensburg 1976

Flemig, I.: Normale Entwicklung des Säuglings und ihre Abweichungen. Georg Thieme Verlag, Stuttgart 1979

Kalbe, U.: Die Cerebral-Parese im Kindesalter. Gustav Fischer Verlag, Stuttgart 1991

Manns, A., Schrader, A. C.: Ins Leben tragen.Beiträge zur Ethnomedizin – Band I

Verlag für Wissenschaft und Bildung, Berlin 1994

Schlack, H. G., Largo, R.H., Michaelis, R., Neuhäuser, G. und Orth, B.: Praktische Entwicklungsneurologie. Hans Marseille Verlag GmbH, München 1994

# Erziehung gegen Gewalt

*Werner
Lauff*

*Werner Lauff*

# Erziehung gegen Gewalt

In dem Kongreßthema mit der Unterüberschrift „Vom Wert des 'Fehlers' in der Psychomotorik" scheint Gewalttätigkeit bei Kindern und Jugendlichen so eine Art zu behebender Störung oder Fehler zu sein. Aus solchen Störungen bzw. Fehlern kann man lernen, was pädagogisch-therapeutisch zu tun ist. Aus Schaden wird man eben klug. Über die erzieherische Integration von Fehlern und Störungen wird jedoch weiter nachzudenken sein, da meiner Auffassung nach Erziehung primär auf Fehlervermeidung und erst sekundär auf therapeutische Fehlernutzung angelegt ist.

Zunächst will ich auf die Überschrift „Erziehung gegen Gewalt" und dabei auf Peter Strucks Buch[1] kurz eingehen und dann die Kongreßveranstalter mit ihrer Programmeinladung zu Wort kommen lassen.

## 1. Erziehung gegen Gewalt

Gewalt ist für Peter Struck nicht nur die vordergründige Gewalt gegen Sachen und Menschen, wie Körperverletzung, Mißbrauch, Raub, Abpressung, Vandalismus usw. Besondere Formen der Gewalt sind Aggressionen der Jugend gegen sich selbst in Form von Magersucht, Freßsucht, Spielsucht, Alkoholismus, Nikotin- und Tablettensucht, Asthma, Neurodermitis, Nägelkauen, Bettnässen, Todessehnsucht, Suizidversuche usw. (s. S. 208ff). Was ist hier alles Gewalt?

Peter Struck verwundert es, „daß Kinder und Jugendliche nicht noch gewalttätiger sind" in dieser „korrupten Ellbogengesellschaft" mit ihren vielen „gewaltreichen Vorbildern". Überall fehlt es an „aktiven Spielerfahrungen". Es besteht ein großes „Defizit an Bewegungen, an Klettern, Balancieren und Schaukeln". „Auge und Ohr" sind permanent „durch den Bildschirm" überfordert. In der Familie herrscht ein zunehmender „Kommunikationsverlust". Die Kinder ängstigen sich vor dem „Alleinsein", sie leiden unter

---

[1] Das Thema „Erziehung gegen Gewalt" im Rahmen des Kongreßthemas „Wenn Kinder durchdrehen" habe ich vorgefunden. Es war das Thema meines Kollegen Peter Struck, der darüber im vergangenen Jahr ein erfolgreiches Buch (Peter Struck. Erziehung gegen Gewalt – Ein Buch gegen die Spirale von Aggression und Haß; Neuwied 1994) geschrieben hat . Da er verhindert war, habe ich versucht , seinem Thema mit eigener Schwerpunktsetzung gerecht zu werden. Dabei will ich mehr auf Erziehung eingehen als auf Gewalt, weil ich der Meinung bin, daß Erziehung immer gegen Gewalt ist.

148

„Langeweile", sind unfähig, „sich für Werte zu entscheiden" usw. usf. (s. S. 209).

Die Defizite der Kinder sind in dem genannten Buch eigentlich die Defizite der Erzieher. Die kalten und lieblosen Väter, die sich nicht um ihre Kinder kümmern und nicht zärtlich zu ihnen sein können. Da sind die alleinerziehenden, machtgierigen und masochistischen Mütter, die mit ihrer „Affenliebe" die Kinder benützen, anstatt sie liebevoll zu versorgen (s. S. 103, 106). Da ist die Gewalt der selektierenden Schulen und der unpersönlichen Fachlehrer, die den Schülern kein „umfassendes" Bezugsangebot machen und ihnen nicht über die Krisen hinweg helfen (s. S. 212). Da sind die Universitätsprofessoren und Studienseminarleiter, die für das Fachlehrer-, nicht aber für das Klassenlehrerprinzip ausbilden.

Die Klagen Peter Strucks über unsere Kindergesellschaft und die Anklagen gegen unsere Erwachsenengesellschaft sind umfassend und eindrucksvoll. Viele hören solche Klagen gerne, einmal weil das Bedauern der armen Kinderopfer in Mode ist und vom eigenen Nichts-tun entlastet, und zum anderen, weil man sich selbst mit dem Gedanken aufwerten kann: Herr, ich danke Dir, daß ich nicht so bin wie jene anderen erwachsenen Erziehungsschandtäter. Aber was bringen solche Klagen und Anklagen außer Gemütsentlastung?

Für Peter Struck dienen sie als Hintergrund zur Begründung einer neuen Pädagogik, nämlich der Präventions-pädagogik. Deren Aufgabe soll es sein, „vorbeugend gegen Gewalt und Autoaggressionen zu erziehen und Verhaltensstörungen zu minimalisieren" (s. S. 192).

War Pädagogik in einem solchen Sinne von ihrem Selbstverständnis her nicht schon immer präventiv? Man müßte schon ein Teufel sein, wollte man in der Kindererziehung Verhaltensstörungen maximieren. Nun haben wir mit der Präventionspädagogik zwar wieder einen neuen pädagogischen Namen, aber noch lange keine neue Pädagogik. Wenn eine bessere Pädagogik so einfach wäre, dann wäre Peter Strucks Buch in der Tat wohl mehr als ein Bucherfolg.

## 2. Wenn Kinder durchdrehen

Die zentrale Botschaft des Kongresses lautet: Kinder dürfen ruhig mal aggressiv sein. Niemand wird schuldhaft verantwortlich gemacht. Kinder reagieren eben manchmal kopflos – insbesondere in der heutigen Zeit. Deshalb sollte man sich als Eltern, Pädagoge oder Therapeut nicht gleich überfordert fühlen und sich in andere Zeiten zurücksehnen, „als unsere Kinder noch anders waren" (s. Kongreßeinladung).

Stattdessen solle man die positiven Seiten solchen Fehlverhaltens sehen. Es gilt „Fehler als Stärken zu entdecken, als Ansatzpunkte psychomotorischer Entwicklung und eben auch der pädagogisch-therapeutischen Arbeit". Gewalt ist hier geradezu ein Ausgangspunkt der Arbeit mit Kindern, nicht aber ein Endpunkt des allgemeinen Jammers.

In der psychomotorischen Tätigkeit wird der Fehler zum positiven Wert und Korrektiv. Die Devise lautet: Akzeptiert die Fehler, guckt sie Euch genau an und sie werden Euch zur wichtigen Orientierung! Der Kongreß will in Arbeitsgruppen und Referaten helfen, den „bösen Gesellen Fehler" zu benennen und „seine symbolische Bedeutung und sozialpsychologische Entstehungsgeschichte" zu beleuchten.

Es soll gelernt werden, das Kind mit „Wut im Bauch" durch „Viel Bewegung auf kleinem Raum" zu entspannen; oder den „Elefanten im Porzellanladen" durch Bewegungsübungen „Vom Scheitel bis unter die Sohle" für seine Bewegungsabläufe wahrnehmungsfähiger zu machen. In jeder Bewegung steckt immer der ganze Mensch – physisch und psychisch. Die Bewegungsfähigkeiten der Kinder sind abhängig von der jeweiligen Bewegungsentwicklung und die Bewegungsentwicklung wiederum ist abhängig von den erreichten Bewegungsfähigkeiten.

Bewegung ist demnach Offenlegung der Bewegungsfähigkeiten und Förderung von Bewegungsentwicklungen zugleich. Im ersten Fall dient Bewegung der Diagnostik, im zweiten Fall der Therapie. Ist der diagnostizierte Zustand fehlerhaft bzw. rückständig, wie beispielsweise bei aggressiven oder hyperkinetischen Kindern, so soll der therapierende Prozeß korrigierend und letztlich heilend wirken. Wer sich also auf die Therapie von Fehlern durch Bewegung spezialisiert, der muß sich zwangsläufig auf den Wert des Fehlers konzentrieren.

Einer solchen sinnvollen Fehlernutzung in der Therapie steht allerdings in einer vor-therapeutisch konzipierten Erziehung das Grundanliegen jeglicher Fehlervermeidung gegenüber. Welches Interesse sollte Erziehung daran haben, Kinder überhaupt erst wütend oder tollpatschig, aggressiv oder hyperaktiv werden zu lassen? So gesehen sind die Fehler der Kinder nicht Produkte von erwünschter Erziehung, sondern unerwünschte Ergebnisse von unverantwortlicher Verziehung. Der Wert des Fehlers in der Therapie ist deshalb stets zunächst einmal ein Unwert in der Erziehung.

# 3. Was ist nun Erziehung?

Heute ist Erziehung in der öffentlichen Meinung quasi alles und damit dann auch wiederum nichts Besonderes. Ich will vor dem Hintergrund meiner Forschungen eine Präzisierung des Begriffs vorstellen. Was kann das Besondere von Erziehung sein, wenn Prävention und Therapie keine erzieherischen Äquivalente sein sollen?

Wie alle Tätigkeitswörter, so ist auch das Wort „erziehen" Name für eine ganz bestimmte praktische Tätigkeit. Für schmieden sagen wir ja auch nicht schreinern, und laufen meint eine andere Bewegung als gehen.

Das Wort „erziehen" verweist auf eine Tätigkeit bzw. auf das Vermögen oder auf die Aufgabe, daß von Generation zu Generation die Alten ihre Jungen groß ziehen bzw. groß zu ziehen haben. To bring up the children. Dieses Phänomen ist biologisch älter als die menschliche Sprache, es ist gleichsam ewig. Im Zentrum dieses Geschehens steht der immer gleiche Zweck: nämlich starke und lebendige, körperlich gesunde, geistig klare und seelisch ruhige Kinder zu erziehen.

Demgegenüber ist der Zweck von Prävention nicht Erziehung eines gesunden Kindes, sondern vorzeitige Vermeidung von Fehlern und Krankheiten. Der Zweck von Therapie ist ebenfalls nicht die Erziehung eines gesunden Kindes, sondern die Überwindung von Krankheiten und Störungen. Sowohl die vermiedene, als auch die überwundene Krankheit mögen letzten Endes ein gesundes Kind zur Folge haben, dies aber auf Wegen, die stark von den Wegen der Erziehung abweichen. Erziehung denkt aus der Gesundheit heraus an Gesundheit und nicht erst aus der Furcht vor oder dem Übelsein nach der Krankheit.

In der Erziehung stehen das gesunde Kind und seine gegenwärtige Freude im Mittelpunkt und nicht das Schreckgespenst von Krankheit, Störung und Fehlern sowie seine geheime Angst davor. Während Erziehung immer „zugleich auch ihre Befriedigung in der Gegenwart haben muß"[2] ist Prävention (wörtlich: zuvor-kommen) immer auf etwas gerichtet, was erst kommen kann; Therapie hingegen reagiert auf etwas, was schon eingetreten ist. Das Tätigkeitsfeld der Prävention eilt also der Erziehung ständig voraus, das der Therapie hinkt ihr immer nach.

Prävention und Therapie haben demnach extrem andere Zwecksetzungen und andere Zeitdimensionen als Vorgänge der Erziehung. Diese Dif-

---

[2] F. Schleiermacher. Ausgewählte pädagogische Schriften; Paderborn 1964 (2), 84

ferenzen sind nicht beliebig, sondern grundlegend und konstitutiv. Sie sind in den grundsätzlichen Andersartigkeiten von Medizin und Pädagogik, von heilen und ziehen begründet.

Trotz der Unterschiede zwischen den Tätigkeitsgestalten und -zwecken haben die Tätigkeiten des Ziehens und Heilens jedoch auch viele inhaltliche und prozessuale Gemeinsamkeiten des Denkens und Handelns. Dabei hat die Medizin es insofern leichter, als es weniger schwierig ist, eine bestimmte, einzelne Krankheit zu erkennen und zu behandeln, als die eine schwer zu bestimmende ganze Gesundheit. Hier liegt die besondere Attraktivität und auch die größere Bequemlichkeit des medizinischen Denkens für den Pädagogen.

Verstand sich die antike Medizin mehr als Erziehung und Bildung zu einer gesunden Lebensführung (Diaita)[3], so hat sich seit der Aufklärung die heutige Pädagogik durchaus mehr dem Prinzip von Heilung von Störungen und Schäden angenähert. Wie der Medikus wollte der Erzieher „einen Fehler seines Zöglings verringern oder „wegschaffen"[4]. In einem solchen Denken ist Erziehung nicht auf das ganze Kinderglück konzentriert, sondern nur auf den teilweisen Kinderfehler. In einer solchen geistigen Verfassung wird dann auch nicht Glück produziert, sondern nur der Fehler korrigiert. Zwangsläufig wird unter dem Einfluß eines solchen Denkens aus Primärerziehung zur Gesundheit sekundäre Nacherziehung gegen Krankheit oder gegen Aggressivität.

Das Heilungsmuster widerspricht eben im Kern dem Erziehungsmuster diametral. Je weniger wir in der Gegenwart erziehen wollen und können, umso mehr werden wir in der Zukunft heilen müssen. Prävention und Therapie können eben keine gelingenden Ersatzhandlungen für Erziehung sein, sondern sie bleiben immer nur notwendige Ersatzgeschäfte für vorausgegangene Nicht-Erziehung.

Kindergewalt ist also vom Standpunkt der Erziehung aus gesehen weder ein Gegenstand präventiver Klage, noch ist sie ein wertvoller Fehler für therapeutische Hoffnung. In erzieherischer Hinsicht ist sie nichts als ein klarer Spiegel fehlender erzieherischer Kenntnisse und Fähigkeiten bei den Erziehern bzw. letzten Endes Ausdruck eines abhanden gekommenen erzieherischen Willens in der Gesellschaft überhaupt.

Angesichts solcher Konsequenzen werden wir uns entscheiden müssen, ob wir als Gesellschaft wieder mehr erzieherische Kleinarbeit leisten wol-

---

[3] vgl. W. Jaeger; Paideia, Bd 2.; Berlin 1944
[4] vgl. Chr. Kersting; Die Genese der Pädagogik im 18. Jahrhundert; Weinheim 1992, 203

len, oder ob wir weiter so! wie bisher auf Zuwachs im präventiven Entlastungsgeschäft bzw. im therapeutischen Reparaturbetrieb setzen sollen. Mit solchen Geschäftsverlagerungen kommt die Entwicklung des Nachwuchses ja letzten Endes auch zustande.

## 4. Beispiel: Ernährung als Mittel der Erziehung

Neben dem Gespräch sind Ernährung und Bewegung die eigentlichen Mittel der Erziehung. Mehr noch als im Falle der Bewegung läßt sich am Beispiel des heutigen Ernährungsbewußtseins in der Erziehung verdeutlichen, daß wir in unserer Freizeitgesellschaft weniger zur erzieherischen Kleinarbeit neigen als zur therapeutischen Reparatur. „Die Gefahr einer kinderlosen Freizeitkultur zeichnet sich für die Zukunft ab"[5]. Ernährung wird als Freizeitspaß, nicht aber mehr als Erziehungspflicht aufgefaßt. In der Erziehungswissenschaft ist Ernährung kein Thema, die Küche als zentraler pädagogischer Ort existiert nicht mehr.

Dies war nicht immer so. Früher begannen Erziehungslehren mit Ernährungslehren[6]. Seine „Gedanken über Erziehung" begann John Locke 1684 u.a. mit dem Hinweis: „Ich werde daher mit dem Gehäuse beginnen und wende mich zunächst der Gesundheit des Leibes zu"[7]. Hundert Jahre später schon erschienen um die hundert von Medizinern verfaßte Monographien zur physischen Erziehung der Kinder als Ratgeber für Mütter und Lehrer[8]. Während sich die Pädagogik für Geist und Bildung der Kinder zuständig fühlte, übernahm die naturwissenschaftlich orientierte Medizin im 19. Jahrhundert die Verantwortung für ihre Gesundheit und Ernährung. So ist es bis heute.

Dennoch nimmt der Gesundheitszustand der Kinder permanent ab. „Immer mehr Kinder brauchen Therapie"[9]. Die Ernährungs- und Gesundheitswirkungen der Ärzte scheinen nicht zu greifen. „Ärzte – von Ernährung keine Ahnung", heißt es in einer Repräsentativbefragung[10]. Mit 51 Millionen mal verschriebenen Pillen lassen sich die Ernährungs-, Gesundheits- und Verhaltensstörungen der Kinder eben nicht „einfach weglutschen"[11]. „Gesundheitsförderung und das Konzept moderner Medizin sind zu wei-

---

[5] H. Opaschowski; Schöne, neue Freizeitwelt? Hamburg 1994, 36

[6] W. Lauff; Ernährung und Erziehung – Gesundheit und Selbständigkeit; in: Westermanns Pädagogische Beiträge 12/1985, 558 ff

[7] J. Locke; Gedanken über Erziehung; Stuttgart 1983, 8.

[8] L. Kunze. Die physische Erziehung der Kinder; Diss. Uni Marburg 1971, 13

[9] Kieler Nachrichten vom 2.10.1993; vgl. die Arbeiten von Hurrelmann, Bielefeld

[10] vgl. Zeitschrift „Brigitte" 15/1987

[11] Zeitschrift „betrifft: erziehung" 7/1984

ten Teilen sich ausschließende Formen des Umgangs mit Krankheit und Gesundheit"[12]. Der Berufsstand der Ärzte beansprucht zwar das Gebiet der alltäglichen Ernährung, vertritt es forscherisch aber so gut wie gar nicht. Der Medizinhistoriker Eulner beschreibt die Übergangswirkungen von der früheren diätetischen Medizinerausbildung zur modernen klinischen Ernährungslehre mit folgender eigener Erfahrung: „Wir wußten das Grundsätzliche über Aminosäuren, Triglyzeride und Hexosen. Fragte uns aber ein Patient, ob er Pflaumen essen dürfe, so waren wir hilflos"[13].

Lehrer und Sozialpädagogen in der Praxis haben längst die Bedeutung der Ernährung für kindliche Befindens-, Leistungs- und Verhaltensprobleme erkannt[14]. „Jedes Kind, das durch anhaltende Verhaltensstörungen auffällt", sollte unbedingt auf seinen Ernährungszustand hin beobachtet werden[15].

In den ersten Schulstunden fällt das Kind nach seinem süßen Frühstück (Honig, Marmelade, süßer Kakao, Coca Cola) kaum auf. Doch je süßer das Frühstück, um so schneller danach der Blutzuckerabfall (Hypoglykämie). Das Kind wird unruhig, gereizt, aggressiv, fängt an zu schwitzen, kann sich nicht mehr konzentrieren. Schulanforderungen und Verhaltensmöglichkeiten wirken gegeneinander. Das Kind braucht neuen Zuckernachschub vom Kiosk oder Bäcker. Das, was man nun Fehler des Kindes nennen würde, ist nicht mit nachgängiger Therapie zu behandeln, sondern nur mit vorausgehendem pädagogischen Sehen und Verstehen.

## 5. Beispielsweise: Diät

„Wer erziehen will – so meinte vor 200 Jahren der Pädagoge Salzmann – muß wissen, wie er seine Zöglinge gesund erhalte"[16]. 200 Jahre später schreibt der Erziehungswissenschaftler Winkler ein Buch: „Der gestörte Unterricht, diagnostische und therapeutische Möglichkeiten". Über 60 Bedingungsfaktoren für Unterrichtsstörungen werden hier aufgeführt und geordnet, solche wie Ernährungs- und Bewegungsmangel fehlen dabei[17].

---

[12] Abholz; zit. n. P. Franzkowiak/P. Sabo (Hg.); Dokumente der Gesundheitsförderung; Mainz 1993, 17

[13] E. Heischkel-Artelt (Hg.); Ernährung und Ernährungslehre im 19. Jahrhundert; Göttingen 1976, 80

[14] vgl. W. Lauff; Was haben Ernährung und Bewegung mit Sozialpädagogik zu tun? FB Erziehungswissenschaft Hamburg, EWIReport 10/1994, 32ff

[15] G.v. Hilsheimer; Verhaltensgestörte Kinder und Jugendliche; Ravensburg 1975,20

[16] Chr. G. Salzmann; Ameisenbüchlein; Stuttgart o.J., 32

[17] vgl. Deutsche Lehrerzeitung 6/1993

Der Perspektivwechsel wird ganz offensichtlich: Nicht von gesunder Erziehung, sondern von gestörtem Unterricht wird ausgegangen. Nicht der Ernährungs- und Bewegungszustand der Kinder wird erst einmal angesehen, sondern vordergründig auffällige Störungen werden gesammelt und für das Therapiegeschäft des Schulpsychologen bzw. des Schulsozialarbeiters aufbereitet.

Es läßt mich als Erziehungswissenschaftler nicht gleichgültig, auf welchem Weg die Gesundheit und das Glück der Kinder erreicht wird: Über den Weg der ganzheitlichen und unmittelbaren erzieherischen Erfüllung oder über den Weg der stückhaften, nachgeschalteten therapeutischen Wiederherstellung.

In der antiken Medizin wurde die Zubereitung der menschlichen Nahrung nicht von der Heilkunst her gedacht, sondern umgekehrt, die Heilkunst von der alltäglichen Ernährung. Diese war „Vorstufe der Heilkunst" und im Verlaufe „langer Zeit erfunden" und „zum Besten der menschlichen Gesundheit" entwickelt worden[18].

Die „medizinische Diät" für den Kranken war damals stufenlos ableitbar aus der alltäglichen Ernährung, indem man ihr durch besondere „Mischung und Kochung" beispielsweise das Schwere nahm. Medizinische Diät ist demgegenüber heute eine „nach Erfahrungen und physiologischen Erwägungen zusammengestellte, von der normalen Ernährung deutlich abweichende Kostform zur gezielten therapeutischen oder prophylaktischen Beeinflussung des Stoffwechsels"[19].

Hatte in der Antike das ganzheitliche Ernährungsdenken das besondere Diätdenken bestimmt, so verlaufen die Bestimmungen heute genau umgekehrt. Das Diätdenken formt das allgemeine Ernährungsdenken. Ernährung ist heute nur noch mit schlechtem Gewissen die Speise und die Mahlzeit, die Freude macht und bekommt. In der offiziellen Ernährungsberatung ist Ernährung, was der Mensch nach wissenschaftlichen Berechnungen „für die Erhaltung des Lebens" an „notwendiger Flüssigkeit und Nährstoffen" braucht[20].

Im Anspruch von Ernährungswissenschaft und Medizin ist Ernährung zu einer präventiv und therapeutisch reduzierten Massendiät geworden. Das allgemeine Ernährungsbewußtsein ist diätetisch durch Angst vor der

---

[18] Hippokrates; Schriften; Hamburg 1962, 206
[19] Roche Lexikon Medizin, München 1987 (2), 392
[20] ebd. 521

Krankheit fremdbestimmt und durch Überbetonung des Spezialistenwissens verunselbständigt worden.

Medizinisch verstandene Ernährung soll so gesehen vorgefertigte Prävention und Therapie zugleich sein. Solche Diätvorschriften schalten die Notwendigkeit der Gegenwart von Erziehung und Bildung in der Ernährungsfrage aus. Würden sie doch nur eingehalten. Wirkt die Diät vor der Erkrankung, dann wirkt sie präventiv, kommt es trotz Diät zur Erkrankung, dann wird sie klinisch abgeändert zum Mittel der Therapie.

Indem das medizinische Diätdenken zum allgemeinen Ernährungsdenken wird, muß der Erzieher wie der Arzt nur noch zum Zeitpunkt der Diagnose und der Therapiekontrolle zugegen sein, nicht aber mehr zur fortwährenden Beobachtung und Erhaltung der kindlichen Gesundheit und des kindlichen Wohlbefindens.

Im modernen Diätrezept hat die Maßbestimmung jeglicher Ernährung immer schon vor der Zeit stattgefunden. In der verantwortlichen Erziehungsführung muß sie demgegenüber in Abhängigkeit von der Entwicklung des Kindes situativ immer wieder neu bestimmt werden. So ruft der Erzieher Salzmann zur Gegenwart der Ärzte zweifelnd aus: „Freilich sind sie da. Sind sie aber auch immer da, wo der Erzieher mit seinen Höflingen sich befindet?"[21].

Sein Vertrauen in fortwährendes pädagogisches Sehen und Verstehen darf der Erzieher nicht bedenkenlos an den nur sporadisch diagnostizierenden Arzt abgeben, der die Natur seines Zöglings „nicht kennt, dessen Lebensart er nicht beobachtet hat" (ebd.).

Erziehungsführung, die nicht in Therapie enden soll, setzt wie jede gesunde Lebensführung permanente Gegenwart voraus. „Jede gute Menschenerziehung (zu der Ernährung und Bewegung zentral hinzugehören, WL) fordert, daß das Mutterauge in der Wohnstube täglich und stündlich jede Veränderung des Seelenzustandes ihres Kindes (insbesondere auch des Körpers, WL) mit Sicherheit in seinem Auge, auf seinem Munde und seiner Stirn lese"[22].

---

[21] Salzmann, ebd.
[22] Pestalozzi, Stanser Brief; Weimar 1947 (3), 12

# 6. Erziehung und Lebensfreude

Prävention, Therapie und Diät erweisen sich als medizinisch- und damit krankheitsorientierte Konzepte, die außerhalb der erzieherischen Zeit und Ordnung liegen. Sie wirken begrifflich wie praktisch an der Zerstörung und Auflösung von Erziehung mit. Sie denken aus der Angst vor Krankheitsleiden heraus und produzieren sie damit auch in diesem Geist. Erziehung muß in dem Sinne, daß jedes Kind ein Triumph des Lebens über den Tod ist, dieser Verpflichtung gemäß primär immer aus der Freude am gesunden Leben heraus denken und handeln. Mit solcher Freude erzogen wurden Kinder dann, wenn sie solche Freude wieder an ihre Erzieher zurückzugeben vermögen. Von Kindern dieser Art mag man wegen des Charmes ihres Ausdrucks das Auge gar nicht mehr abwenden. Solche Kinder kennen wir im Zeitalter des Therapie- und Präventionsdenkens schon so gut wie gar nicht mehr. Wir müssen die Gewichtungen wieder umdrehen und uns geistig wieder umbilden, wir müssen uns pädagogisch wieder vom Kopf auf die Füße stellen. Wie schon in der Antike, darf die Gesundheitslehre in der Erziehung „nicht mehr als gleich wichtig wie die Therapeutik" behandelt werden, sondern muß „sogar wichtiger als die Heilung der Kranken"[23] sein. Die Freude am erzieherischen Leben wird dann wieder lebensbestimmender als die Angst vor dem letztlich ohnehin unvermeidbaren Tod. Wie Freude und Leben zusammenhängen, hat in ihrem letzten Seminar an der Universität Hamburg zum Thema „Ernährung und Erziehung" J. Buljan besonders schön zum Ausdruck gebracht:

„Die Freude ist eines der grundlegenden Prinzipien des Lebens. Die Vernunft ist in ihr in höchstem Maße gegenwärtig. Die Freude ist die völlige Selbstteilnahme der Vernunft am Leben. Das Leben läßt sich in seiner ganzen Fülle weder wahrnehmen noch erleben, wenn die Freude keinen Anteil daran hat. In Wirklichkeit ist das Leben ein von der Freude Geschaffenes. Das Leben und die Freude sind ein und dasselbe Prinzip, das die beiden Willen in sich vereinigt, welche sich einer einzigen Sache hingegeben haben: sich unter dem Aspekt eines Ganzen zu zeigen, das unauflöslich ist und sich durch nichts anderes bestechen läßt"[24].

---

[23] L. Edelstein; Antike Diätetik; in: Antike 7/1931, 260
[24] J. Buljan; Die metaphysische Auffassung der Ernährung und ihre Bezugspunkte zur Pädagogik (III); Manuskript Hamburg 1995, 18

# Von der Heilsamkeit des Schwindels

**– Vestibuläre Anregungen in Krisensituationen als Handlungskonzept für den pädagogischen Alltag**

*Rudolf Lensing-Conrady*

*Rudolf Lensing-Conrady*

# Von der Heilsamkeit des Schwindels

## – Vestibuläre Anregungen in Krisensituationen als Handlungskonzept für den pädagogischen Alltag

In diesem Jahr ist auf Pützchens Markt wieder Kirmes; wieder so groß, vielleicht noch größer als im Vorjahr. Wieder werden zigtausend Besucher-Innen angezogen wie auf anderen Jahrmärkten auch und wie schon vor vielen (in diesem Fall 650 (!))Jahren.

Was macht die ungebrochene Attraktivität dieser Volksbelustigung aus? In einer marktwirtschaftlich orientierten Zeit weist die Statistik von Angebot und Nachfrage die Richtung: Die meisten und umsatzstärksten Anbieter befassen sich mit gustatorischen (Essen und Trinken) oder vestibulären (Schaukeln, Drehen und Beschleunigen) Erlebnisfeldern und damit mit Primärbedürfnissen.

*... da hält die Welt den Atem an*

Wie richtig der Karussellbetreiber liegt, und welche Lehren wir daraus für pädagogische Bemühungen ziehen dürfen, soll im folgenden gezeigt werden.

## 1. Bewegung und Leben

Drehen, schaukeln und beschleunigen sind nicht nur lebenswichtige Erfahrungen, sie setzen auch an Grundbedürfnissen des Menschen an und können deshalb auf sehr hohe (intrinsische) Motivation bauen. „Die Lust an der Bewegung, das ist die Lust an sinnlichen Empfindungen, ist die Lust am Rhythmus, Drehen, Fallen, Schweben und an der Geschwindigkeit. Deshalb lieben es die Kinder, den Körper – und damit auch sich und die Welt – in einer ungewöhnlichen Situation zu erfahren. Was sie suchen, sind sinnliche, aufregende Erlebnisse und Gefühle: den Kitzel im Bauch, den Schwindel im Kopf, die Macht von Kräften, die den Körper niederzwingen bzw. fortreißen oder aber in Balance halten." (Ehni 1982, S.40f)

Kräfte, die uns niederzwingen wollen, gibt es genug. Im Grunde genommen leben wir auf der Erde und in unserem Kosmos in einem ganz widrigen und lebensfeindlichen Kräftefeld. Insbesondere die Schwerkraft (Erdanziehung) und, mit ihr verbunden, Fliehkräfte (Erddrehung) machen uns zu schaffen.

Das Vestibulärsystem (umgangssprachlich: der Gleichgewichtssinn) bildet den biologischen Kontrapunkt zu dieser physikalischen Umgebung, die immer wieder bezwungen sein will. Es besteht aus dem eigentlichen Vestibulärorgan im Innerohr, das für die Bestimmung von Raumlage und -bewegung zuständig ist, und einem Zusammenspiel dieses Organes mit dem visuellen (Sehen) und taktil-kinästhetischen (Körperspannung/Druck-/Zugwahrnehmung) Wahrnehmungsbereich (vgl. Lensing-Conrady 1994, 1995).

Der aufrechte Gang ist der vorläufige Endpunkt einer phylogenetischen Entwicklung. Das Seitenlinienorgan der Fische ermöglichte schon frühen Meerestieren, die Körperlage zu kontrollieren sowie Beschleunigungen zu registrieren. Mit der Eroberung des Landraumes durch die Meeresbewohner war eine tiefgreifende Veränderung der physikalischen Lebensbedingungen verbunden, denen mit der allmählichen Aufrichtung der Kopf-Hals-Achse bis hin zum aufrechten Gang zusätzliche Erschwernisse beschert wurden.

Der aufrechte Gang stellt im oben aufgezeigten Kräftefeld eine besondere Provokation dar, der die Phylogenese mit der Ausbildung und steten Differenzierung des vestibulären Systems begegnete. Gleichzeitig erlaubte erst die fortschreitende Differenzierung des Vestibulärsystems jeden phylogenetischen Sprung zur Menschwerdung. Charakteristischerweise ist dann auch die Verarbeitung vestibulärer Informationen eine Stammhirnfunktion, die auf eben diesen frühen Ursprung und Bedarf hinweist.

Die Funktionen, die im Stammhirn angelegt sind (Atmung, Herzschlag, Körperspannung u.a.), nennen wir auch Vitalfunktionen. Ohne sie ist Leben nicht möglich. Sie müssen uns das Leben lang begleiten, denn nie kann der Mensch sich ausruhen: Gleichgewicht, als intendierter Zustand (Fetz 1987), bedarf der ständigen Rekonstruktion. Dieser Kampf setzt archaische Kräfte frei. In ihm sehen Künstler ihre elementare Triebfeder: „Energien müssen freigesetzt, aber auch wieder in einen Gleichklang, trotz Kontrolle, in einen Ruhepunkt gebracht werden: 'der statische Moment einer Bewegung' muß gefunden werden." So recht Heiliger (1994) damit hat, so falsch liegt er mit seiner Forderung, „Bewegung in statische Form zu übersetzen". Wird dies realisiert, verkommt Kunst zur Skulptur, wird Leben bedroht.

„Das Leben ist Schwingung" sagt Hugo Kükelhaus (1982), und macht am Beispiel des Pendels klar, daß sich im Ausschlag zur einen Seite die Energie aufbaut, die das Pendel die Mitte wieder zur anderen Seite überschreiten läßt. Er hätte auch sagen können: Gleichgewicht ist Stillstand, ist Tod. Und doch: solange wir leben, werden wir versuchen, es zu erreichen. Mit dem Lebenszyklus öffnet und schließt sich der Spannungsbogen zwischen den Ungleichgewichten.

*Der Drang nach Leben ist die Lust auf Bewegung.*

Aus einer anderen Perspektive bestätigt sich die Unbedingtheit von Bewegung. Alle Hirnleistungen beruhen auf der Vernetzung von Hirnzellen. Deren Verknüpfung macht Informationen speicher- und abrufbar. Dies ist ein elektrochemischer Vorgang, der maßgeblich davon abhängt, ob überhaupt „Strom" da ist. Woher kommt der benötigte Strom?

Ausschließlich Wahrnehmungszellen, d.h. die sensiblen Zellen unserer Wahrnehmungsorgane, sind in der Lage, äußere physikalische Einflüsse (Licht, Wärme, Klang, Schwingung...) in elektrische Energie umzusetzen. Jede Reizung einer Sinneszelle führt zu einem elektrischen Impuls, der über das Nervensystem dem Gehirn zugeleitet wird. Voraussetzung dafür, daß diese Aufladungsfunktion wirksam werden kann, ist Bewegung. Bewegung ist der Dynamo der Hirnleistung.

Bewegt sich der Kopf auch nur ein wenig (links, rechts etc.), ändert sich der Lichteinfall in den Augen und damit auch die Zahl und Lage „belichteter" Sinneszellen der Netzhaut. Jetzt entstehen hier elektrische Impulse.

Solche Generatorenwirkung geht prinzipiell von allen Wahrnehmungsorganen aus. Sie ist jedoch nicht gleichverteilt. So hat z.B. der französische Arzt Alfred Tomatis (1990) gezeigt, daß vor allem die über das Vestibulärorgan wahrgenommenen Bewegungen überdurchschnittliche Ergebnisse liefern: weit mehr als die Hälfte aller Gehirnströme gehen auf vestibuläre Bewegungswahrnehmungen zurück.

So nimmt es kein Wunder, daß der Blick auf die Embryonalentwicklung einen Fötus zeigt, der bereits ab etwa der 12. Woche selbst für Bewegung sorgt. Mit Eigenbewegungen (re)agiert der Fötus gerade dann, wenn sich die Mutter zur Ruhe begibt (sitzt, liegt, schläft...). Denn Ruhe kann er jetzt gar nicht brauchen – er braucht Bewegung, mit deren Hilfe er über sein bereits funktionsfähiges Vestibulärorgan (genau genommen, seinem audio-vestibulären Komplex) elektrische Reize dorthin bringen kann, wo sich ein Gehirn zu entwickeln beginnt. So ist zu unterstreichen, was Lauff (1995) in dem Satz zusammenfaßt: „Bewegung ist der Motor der Gehirnreifung und zugleich ihr Ergebnis".

Mit dieser selbständigen Suchbewegung macht der Fötus deutlich, daß sein Bewegungsdrang einem tiefen Bedürfnis, einer Lust entspringt.

*Der Drang nach Bewegung ist die Lust auf Leben.*

## 2. Krisen

### Der Schrei aus der Stille –
### Bewegungsmangel als Krisenauslöser und -verstärker

Aus oben genannter Sicht scheint das Ungleichgewicht, in dem wir uns normalerweise befinden, zu uns zu gehören. So ist der Balanceakt die Batterie, die das Leben speist... und nicht die Krise, die uns gefährden könnte.

Krisenhaft wird es erst, wenn der (individuell unterschiedliche) Balancebereich verlassen wird, wenn etwa Kindern durch die Beschneidung des Lebens- und Bewegungsraumes die Möglichkeit verwehrt wird, ihre Batterie aufzuladen.

Unübersehbar sind die rasanten Veränderungen, die kindliche Lebensräume in den letzten Jahrzehnten erfahren haben. Verdichtung (Verkehrsdichte, Informationsdichte, Zeitdruck u.a.), Funktionalisierung (Aufteilung des Lebensraumes nach Funktionen wie Essen, Schlafen, Arbeiten, Spielen usw.) und Mediatisierung (Ersetzen der unmittelbaren Kommunikation über Sprache und zwischenmenschliche Beziehungen durch Medien wie Fernsehen, Hörspiel-Kassetten, second-hand-Erfahrungen u.a.) sind Schlagworte, die die Umweltrealität vieler Kinder treffen.

Ein Beispiel: Vierjährige Kinder schauen im Bundesdurchschnitt täglich drei Stunden fern. Damit einher geht eine Flut von Reizen für das visuelle (Augen) und auditive (Gehör) Wahrnehmungssystem. Gleichzeitig wakkeln die fernsehenden Kinder eben diese drei Stunden höchstens mit den Unterschenkeln. Dies ist eine weitreichende Unterforderung und Nichtinanspruchnahme vestibulärer und kinästhetischer Wahrnehmungsmöglichkeiten. Hier öffnet sich eine typische, aber nicht die einzige Schere zwischen Wahrnehmungsmöglichkeiten und Reizangebot, die die kindliche Entwicklung zerschneidet.

Das Beispiel läßt sich weiterführen. Das Fernsehen steht ja in einer Wohnung, wobei jedes fünfte Kind bereits ein eigenes Fernsehgerät im Kinderzimmer hat. Hier erfüllt es mit vielen zusätzlichen Angeboten (Puzzles, Malstifte u.v.a.m.) einen weiteren Zweck: das Ruhigstellen der Kinder. Es ist nicht böser Wille, der Eltern veranlaßt, ihr Kind so zu binden: Die Haustür bleibt eher aus Verantwortlichkeit zu, denn vor dem Haus verläuft eine Straße, die angesichts der Verkehrsdichte und -schnelligkeit allemal eine Gefahr darstellt...

Der Lebensraum von Kindern wird allgegenwärtig eingeschränkt. Konterkariert von der Überladung und Reizflut etwa im visuellen Bereich liegen die Möglichkeiten der Bewegungswahrnehmung brach, sie werden nicht in Anspruch genommen. Damit verbunden ist natürlich ein starker Mangel an Bewegungswahrnehmung und vestibulärem Input. Ertrinkende reagieren völlig unkontrolliert. Sie strampeln und schnappen nach Luft, um am Leben zu bleiben. Wen wundert es, wenn Kinder (vor lauter Bewegungsstille) durchdrehen, wenn sie Reize nicht mehr einordnen können, Schwindel gar nicht kennen? Vergessen wir nicht: wie das Atmen ist auch die Bewegung ein Primärbedürfnis.

## 3. Krisenbewältigung

### Ansatzpunkte für den pädagogischen Alltag mit Beispielen aus der psychomotorischen Praxis

Wieder ist die Pädagogik, ob sie will oder nicht, in der Pflicht gegenzusteuern, Kompensationshilfe zu leisten. Kein Lernort, ob Schule, Kindergarten o.a. kann mehr davon ausgehen, daß Kinder mit ausreichendem oder gar förderndem Maß an Bewegungserfahrung herkommen. Angesichts der enormen Bedeutung, die Bewegungsreize für die gesamte kindliche Entwicklung haben, müssen grundlegende, zunächst grobmotorische Erfahrungen den pädagogischen Alltag bestimmen. Im Zusammenhang der oben diskutierten Lebensperspektive sind vestibuläre Reize von besonderer Bedeutung. Dies sind in erster Linie Erfahrungen im oben ausgeführten physikalischen Kräftefeld: Drehen, Schaukeln, Beschleunigen und damit verbundene Bewegungsformen wie Hüpfen, Laufen, Schwingen, Sich-drehen, Balancieren.

Um in diesem weiten Feld Ansatzpunkte für die pädagogische Arbeit zu finden, werden im folgenden drei elementare Fragen angesprochen, die aus meiner Sicht derzeit noch viel zu selten das Handeln bestimmen. Da dies keine bloße Theorie bleiben darf, werden diese Fragen mit Geräte- und Spielbeispielen, die als Förderkonzeptionen aus der psychomotorischen Arbeit im Bonner Förderverein entstanden sind, auf eine praktische Ebene gebracht.

## 3.1 Riskantes Wechselspiel von Stabilität und Labilität

Lernen heißt Aufgeben von Stabilität, das Verlassen des sicheren Standortes und Zuwendung zu offenen Fragen, ohne daß eine Antwort schon klar wäre. Nur so ist Fort-Schritt, eine Verbindung zutiefst labiler Wortteile, möglich. Gleichzeitig brauchen wir oft das „rettende Ufer" der Sicherheit, um Labilität aushalten oder gar voll erleben zu können.

Wenn wir uns so freuen, daß unser einjähriges Kind zum erstenmal das Tischbein losläßt, um ein paar Schritte zu wagen, freuen wir uns auch über seinen Mut zum Risiko.

Solches Risiko ist Hemmnis und Antrieb zugleich. Hier entsteht das berühmte „Kitzeln im Bauch" – eine unerschöpfliche Motivation, die eigenen Grenzen auszuloten. Wir sind gut beraten, wenn wir das riskante – nicht gefährliche – Wechselspiel von Stabilität und Labilität bewußt in die Praxis der Bewegungserziehung einbringen:

– Der „Wattekreis": Die TeilnehmerInnen stehen im Kreis, so daß sich ihre Handflächen berühren. Sie heben nun ein Bein vom Boden ab und schließen die Augen. So sollen sie ihr Gleichgewicht halten. Deutlich wird spürbar, daß die eigenen Schwankungen von der Kraft des Nebenmannes/der Nebenfrau ausgeglichen werden können, daß man selbst aber auch Hilfe bietet.

– Der „Kraftkreis": In derselben Aufstellung darf nun plötzlich eine Hand (oder auch beide Hände) nach außen gedrückt werden. Aufgabe ist es, trotzdem stehen zu bleiben. Hier wird klar, daß Gleichgewicht darauf beruht, daß Kräfte aufgebaut und abgegeben, aber eben auch abgefangen werden, und daß man Ihnen auch ausweichen kann und muß.

- „**Fallschirmkreis**": Alle TeilnehmerInnen fassen in etwa gleichverteilt mit beiden Händen den Rand des Fallschirmes. Sie spannen das Tuch, indem sie sich mit gestreckten Armen leicht nach hinten lehnen. Nun schließen sie die Augen und versuchen, ruhig stehen zu bleiben: Das Gebilde ist trotzdem in ständiger Bewegung. Es kommt zu Körperlageveränderungen (vor/zurück/seitlich), ohne daß die Gefahr besteht, hinzufallen – ein Wechselspiel stabilisierender und labilisierender Kräfte!

- „**Schaufensterpuppen**": Die Gruppe bildet Paare aus je einem(r) Dekorateur(in) und einer „Schaufensterpuppe". Diese werden in einem fiktiven Schaufenster in eine beliebige Körperposition zur Ausstellung gebracht und müssen die Position solange ruhig einhalten, bis alle „Dekorateure" sich das Schaufenster ausgiebig angeschaut haben (ca. 30 sec.).

Jede(r) kann hier spüren, wie anstrengend Stabilität (unveränderter Muskeltonus) ohne Labilisierung ist (Bezug: „Stillsitzen" z.B. in der Schule).

### Übungen aus der Partnerakrobatik

Die Partnerakrobatik ist ganz besonders dazu geeignet, das Wechselspiel von Labilität und Stabilität in sozialen Bezug zu stellen.

- „**Partnerwaage**": Zwei Personen stehen sich gegenüber und reichen sich die Hände. Jetzt legen sie ihr Gewicht nach hinten, ohne das Gleichgewicht zu verlieren: Erst werden die Arme gestreckt, dann das

166

Gesäß nach hinten geschoben und die Beine gebeugt. Welche Stellungen können noch eingenommen werden, ohne die Balance zu verlieren.

–  „Großes Ypsilon": Zwei Personen stehen sich gegenüber und reichen sich die Hände. Die Knie sind leicht gebeugt. Die eine stellt einen Fuß auf den Oberschenkel der Partnerin. Beide versuchen jetzt, das Gewicht so zu verlagern, daß auch der zweiten Fuß vom Boden gehoben und auf den anderen Oberschenkel der Partnerin gesetzt werden kann.

Wenn dieses Kräftespiel klappt, können die Partnerinnen versuchen, eine Hand zu lösen und sich langsam so weit wie möglich auseinander zu bewegen, ohne den Stand zu verlieren.

–  „Schwebebalance": Ein Partner liegt auf dem Rücken und hebt beide Beine an, so daß die Füße nach oben zeigen. Der andere legt jetzt

167

seine Leisten/Hüften auf die Füße und ergreift die Hände des am
Boden liegenden Partners. Beide versuchen jetzt, das Gewicht so zu
verlagern, daß der obere Partner allmählich in eine waagerechte gestreckte Körperlage kommt.

Können jetzt noch die Hände gelöst werden, „schwebt" der eine auf den
Füßen des anderen.

Das Spiel COBAL, das in diesem Zusammenhang sicher genannt werden
muß, da hier das Spiel erst mit der Aufgabe des sicheren Balancestandes
(Labilisierung) ohne Verlust des Gleichgewichtes (Stabilisierung) beginnt,
wird weiter unten beschrieben.

### 3.2 Sich fühlen / Lust am Schwindel

Ich kann von niemandem erwarten, daß er seine Mitte sucht, der nicht
weiß, wo er eigentlich ist. Existenzerfahrungen setzen auf einer individuellen Ebene an: Nur wenn ich mich fühle, kann ich eine Balance finden,
kann ich genießen, bin ich „da" und wichtig. Bewegung führt dazu, daß
Kräfte spürbar werden, elementare Kräfte wie Schwer- und Fliehkraft. Die

168

Erde zieht an und dreht sich – wir sind ein Teil davon. So lassen sich klare Erfahrungen des „Da"seins im Drehen finden.

Vor diesem Hintergrund werden in der psychomotorischen Arbeit vielfältige Anlässe geschaffen, die diese Erfahrung mit unterschiedlichen Schwerpunkten ermöglichen. Ein besonderes Beispiel ist das VARUS-SELL, eine individuell einstellbare (Neigung von 0 – 10 Grad; Bremsvorrichtung) und sehr leichtgängige Drehscheibe.

*„Guck mal, ich hab einen Motor im Bauch"*

Der nicht völlig zentrierte Körperschwerpunkt setzt die schräggestellte Scheibe „wie von selbst" in Bewegung. Schon eine geringe Drehung verändert die Körperlage, verschiebt den Körperschwerpunkt und setzt Aktivität frei: das Bemühen um Stabilisierung. Denn wer will schon 'runterrutschen? Das leichte Wechselspiel zwischen Labilität und Stabilität macht das VARUSSELL so interessant. Der Motor der Drehung ist der Körper. Die Schräge macht es leicht, diesen zu fühlen.

Wer so mühelos auch höhere Drehgeschwindigkeiten erreichen kann, läuft immer „Gefahr", schwindelig zu werden. In diesem Zusammenhang ist der von manchem Erwachsenen als sehr unangenehm empfundene Zustand des Schwindels näher zu betrachten. Zum einen handelt es sich um ein wichtiges Körpersignal wie Schmerz oder Hunger. Schwindel fühlen (wie viele Menschen haben Schwindel noch nie gefühlt !) kann zudem Spaß machen, wie wir auch am Eingangsbeispiel des Jahrmarktes gesehen haben. „Dreh Dich mal ganz schnell und mach die Augen zu, dann wird Dir ganz schwindelig und Du denkst, Du fällst runter, ich jedenfalls", ist die typische Äußerung eines Kindergartenkindes. Man kann niemanden davor bewahren, diese Erfahrungen selbst zu machen!

Eine Therapeutin beschreibt eine Erfahrung mit dem VARUSSELL: „Ein Kind dreht sich weiter, obwohl ihm schlecht wird – einfach weil es Lust dazu hat. Ihm wird richtig schlecht (wie auf dem Jahrmarkt) – es sagt das zu spät; das nächste Mal kann es aus der Erfahrung schöpfen: es lernt Körpergefühle zu verbalisieren, besser für sich zu sorgen und daß es möglich ist, die „Welt" im eigenen Sinne und zum eigenen Wohlbefinden zu gestalten" (Koslowski 1994). Die Verstellbarkeit des Drehwinkels hilft bei der Gestaltung.

### 3.3 Veränderbarkeit und Kreativität

Kinder erleben allzuoft eine fertige Welt. Alles ist vorgedacht, vielfach ausprobiert, verfeinert. Besser kann es doch nicht werden – oder? Gestaltung aber setzt Gestaltungsspielraum voraus. Nur Bewegungssituationen, die veränderbar sind, die neben dem Wechselspiel von Labilität und Stabilität Ausführungsfreiheit lassen, setzen Kreativität frei. Dies wird auch im Rahmen von pädagogisch-therapeutischen Angeboten allzu oft vernachlässigt. Anstelle von Aufforderung und Kreativität stehen oft „Aufgaben", die erfüllt werden... sollen.

Beispiel dafür, wie auch bei klarer Zielvorstellung Spielraum gelassen werden kann, mag COBAL sein, ein Gerät zur spielerischen und kommunikativen Gleichgewichtsschulung, das diesen Spielraum läßt. (siehe Foto auf S. 171)

Die MitspielerInnen versuchen, durch Gleichgewichtsverlagerungen die Stellung der Therapiekreisel zu verändern. Da diese mit dem Spielfeld über Gelenke in Verbindung stehen, ändert sich auch die Schräglage der Spielfläche. Die Schräglage erlaubt, daß aufgelegte Kugeln ins Rollen kommen. Mit geschickter Bewegung lassen sich die Kugeln steuern, so daß sie eingelocht werden können.

Bewußt ist die Spielfläche so einfach gehalten wie möglich: Sie besteht aus einem an den Kanten ausgebauchten Dreieck mit vier Murmellöchern. Dadurch bietet sich eine Menge Handlungsspielraum, der sich in vielfältigen Spielideen und Variationsmöglichkeiten wiederfindet: Vom „Einlo-

*Zusammenspiel beim COBAL*

chen", bei dem es darum geht, die Murmeln gezielt in die Löcher zu bringen bis zum „Gemurmel", bei dem es „nur" darauf ankommt, die Kugeln in Bewegung zu halten, um Geräusche zu erzeugen, reicht der Ideenbogen (Lensing-Conrady 1994).

Kreativität hat viel zu tun mit Kommunikation. Das Zusammenfließen von Ideen, von Absichten, von Lösungsvorschlägen vervielfacht die Dimensionen der Handlung. Balance ist nur vordergründig ein Produkt der Motorik. Sie ist vor allem auch ein psychosozialer Prozeß. Dies läßt sich beim COBAL spielerisch erfahren.

## 3.4 Kopf und Körper

„Sie wollten meinen Kopf lehren, aber immer kam der ganze Körper mit",
sagt ein vom Lernsystem frustrierter Mensch.

Es ist sicher auch ein Problem der Pädagogik, daß sie nicht nur zugelas-
sen hat, ja, sogar mit ihrem humanistischen Bildungsideal verantwortlich
dafür ist, daß die in der Entwicklung der „Zivilisation" allgegenwärtige
Trennung von Kopf (Denken) und Körper (Fühlen/Handeln) die Lernwelt
bestimmen konnte. In einer Gleichsetzung von Lernen und Kognition, in
einer Höherwertung von Leistungen des Kopfes, wird der Körper zum
lästigen Anhängsel. Die Erfahrung zeigt nachdrücklich, daß dies ein Irr-
weg ist. Aus oben dargelegter entwicklungstheoretischer Sicht ist die Vorstellung isolierter Modelle „Kopf" und „Körper", die Vorstellung des entleib-
ten Geistes, unhaltbar.

Wenn also die Pädagogik hierfür große Verantwortung trägt, muß sie nun
ihr „Süppchen auslöffeln". Sie muß viele Schwierigkeiten, die Kinder heute haben, als „hausgemacht" erkennen und handeln: Gerade aus ihrem
Bereich müssen Initiativen kommen, diese Trennung aufzuheben, Beispiel
und Anlaß zu geben, Bewegung und Lernen zu verbinden. Das Konzept
„Bewegte Schule" (vgl. Illi 1996) versucht beispielsweise, hier Fortschritte
zu erzielen. Auf allen (für die und in der Schule) erreichbaren Ebenen
werden hier Vorschläge gemacht, wie Bewegung mit kognitiven Lernprozessen verknüpft und in diese integriert (bzw. andersherum) werden kann.

Ein schönes Beispiel für einen integrierten Lernansatz ist das Spiel „Kreiselmeister", bei dem zusätzlich die pädagogische Idee der „Freiarbeit",
bzw. des „Freispiels" Pate stand.

„Kreiselmeister" ist ein Gesellschaftsspiel für 3-6 Personen (Schwerpunkt
Schuleingangsalter), bei dem Bewegungsaufgaben aus verschiedenen
Bereichen (Gleichgewicht, Koordination, Geschicklichkeit u.a.) gestellt
werden. Unter den auf einem Balancierkreisel aufgedruckten und mit
Symbolen versehenen sechs Segmenten ist auch ein „Fragefeld" für verschiedene kognitive Inhalte vorgesehen, von der Verbalisation von Befind-
lichkeiten (Erzählfragen) bis zu Wissensbereichen.

Die MitspielerInnen sitzen gleichverteilt in den verlängerten Segmenten
um den Kreisel herum. Wird dieser gedreht, so kommt er in einer bestimmten Position zum Stillstand und legt die Rolle der MitspielerInnen für
diese Spielrunde fest: Es gilt das Symbolsegment, dessen größter Teil vor
ihm zum Stillstand kommt.

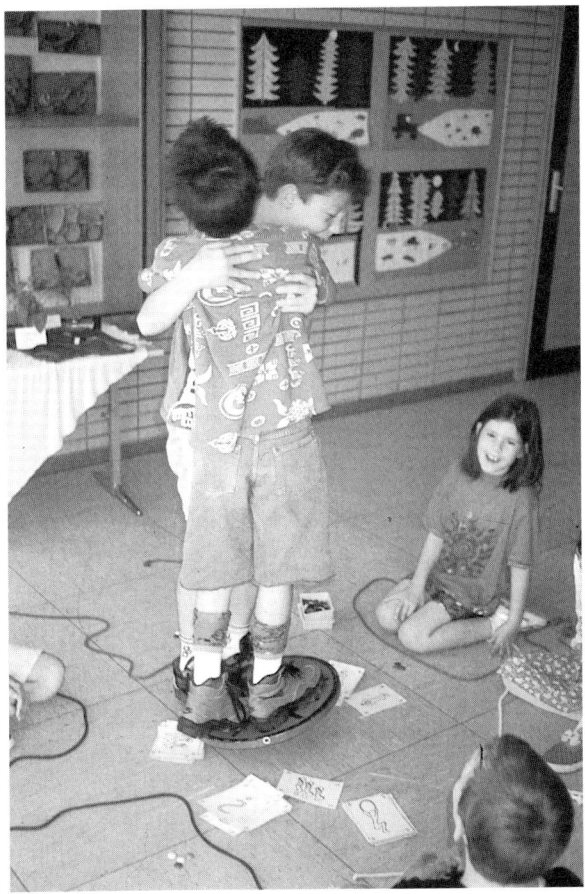

*Eine Aufgabe von hohem „Wackelwert"*

Die SpielerInnen finden auf den den Kreissegmenten zugeordneten Spiel-
karten Aufgaben aus den verschiedenen Handlungs- und Kompetenzbe-
reichen vor:

- Ich-Erfahrung über Aufgaben zur Balance, Körperbeherrschung u.a.
- Material-Erfahrung über Aufgaben mit dem Kreisel und/oder Seilchen
- Sozial-Erfahrung über Gemeinschaftsaufgaben und Erzählfragen.

Dem „Kreiselmeister" – eine Position, die mit dem Zufall der Kreiseldre-
hung wechselt – kommt eine besonders verantwortliche Aufgabe zu: Er/
Sie kann bei der Aufgabenlösung helfen, bewertet den Versuch (und ver-
gibt im positiven Fall Spielsteine) und regelt den Spielverlauf.

173

Wenn, wie in diesem Spiel, Verantwortung und Freiraum einander nicht im Wege stehen, Spaß und Inhalt vermittelt sind, sich Bewegung und Ruhe ergänzen, mit Interpretationsspielraum versehene Aufgaben nicht nur ja oder nein zulassen, einsam und gemeinsam gehandelt werden kann, ist die Trennung von Kopf und Körper aufgehoben. Was zurückkehren kann, ist die Lust am Lernen.

## 4. Abschließende Bemerkungen

Pädagogisch-therapeutische Konzepte müssen sich der Frage stellen, inwieweit sie tatsächlich vom Kind ausgehen. Vom Kind ausgehen heißt auch, eine ontologische Entwicklung zu begreifen, die sich in enger Beziehung zur kosmischen Umgebung vollzieht. Entwicklung ist ein Prozeß individueller Einbindung (Anpassung und Auseinandersetzung) in unsere physikalische und psychosoziale Umgebung, insofern ein Ergebnis der Phylogenese.

Diese Sicht hilft, Kindheit als Teil des Lebenszyklus verstehen zu lernen, aber auch für die Entwicklung bedrohliche Aspekte bestimmen zu können. Einschränkungen der Kinderwelt, insbesondere der Bewegungsräume, sind allemal elementare Krisenfaktoren der Kindesentwicklung.

In diesem Anliegen sind für die Praxis realisierbare und effektive Ansatzpunkte wichtig. Daran orientieren sich die im Bonner Förderverein Psychomotorik entwickelten Spiel- und Therapiegeräte VARUSSELL, COBAL und KREISELMEISTER. Sie sind erprobte Beispiele, die insbesondere Bewegungs- und Vestibulärerfahrungen nutzen, um Lust- und Daseinsgefühle zu vermitteln, Gestaltungs- und Spielraum zu schaffen und Kopf und Körper zusammenzubringen. Sie thematisieren die besondere Wechselbeziehung zwischen Stabilität und Labilität, die gar nicht oft genug die Angebotspraxis bestimmen kann. Hierfür wurden weitere Beispiele genannt.

Mit vestibulären Anregungen kann auf die Lust – ein höchstes Maß an Motivation – gebaut werden. Auch wenn Pützchens Markt mit vielen anderen unserer pädagogischen Leitvorstellungen wohl wenig zu tun hat, ist zu konstatieren: Die Anbieter auf Jahrmärkten und Kirmes haben schon lange entdeckt, welchen Reiz das Karussell ausübt, und sind damit sehr erfolgreich. Ich schlage vor, daraus zu lernen.

# Literatur

Ayres, J.: Bausteine der kindlichen Entwicklung. Berlin/ Heidelberg 1984

Ayres, J.: Lernstörungen; Sensorisch-Integrative Dysfunktionen. Berlin/Heidelberg 1979

Beudels, W.u.a.: ...das ist für mich ein Kinderspiel. Handbuch zur psychomotorischen Praxis. Dortmund 1994

Ehni, H.: Kinderwelt-Bewegungswelt. Seelze 1982

Fetz, F.: Sensomotorisches Gleichgewicht im Sport. Wien 1987

von Hentig, H.: Die Schule neu denken. Eine Übung in praktischer Vernunft. München 1994

Heiliger, B.: Notizen zur Kunst. Berlin 1994

Illi, U. u.a.: Bewegte Schule – Bewegtes Leben. Wäldi, CH, 1996

Kiphard, E.J.: Funktionsstörungen des menschlichen Gleichgewichtsorgans und ihre Beeinflussung durch Übung. In: Motorik, 1/1985 S.14 ff

Kiphard, E.J.: Bewegungsorientierte Erlebnispädagogik als Präventivmaßnahme gegen Jugendkriminalität. In: Prohl, R. „Facetten der Sportpädagogik". Schorndorf 1993 , S. 101 ff

Koslowski, I.: Therapieerfahrungen mit dem VARUSSELL, unveröffentlichtes Manuskript. Bonn 1994

Kükelhaus, H./zur Lippe,R.: Entfaltung der Sinne. Frankfurt 1982

Lensing-Conrady, R.: Sensorische Integration am Beispiel vestibulärer Stimulation auf dem VARUSSELL. In: Benkmann,K.H./Saueressig,K. „Fördern durch flexible Erziehungshilfe". Vds Fachverband NW. Dortmund 1994

Lensing-Conrady, R.: COBAL – ein neues Gerät zur spielerischen und kommunikativen Gleichgewichtsschulung. In: Praxis der Psychomotorik 4/1994. Dortmund

Lensing-Conrady, R.: Chaos im Klassenzimmer? – zur pädagogischen Bedeutung vestibulärer Anregungen auf dem VARUSSELL im Unterrichtsalltag. In: Landesinstitut für Schule und Weiterbildung, „Förderung wahrnehmungsgestörter Kinder". Soest 1995

Pohlmann, B.: Das VARUSSELL im Klassenzimmer. Erfahrungsbericht aus der Arbeit an der Elsa-Brändström-Schule. Bonn 1994

Pütz, G.: Praxistip: Das VARUSSELL – vielseitige und variable motorische Drehreize. In: Motorik, 3/1994. Schorndorf, S. 93 ff

Stoll, W. u.a.: Schwindel und Gleichgewichtsstörungen. Stuttgart/New York, 2. erweiterte Auflage 1992

Tomatis, A.: Der Klang des Lebens. Reinbeck 1990

## Herstellernachweis

VARUSSELL: VARUSSELL Technik und Bewegung GmbH. Stieldorfer Straße 1, 53229 Bonn

COBAL: Sportgeräte BENZ, Grüninger Straße 1-3, 71364 Winnenden

KREISELMEISTER: AOL-Verlag, Waldstraße 18, 77839 Lichtenau

# Vom Fallen, Spiralen und Kopf-über-sein

oder: kinästhetische und vestibuläre Orientierung in der Kontaktimprovisation

Christiane
Manz

*Christiane Manz*

# Vom Fallen, Spiralen und Kopfüber-sein

## oder: kinästhetische und vestibuläre Orientierung in der Kontaktimprovisation

## 1. Bewegung und Kontakt im Alltag

Kinder eignen sich ihre Umwelt vor allem über Bewegung und über Berührung an. Sie krabbeln, klettern, hüpfen, drehen sich um sich selbst, bis ihnen schwindelig wird und wollen alles anfassen, um das Leben im wahrsten Sinne des Wortes zu „be-greifen".

Durch die Bewegungsfeindlichkeit unserer Städte und die Erziehung lernen sie im Verlauf ihrer Entwicklung zunehmend, daß ausgelassenes Toben und spontanes Berühren eher als Tabu gelten (vgl. Drefke 1982). Bewegung ist in festgelegten Sportarten kanalisiert. Das Auge wird zum dominanten Sinnesorgan. Sinnlichkeit und ausgeprägte Emotionalität werden als Mangel an Körper- und Affektkontrolle interpretiert und dementsprechend negativ sanktioniert. Körperkontakt ist nur noch in bestimmten sozialen Zusammenhängen erlaubt, etwa beim Begrüßen oder Trösten, beim Arzt oder im engeren Familienkreis.

Das häufige „Durchdrehen" von Kindern, eine Entwicklungs- und Verhaltensstörung, kann jedoch oft Folge gerade eines Fehlens von Entwicklungsreizen und Berührungskontakten in frühester Kindheit sein (vgl. Montagu 1980). Oder aber Kinder haben Körperkontakt in erster Linie gewaltvoll, aggressiv oder mißbrauchend erlebt, wie ich in eigener Praxis an einer Schule für Erziehungsschwierige in einem sozialen Brennpunkt erfahren mußte.

„Körpererfahrung über Körperkontakt" (vgl. Funke 1980) im psychomotorischen Bewegungsunterricht – z.B. spielerische Massage, Kontaktimprovisation, Partnerakrobatik, Kuscheln und Raufen – wirkte sich auf diese Kinder überaus regulativ aus. Sie ließen sich schrittweise darauf ein, lernten Körperkontakt positiv kennen und genießen, wurden insgesamt ausgeglichener, konnten den eigenen Körper mit seinen Bedürfnissen besser wahrnehmen und mit dem eines Partners immer verantwortungsvoller umgehen – Dinge, die solchen "Problemkindern" im allgemeinen nicht zugetraut werden.

178

*Spielerisch(en) Körperkontakt genießen*

Eine Möglichkeit, nicht nur das Bedürfnis nach Kontakt zu befriedigen, sondern durch Bewegungssituationen des Kopfüber-seins, der „Off-balance" oder des Spiralens auch vestibuläre und kinästhetische Stimuli zu bieten, die „durchdrehende" Kinder suchen und brauchen, ist die Kontaktimprovisation.

## 2. Was ist Kontaktimprovisation?

Kontaktimprovisation ist eine aus den USA stammende Form des „New Dance". Anfang der 70er-Jahre wurde sie von Steve Paxton mit einer Gruppe von Tänzern als Gegenbewegung zu stilistisch festgelegten Techniken des „Modern Dance" entwickelt.

Das Experimentieren mit den Bewegungsmöglichkeiten zweier sich gegenseitig stützender Körper im Feld physikalischer Gesetzmäßigkeiten wie Schwerkraft, Fliehkraft, Bewegungsimpuls und Schwung stand im Mittelpunkt des Interesses. Die Improvisation als freies, spontanes Finden und Gestalten von Bewegung wurde favorisiert. Beeinflußt wurde die Kontaktimprovisation weiterhin von asiatischen Meditationstechniken, „Martial Arts", Aikido und Akrobatik.

*kopfüber in Balance sein*

Basis dieser Tanzform ist ein sich ständig verlagernder Körperkontaktpunkt zu einem Partner, wodurch ganz neue Bewegungen provoziert werden. Man ist gemeinsam im Gleichgewicht, rollt in ständigem Bewegungsfluß umeinander, gibt das eigene Gewicht an den Partner ab, trägt ihn,
klettert auf ihn oder springt ihn an. Je nach Energie und Stimmung der
Tänzer variiert die nonverbale Kommunikation zwischen den Partnern.
Einmal ist das Duett weich und fließend, ein anderes Mal kämpferisch
oder akrobatisch (siehe Fotos auf S. 181).

Über den gemeinsamen Kontaktpunkt werden Informationen bezüglich
Lage, Gewicht, Bewegungsrichtung und -dynamik sowie z. B. auch Ver-

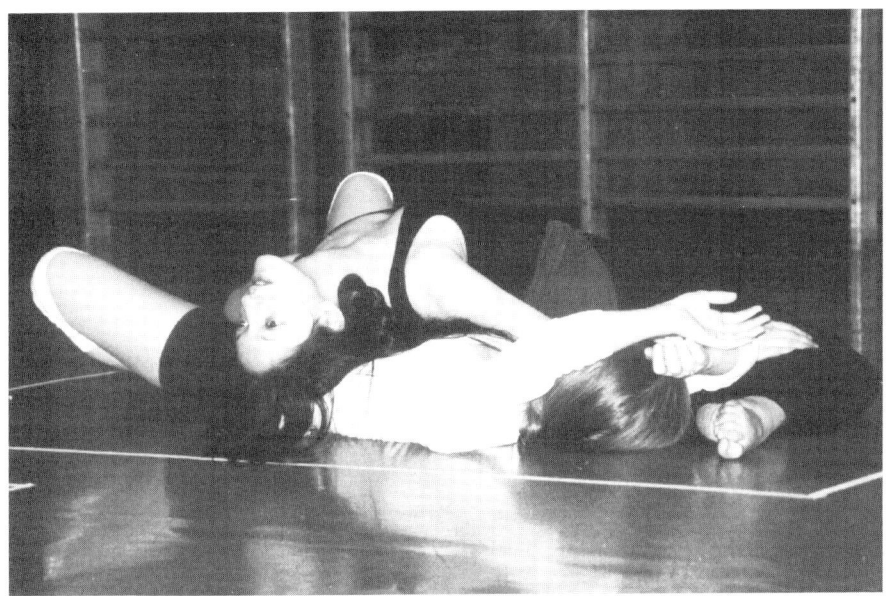

*Kontaktimprovisation: weich, fließend...*

*...und akrobatisch*

trauen des Partners aufgenommen, d.h. die Tanzenden lernen das taktile und kinästhetische „Zu-hören". Hierdurch entwickelt sich eine ausgesprochene Sensibilität für physische, mentale und emotionale Vorgänge. Die Sprache unserer „Nah-sinne" gewinnt wieder Bedeutung.

Unter dem Namen „dance-ability" wird die Kontaktimprovisation auch für körper- und sinnesbehinderte Menschen angeboten. Alito Alessi, Tänzer von „Joint Forces" aus Oregon, hat die Idee durch integrative Workshops mit Behinderten und „Nichtbehinderten" seit einigen Jahren auch nach Europa gebracht.

## 3. Anregungen für die Praxis

Da insbesondere die Kontaktimprovisation ohne Erfahrung am eigenen Leibe kaum zu vermitteln ist, gestaltet sich ein Zugang primär als praktische Selbsterfahrung. Die ganzheitliche Auseinandersetzung mit der neuen Tanzform ist Voraussetzung, um sich in Schüler einfühlen zu können, adäquate altersgemäße Vorstellungshilfen zu finden und nicht nur um Körperlich-Tanztechnisches, sondern auch um Emotional-Auslösbares zu wissen. Vor allem Kinder reagieren besser und sind konzentrierter, wenn sie durch konkrete Bewegungsvorstellungen und Bilder ihre Imagination für Bewegungsaufgaben nutzen können.

### 3.1 Aufwärmen und Vertrauen

Das Aufwärmen dient v.a. dazu, ein Vertrauen zum Boden zu schaffen. Es vermittelt die Erfahrung "Die Erde trägt mich! Ich kann mich auf meine natürlichen Reflexe beim Fallen verlassen!"

− **„Am Strand"**

Entspannen und Loslassen in der Rückenlage am Boden, Wahrnehmen der Auflageflächen, Gewicht-Abgeben mit der Ausatmung und „immer tiefer in den Sand einsinken".

− **„Muschelrolle"**

Aus der Seitlage mit angezogenen Beinen (Embryostellung) über den Rücken auf die andere Seite rollen. „Eine zusammengeklappte Muschel liegt gekuschelt auf der Seite, öffnet sich und umarmt eine Riesenperle, schließt sich wieder zur anderen Seite". Die Bewegung ist weich und fließend wie „unter Wasser". Die Haut spürt den „Meeresgrund".

− **„Kreisel sein"**

Aus der Rollbewegung (s.o.) möglichst ökonomische Wege in den Stand und zurück zum Boden finden. Es ergeben sich spiralende Bewegungen,

wie "ein Kreisel, der sich in Schwung schraubt und langsam wieder aus-
trudelt".

– „Fallen"

Mit zunehmender Bewegungsgeschwindigkeit o.g. Aufgabe muß ich meiner „Körperintelligenz" vertrauen, z.B. „als Schneemann schmelzen" oder
„in Ohnmacht fallen". Die Stimme, etwa ein Seufzer, unterstützt den Bewegungsfluß.

## 3.2 Kontakt finden

Im nächsten Schritt steht die Kontaktaufnahme im Zentrum der Aufmerksamkeit.

– **mit meinem Körper:**

„Alignement", d.h. inneres Vorstellen und Spüren von Struktur, Haltung,
Muskelspannungen, Stand etc. Meine Wirbelsäule ist wie "eine lange
Schlange mit lauter kleinen Luftkissen zwischen den einzelnen Wirbeln,
die Platz und Beweglichkeit schaffen". „Ich bin an einem Faden an der
Decke aufgehängt". „Wie ein junger Baum lasse ich mich vom Wind leise
bewegen und spüre wie mein Stamm schwankt (die Muskeln in meinen
Beinen arbeiten) und ich im Boden verwurzelt bin (Gewichtsverteilung in
den Füßen)".

– **mit dem Raum:**

Wahrnehmen von Größe, Licht, Stimmung u.ä., überall im Raum einmal
gewesen sein, mit Händen und anderen Körperteilen Gegenstände berühren, den dunkelsten Fleck und die hellste Stelle suchen, „meinen Lieb-
lingsplatz finden!"

– **mit der Gruppe:**

Möglichst viele Sinne sind wach, Hören (Schritte der anderen, Rascheln
von Kleidung, Stimmen, Atmen), Augenkontakt aufnehmen („Welche Farbe
haben andere Augen?"), zufällige Berührungen wie „wenn ich durch einen
Wald, ein Gebüsch oder ein hohes Getreidefeld streife", Aufeinanderzuge-
hen und impulshaftes Abstoßen von Händen („abstoßender Magnet sein"),
sich an jemanden anlehnen wie das „Ausruhen an einer Mauer".

Grundsätzlich sollte sehr behutsam zu verantwortungsvollem Körperkontakt hingeführt und immer die Alternative des „momentanen Aussteigens"
aufgezeigt werden. Dies gilt in besonderem Maße für verhaltens- und
kontaktgestörte Kinder. Es gibt eine Vielzahl spielerischer Übungsformen,
länger andauernden Körperkontakt vorzubereiten.

- einfache Tänze mit zeitweiliger Handfassung
- auf Musikstop: „Atomspiel", Figurenbauen oder sprichwörtliches Umsetzen von Redewendungen (z.B. „jemandem den Buckel herunterrutschen", „jemanden in Schwung bringen, jemanden an der Nase herumführen oder jemanden auf den Arm nehmen")
- Schiebekämpfe
- kindgerechte Massage („Kuchenbacken" oder „Regenmacher")
- taktile Blindenführspiele

## 3.3 Bewegungsprinzipien

Die dritte Phase gilt einer Einführung in grundlegende Bewegungsprinzipien der Kontaktimprovisation.

- **„sharing weight"**

Zwei Partner lehnen sich aneinander (bzw. auseinander), sind in einem gemeinsamen Gleichgewicht und spielen damit. Die Kinder bewegen sich wie „zwei Bäume, die an einer Stelle zusammengewachsen sind und nur gemeinsam stehen können", oder „wir bauen Brücken aus verschiedenen Körperteilen".

- **„shifting weight"**

Gewicht geben, sich Anlehnen und Getragenwerden wechselt ab mit Gewicht nehmen und meinen Partner mit möglichst geringem Kraftaufwand tragen. Die Bewegungsvorstellung eines „Pendels" oder einer „Wippe" hilft bei der Gewichtsverlagerung von einer Person zur anderen. Man kann auch mit einer klaren Rollenverteilung beginnen, etwa „Felsen (in Krabbelstellung) und Kletterer" oder „Baum (im Stand) und Affe" (vgl. Stone 1992).

- **„rollender Kontaktpunkt"**

Den gemeinsamen Körperkontaktpunkt wandern lassen, meinen ganzen Körper dafür anbieten, wach mit der Haut und den Muskeln „zu-hören". Am Boden „Baumstammrollen" oder „body-surfen", im Stand sich wie ein „Ball" oder eine „Schlange" am Körper des Partners entlangrollen sind kindgerechte Bewegungserklärungen.

- **Improvisieren**

Freie spielerische Kommunikation zweier Menschen im Kontakt unter Anwendung o.g. Bewegungsprinzipien. „Ausprobieren, wie man sich bewegen kann, wenn man immer an einer Stelle verbunden ist". Denken an „kuschelnde Schlangen, spielende Katzen oder turnende Affen".

*Kontaktimprovisation auch in der Gruppe: am Boden...*

*...und darüber*

Haben Kinder zu große Kontaktstörungen oder läßt die situative Emotionslage in der Gruppe keinen verantwortungsvollen Körperkontakt mit einem Partner zu, so kann auch ein Pezziball als „Ersatzpartner'" eingesetzt werden. Jedes Kind kann dann seine Stimmung ganz egoistisch ausleben. Vom verträumten Schaukeln auf dem Ball bis zum tobenden „power-play" ist alles möglich. Die Rückmeldung über Gleichgewichtsreaktionen und räumliche Orientierung erhält das Kind unmittelbar, weil es den Kontakt zum Ball halten kann oder verliert.

Besonderheit und Emotionalität eines Tanzes mit einem Partner, die ganzheitliche menschliche Begegnung, hat jedoch eine besondere Qualität.

## Literatur

Alessi, A./Ptashek, A./Nelson, K.: Dance with Different Needs. In: Contact Quarterly, Fall '88, S. 42-44.

Brinkmann, U.: Kontaktimprovisation – Neue Bewegung im Tanz. Frankfurt 1992 2. Curtis, B./Ptashek, A.: Exposed to Gravity. In: Contact Quarterly, Fall '88, S. 18-24.

Drefke, H.: Körpererfahrung über Körperkontakt – oder müssen wir uns heute wieder anfassen? In: Sportunterricht 5/82, S. 185-190.

Funke, J.: Körpererfahrung. In: Sportpädagogik 4/80, S. 13-20.

Haselberger, G.: Wer ist da denn eigentlich behindert? In: tanz-Affiche 8-9/95, S. 25 f.

Montagu, A.: Körperkontakt – Die Bedeutung der Haut für die Entwicklung des Menschen, Stuttgart 1980 2.

Raker, L.S.: A Contact Project with young children. In: Contact Quarterly, Winter '92, S. 45.

Richards, L./Finnan, K.: Contact with Special Needs. In: Contact Quarterly, Winter '88, S. 41-43.

Stone, J.: Giant Steps. Contacting children with neuro-integrative dysfunction. In: Contact Quarterly, Winter '92, S. 44 f.

Wolf Perez, E. M.: "Tanz war immer: perfekter Körper..." In: tanz-Affiche 8-9/95, S.21.

# Aggression in Bewegung

*Jürgen Pees*

*Jürgen Pees*

# Aggression in Bewegung

## Im Kontakt gegeneinander, miteinander, füreinander

## 1. Einführung ins Thema

### Aggression – aggressives Verhalten

Aggression wird meist als Fehler, Fehlverhalten, abweichendes Verhalten, Verhaltensauffälligkeit erlebt. Die ausführliche Bearbeitung des Themas habe ich bei Petermann/Petermann gefunden.

Aus dem Lateinischen kommend bedeutet ad grediere – auf etwas oder auf jemanden zugehen.

### Aspekte von Aggression

Der Ursprung von Aggression ist archaisch. Unsere Vorfahren waren damit beschäftigt, sich Nahrung zu beschaffen, ihr Territorium zu sichern und zu verteidigen bzw. neues zu erobern. In der aggressiven Handlung hat der Mensch sein eigenes Leben bejaht und tut dies auch heute. Für Perls ist Aggression ein vitaler Akt der Aneignung der Umwelt.

Aggression trägt die Elemente von Kontakt in sich. Grenzen aufzuzeigen bzw. Grenzen überschreiten markieren die Pole. Im Kontakt gegeneinander probierst du deine Existenz aus. Du erfährst, wer du bist, wo du stehst und wirst auch für dein Gegenüber erfahrbar.

### Ziel aggressiver Tätigkeit

Ihr Ziel im gesellschaftlich akzeptierten Sinne sollte sein, sein eigenes Gefühl von Verletztheit so auszudrücken, daß der andere es wahrnimmt, es ihn aber nicht verletzt. Bei der Destruktivität wird der Bereich der Aggression verlassen; der Mensch ist nicht mehr im Kontakt mit sich und hat die Verbindung zum Auslöser seiner Gefühle verloren.

### Ausdrucksformen

Aggression ist ein Teil menschlichen Verhaltens und braucht Ausdrucksformen. Sie zeigt sich auf der sprachlichen Ebene im Schreien, Brüllen, (Be-)Schimpfen, Fluchen. Als Aggression gegen Sachen wird sie im laut- und lustvollen Zerstören von Gegenständen deutlich. Sie ist erkennbar im

188

körperlichen Ausdruck (Gestik, Mimik) und in Aktionen auf der Bewegungsebene.

## Aggression und Übertragung

Mit Aggression wird häufig auf Verletzungen (über-) reagiert, die lange zurückliegen. Z.B.: ich bin ja ein friedlicher Mensch, aber wenn mich einer kommandiert wie mein Vater, sehe ich rot.

Bezugspersonen in sozialen Berufen sind häufig Ziel solcher Übertragungen. Sie bekommen den Frust ab, der eigentlich an die Adresse früherer Bezugspersonen geht.

„Auch das allerschlimmste, scheinbar niederträchtigste Fehlverhalten – dessen muß sich der Therapeut bewußt sein – dient doch immer nur dem Zweck, auf die eigene innere Not aufmerksam zu machen. Das gilt für hinterhältig erscheinende versteckte Aggressionen genauso wie für unverständlich rohe und brutale Gewalttaten." (Kiphard, 274)

## Die Aggressionskette – ein gestalttherapeutisches Modell

In ihrem Kapitel, „Wie Trauer zu autoaggressiven Handlungen führt" (Besems/Vugt, 25) stellen die Autoren das Modell der Aggressionskette vor.

Am Anfang steht die Verletzung, ihr folgen: Trauer, Ärger, Wut, Aggressivität und Autoaggressivität. An letzter Stelle steht die Resignation.

Der Weg zu den Ursachen der Aggression führt über die Stationen der o.g. Kette in umgekehrter Reihenfolge.

Zu Verletzungen vorzustoßen, ihnen Ausdruck zu verleihen, unterbricht die Kette, wobei es schwieriger ist, psychischen Verletzungen auf die Spur zu kommen.

# 2. Praktischer Teil

## 2.1 Einleitung

Folgende Übungen habe ich zusammengestellt, um:

- Aggression auf der körperlichen Ebene eine Ausdrucksform zu geben,

- Aggression bei sich selbst wahrnehmen und spüren können,

- über das Betrachten der eigenen aggressiven Anteile, durchdrehende Kinder besser verstehen zu können.

Information vor Beginn: Aggression kann Angst machen, daher kann jeder jederzeit Stop! sagen.

Um Verletzungen zu vermeiden, sollten Schmuck und Uhren abgelegt werden.

## 2.2 Übungen

### Du sollst ins Loch

Du stehst einem etwa gleich starken Partner gegenüber. Ihr faßt euch an den Händen. Zwischen euch auf dem Boden liegt ein Gymnastikreifen oder ist ein Kreidekreis gezogen. Stellt euch vor, hier fehlt ein Kanaldeckel. Der eine versucht den anderen, in dieses Loch zu ziehen. Muß einer einen Fuß innerhalb der Kreisfläche aufsetzen, gilt dies als „reingefallen". Ihr könnt bei Bedarf mehrere Runden raufen.

– Kontakt: gegeneinander
– Ziel: eigene Kraft spüren, sich behaupten
– Variation: verschiedene Partner ausprobieren.

### Wer zuerst kommt

Die Gruppe (zwischen 6 – 10 Teiln.) steht im Kreis, jeder in einem Gymnastikreifen. Einer geht in die Mitte. Er hinterläßt einen freien Reifen. Er bestimmt auch die Richtung, rechts oder links herum, in der die anderen jetzt die Reifen wechseln werden. Der Spieler in der Mitte versucht nach dem Startzeichen, einen freien Reifen zu besetzen. Die anderen versuchen immer, den vor ihnen liegenden freien Reifen zu „besetzen". Gelingt es dem Spieler in der Mitte zuerst einen freien Reifen zu betreten, geht der Nächstfolgende (aus dem Kreis) in die Mitte.

- Kontakt: gegeneinander
- Ziel: Selbstbehaupten, Durchsetzen
- Variation: 2 Reifen frei lassen,

Abstände zwischen den Reifen vergrößern, Richtungsänderung während des Spiels.

## Inselspiele

- **Bleib mir von der Insel**: Ein Partner versucht, auf deine Insel (Decke oder Bodenmatte) zu kommen, die du als krabbelnder Vierfüßler besetzt hältst. Der Angreifer, ebenfalls auf allen Vieren, versucht dich erst durch Zureden und Bitten davon zu überzeugen, daß er auch noch auf der Insel Platz hätte. Du lehnst ab, bleibst hart. Da versucht es der andere mit Tricks und wird schließlich handgreiflich.

Nach 3 Minuten Rollentausch. Danach Austausch darüber, in welcher Rolle, als Angreifer oder Verteidiger, habe ich mich wohler gefühlt?

- Kontakt: gegeneinander
- Ziel: sich Selbstbehaupten, seine Grenzen verteidigen

Sich in der Rolle von Angreifer und Verteidiger erfahren.

- **Hau ab!:** Beide Partner stehen auf der Insel (Bodenmatte) Rücken an Rücken und versuchen sich gegenseitig von der Insel zu drücken. Dabei die Stimme einsetzen: Hau ab! Weg! Runter hier!

- Kontakt: gegeneinander
- Ziel: Kraft spüren, sich durchsetzen
- Variation: verschiedene Partner ausprobieren

(siehe Foto auf S. 192)

- **Sich (ge-)wichtig machen:** (Nach der vorausgegangenen Übung) Lehne dich so an den Rücken des Partners an, daß du dich gut ausruhen kannst. Steht 2-3 Minuten so aneinandergelehnt.

- Kontakt: mit- und füreinander

- Ziel: ich mache mich schwer, lehne mich an, mute mich zu, gebe mir Gewicht und bin damit Stütze für den anderen.

- **Peng:** Zwei Mannschaften knien sich auf einem Weichboden gegenüber. Der „König" von Mannschaft A steht mit einem „Schwert" bewaffnet (einer Nadel) auf einem Kasten hinter der Grundlinie von Mannschaft B und umgekehrt (Organisationsform vgl. Völkerball).

Der Spielleiter wirft Luftballons von oben auf die Grenze beider Mannschaften. Die Mannschaften versuchen den Luftballon zu ihrem König zu schlagen, damit er ihn „Peng" abstechen kann.

Vor dem Spiel so viele Luftballons aufblasen, wie Spieler da sind. Darauf achten, daß die Könige ausgetauscht werden.

Kontakt: gegen-, mit-, füreinander

- Ziel: Spaß haben – auch am legalisierten Zerstören.

- **Lob und Tadel:** Die Gruppe sitzt im Halbkreis. Einer hat nun die Möglichkeit, die Gruppe über den grünen Klee zu loben, der andere sie zu tadeln – und zwar gleichzeitig (es kann laut werden).

Dauer: 3-5 Minuten

- Kontakt: gegeneinander, füreinander

- Ziel: Verbaler Aggression Raum geben.

- **Sockenklau:** Die Mitspieler sitzen oder krabbeln auf dem Boden. Jeder trägt Socken, die mit dem Startsignal jeder jedem von den Füßen klauen darf (vgl. Mittermair, 77).

- Kontakt: gegeneinander

- Ziel: (viel) Spaß haben, austoben

- Variation: Wer hat nach 3 Minuten die meisten?

  • Wer keine mehr hat, scheidet aus.

  • Alle geklauten Socken in die Mitte werfen – wer keine mehr hat, kann dort seine suchen und wieder anziehen.

## 2.3 Zum Schluß

Bei den Übungen habe ich mich auf solche beschränkt, die die Aggression thematisieren, Kennenlern- und Aufwärmübungen halte ich vorher für unbedingt erforderlich.

Noch ein Wort zu den Regeln: sie sind für die Spielenden da, nicht umgekehrt, also – Mut zur Variation!

## Literatur

Besems/van Vugt: „Wo Worte nicht reichen". München 1990

Kiphard, E. J.: Mototherapie – Teil II. Dortmund 1986

Mittermair, F.: Körpererfahrung und Körperkontakt. München 1985

Petermann/Petermann: Training mit aggressiven Kindern. München 1990

Fotos: H.J. Beins

# Kindgemäße Entspannung

*Lutz*
*Pirnay*

*Lutz Pirnay*

# Kindgemäße Entspannung

„Nach dem Gewitter beginnt unter der Wiese ein reges Treiben: Ein Maulwurf bohrt sich mit seiner Nase durch den Erdboden ..."

Bei der „Kindgemäßen Entspannung" werden Geschichten auf dem Rükken eines liegenden Partners erzählt. Jüngeren Kindern fällt es leicht, sich auf diese spielerische Form der Entspannung einzulassen. Ältere Kinder und Jugendliche finden einen guten Zugang zu den etwas anspruchsvolleren Entspannungstechniken (Phantasiereisen, Spannungs-, Entspannungstraining, konzentrierte Entspannung usw.). Beide Formen der Entspannung haben ihren Stellenwert in der Praxis. Meine Erfahrungen im

schulischen Alltag haben gezeigt, daß „Kindgemäße Entspannung" nicht nur Spaß und Freude bereitet, sondern auch von großer therapeutischer Bedeutung ist. Das Thema Entspannung richtet sich an all jene, die mit Kindern arbeiten, sei es als Lehrer, Logopäde, Therapeut oder einfach als Eltern.

# 1. Einige Gedanken zum Thema

Allzuoft ist schon im Elementar- und Primarbereich das Gleichgewicht zwischen Anspannung und Entspannung, Aktivität und Ruhe, Streß und Erholung gestört und entspricht damit nicht mehr dem naturgegebenen Harmonieprinzip.

Für unsere Kinder und uns wird es immer wichtiger, mit der eigenen Energie gut hauszuhalten. Entspannung kann hier einen wichtigen Beitrag leisten. Sinnvollerweise sollte Entspannung schon im Elementar- und Primarbereich mehr Beachtung zukommen, weil sie

— zu einem größeren Wohlbefinden führt,

— das Konzentrations- und Leistungsvermögen steigert,

— psychosomatischen Streßfolgeschäden vorbeugt.

Es ist unverzichtbar, daß Inhalte und Methoden der Entspannung für Kinder **kindgemäß** sind. Dies gilt nicht nur für den Elementar- und Primarbereich, sondern auch für Jugendliche. Kindgemäße Entspannungsmethoden werden hier jedoch schrittweise in systematische „klassische" Techniken übergeleitet.

Es gibt viele „unsystematische" Möglichkeiten zur Entspannung, z. B.: Musik, Lesen, Baden, Spielen. Zusätzlich haben alle Aktivitäten, die zur Zufriedenheit führen, einen entspannenden Effekt. Das sind sogenannte **passive Methoden. Aktive systematische Entspannungsmethoden** sind z. B.: Muskuläre Entspannung (Jacobsen), autogenes Training (Schultz), Yoga und konzentrative Techniken wie Meditation. Diese stehen als langfristiges Ziel zunächst im Hintergrund. Die hier angebotenen kindgemäßen Entspannungsvorschläge sind als „Vorläufer" systematischer Entspannung zu betrachten.

Vorteile der kindgemäßen Entspannung sind:

— sie ist lustbetont (es darf auch gelacht werden...),

— die metaphorische Sprache weckt Imaginationskraft,

— sie hat eine einfache Handlungsstruktur,

— es gibt kaum psychologische Widerstände,

- sie ist ohne große Vorkenntnisse umzusetzen,
- sie fördert Sozialkontakte und das Gemeinschaftsgefühl,
- sie fördert Gruppenkohäsion,
- es gibt variable Einsatzmöglichkeiten, z. B. in der Schule, der psychologischen, logopädischen, krankengymnastischen Praxis und der Freizeit.

## 2. Aspekte, die Sie bedenken sollten

### – Übungsort

Der Übungsort sollte möglichst ruhig, normal temperiert, mit Teppich evtl. Schaumstoffunterlage ausgestattet sein, auf die die Kinder ein mit Stoffarben bemaltes Bettuch legen. Es ist auf ausreichenden Platz zu achten. Der Übungsort kann auch die Klasse sein. Viele Übungen sind mit einem „Traumkissen" auf dem Tisch durchzuführen.

### – Soziales Umfeld

Ein Schild an die Außentüre hängen, damit die Kinder nicht gestört werden.

### – Zeitpunkt

Nicht vor oder nach wichtigen Ereignissen, damit die Kinder wirklich abschalten können. Besonders geeignet sind jene Übungssituationen zwischen zwei unterschiedlichen Aktivitäten. Hier kann wieder Kraft und Aufmerksamkeit geschöpft werden.

### – Alter

Kinder zwischen 5 und 7 Jahren lieben einfache, konkrete, phantasieorientierte Spiele. Größere Kinder zwischen 8 und 12 mögen komplexere, dramatisierte Strukturen. Viele Spiele sind allerdings in gleicher Weise bei kleineren und größeren Kindern beliebt. Die systematischen „klassischen" Entspannungsmethoden eignen sich besonders für Kinder und Jugendliche über 12 Jahre und für Erwachsene.

### – Gruppe/Klasse

Beginnen Sie mit einer kleinen Gruppe. Schaffen Sie sich Erfolgserlebnisse. Die Kinder, die zunächst nicht mitmachen können, sollen neugierig werden. Provozieren Sie dies geschickt.

### – Kleidung

Lockere Kleidung; Brillen etc. ablegen.

### – Körperhaltungen

*Liegen:*

Bei vielen Entspannungsvorschlägen aus diesem Skript liegen die Kinder auf dem Bauch. Diese Lage nehmen die Kinder gerne ein. Systematische Entspannungstechniken (AT etc.) erfordern meist die Rückenlage. Jedoch gibt es Kinder, die nicht auf dem Rücken liegen wollen. Dem wird kein Widerstand entgegengesetzt. Möglicherweise löst sich das Problem von selbst, andernfalls hat die Entspannung keine optimale Wirkung auf das Kind.

*Lehnstuhlhaltung* oder
*Droschkenkutscherhaltung.*

In der Klasse können sich die Kinder auf ihren *Stuhl knien* und über den *Tisch legen*, z. B. bei den Massagespielen. Die Kinder träumen besonders gerne oder legen sich gerne hin, wenn sie vorher mit Textilfarben ein Bettuch z. B. als Wiese selbst bemalt haben.

'Traumkissen' (Nessel-Einkaufstaschen), von den Kindern selbst gestaltet, haben einen hohen Motivationswert und helfen Widerstände zu überwinden.

### – Schwierigkeitsgrad

Wählen Sie zunächst Entspannungsspiele mit hohem Aufforderungscharakter und großer Imaginationskraft, z. B.: „Wir backen einen Kuchen".

Phantasiereisen eignen sich zu einem späteren Zeitpunkt, da hier eine emotionale Ebene angesprochen ist, die Vertrauen und Erfahrung voraussetzt. Muskelentspannung ist leichter zu erlernen, als autogenes Training.

## – Motivation

Der gute „Inhalt" will gut „verpackt" sein und in guten „Rahmenbedingungen" stehen. Unter anderem spielen die selbstbemalten Bettücher und die mit Duftstoffen (z. B. Lavendel) gefüllten Traumkissen hier eine bedeutsame Rolle.

## – Verhalten des Therapeuten

Voraussetzung ist ein demokratisch-partnerschaftliches Verhalten mit:

- Achtung vor dem Kind
- spürbarem Engagement
- Zuversicht und Mut
- Anpassungsbereitschaft
- Sensibilität
- Toleranz (Sie können zulassen, daß es Aussteiger gibt.)

Setzen Sie ruhig Ihre ganze Person ein – Ihren Charme und Ihre Verführungskunst.

## – Vorsichtsmaßnahmen

Bitte machen Sie die Kinder darauf aufmerksam, daß die Wirbelsäule nicht „bearbeitet" werden darf und daß der Bereich der Nieren besonders vorsichtig behandelt werden muß.

Anfängliche überschäumende Aktivität weicht erfahrungsgemäß sehr schnell angemessenem Verhalten bei der spielerischen Massage.

# 3. Praxisbeispiele

### 3.1 Drakula-Spiel

Partnerspiel / stehend oder sitzend

25 Messerstiche...
Fäuste trommeln behutsam auf den oberen Rücken.

Blut läuft... Blut läuft...
10 Finger imitieren herablaufendes Blut.

Spinnenhaar...
Eine dünne Haarsträhne leicht hochziehen.

Drakula!
Den Hals „ergreifen".

(Gelernt von Tim, 8 Jahre)

### 3.2 Wir backen einen Kuchen

Spielerische Massage – Partnerspiel/Bauchlage

Heute wollen wir einen Kuchen backen! Oh, das Kuchenblech ist ja noch schmutzig. Dann müssen wir es erstmal gut sauber machen... . Also Wasser über das Blech laufen lassen... .

Alle Finger imitieren fließendes Wasser durch Wellenbewegung von oben nach unten. Zusätzlich wird ein „tsch" artikuliert.

Und nun sauber rubbeln...
Mit zwei Fäusten den Rücken sauber „rubbeln".

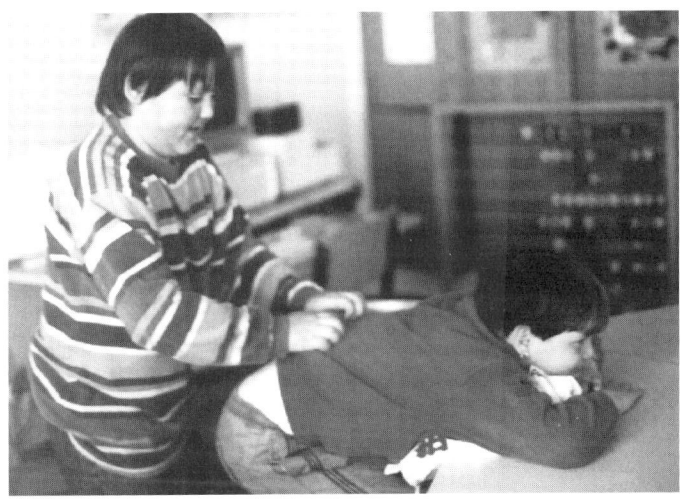

Etwas Wasser darüber laufen lassen...
Alle Finger imitieren fließendes Wasser durch Wellenbewegung von oben nach unten.

Oh, da klebt noch etwas. Und hier sehe ich auch noch etwas Schmutz. Da müssen wir noch mal mit der Bürste ran!!
5 senkrecht stehende Finger „bürsten" sauber.

Noch einmal Wasser...
(siehe oben)

201

Das nasse Blech müssen wir jetzt natürlich abtrocknen.
Beide Hände drücken flach und mit Druck mehrmals von oben nach unten, um das Blech abzutrocknen.

So jetzt kann's losgehen!! Wir nehmen etwas Mehl, das häufeln wir auf und machen ein Loch in die Mitte...
Mit beiden Händen „Mehl" aufhäufeln und Loch imitieren.

Dann brauchen wir natürlich Zucker...
Fingerspitzen imitieren Zucker.

Was muß noch in den Kuchen?? Ja, natürlich Eier!
Sich berührende Fingerspitzen schlagen, senkrecht auf den Rücken fallend, die Eier auf. Dann drücken sich die Fingerspitzen gleichmäßig nach außen. Oder: Eine Hand flach auf den Rücken legen und behutsam mit der anderen Hand auf die flache Hand schlagen (wiederholen).

Nun eine Prise Salz... und Rosinen: Wer mag Rosinen?
Einige „Rosinen" einzeln mit Fingerspitzendruck zufügen.

Jetzt muß der Teig geknetet werden...
Mit beiden Händen „kneten".

Das Kuchenblech streichen wir mit Butter ein...
4 Finger streichen das „Blech" ein.

Den Teig rollen wir mit dem Nudelholz schön gleichmäßig aus.
Unterarm „rollt" mit Druck den Teig aus; der andere Arm führt ihn.

Wollen wir heute einen Kirschkuchen backen?? (Oder einen Apfelkuchen?) Sorgfältig die „Kirschen" mit der Fingerspitze eindrücken (Apfelstücke werden durch Zeige-, Mittel- und Ringfinger imitiert).

Laßt uns doch heute einmal Streusel auf den Kuchen machen; das ist so lecker. („Streusel" imitieren)

So, was ist jetzt noch zu tun? Ach ja, der Kuchen muß gebacken werden. Es gibt Kinder, die sich spontan auf das Kind legen, um den Backofen zu spielen. Ansonsten: Hände und Unterarme mit Druck auflegen (siehe Foto auf S. 203).

Wie das duftet!! Wir nehmen das Blech heraus und teilen den Kuchen in Stücke...
Handkante teilt als „Messer" den Kuchen in Stücke.

Jetzt verteilen wir den Kuchen mit der Kuchenschaufel auf Teller.
„Kuchenschaufel" wird durch 4 Finger imitiert, die den Kuchen abheben.

Und was müssen wir jetzt tun?? Blech abrubbeln! (siehe vorne)

Diese spielerische Massage ist in hervorragender Weise geeignet, um Massage und den Bereich Entspannung an Kinder heranzubringen. In der Weihnachtszeit werden natürlich „Plätzchen gebacken".

Als Garnitur ist das Lied „In der Weihnachtsbäckerei" zu empfehlen. Wenn die Kinder es lieber herzhafter mögen, backen Sie eine „Pizza" ganz nach Ihrem – und natürlich dem Geschmack Ihrer Kinder.

### 3.3 Im Reich der Erde

Spielerische Massage – Partnerspiel/Bauchlage

Oh, war das heute ein heißer Sommertag...
Gut, daß nun ein warmer Regen die Blumen und Gräser erfrischt...
mit den Fingerspitzen Regen imitieren; erst leicht, dann stärker – und wieder leichter.

Nach dem Regen beginnt unter der Wiese ein reges Treiben. Ein Maulwurf bohrt sich mit seiner Nase durch den Erdboden...

Ein oder mehrere Finger „bohren" sich an vielen verschiedenen Stellen „Wege" über den Rücken.

Seine Grabekrallen helfen kräftig mit...
Mit 4 Fingern beider Hände an den Seiten der Wirbelsäule „graben".

Er ist fleißig und hat es geschafft, einen Erdhügel anzuhäufen.
Mit den Handkanten beider Hände „Erde" zusammenschieben.

Es ist noch mehr Leben im Reich der Erde...
Regenwürmer schlängeln sich durch den lockeren Boden hinaus zum Gras...
Von Po- bis Schulterbereich imitieren die Mittelfinger die sich schlängeln-den Regenwürmer.

Kartoffelkäfer suchen sich ihren Weg...
Zeige- und Mittelfinder werden mit leichtem bis mittlerem Druck über den Rücken geführt.

Alles ist still – doch plötzlich scheint die Erde zu beben: Pferde galoppie-ren über die Wiese...
Mit flachen Händen über den Rücken „galoppieren".

Rette sich, wer kann...
(schnelle Bewegungsabfolge)

Der Maulwurf rennt in seine unterirdische Höhle...
(nachahmen)

Die Regenwürmer graben sich ein...
Je 4 Finger schlängeln von der Schulter herunter.

Die Kartoffelkäfer krabbeln in Sicherheit...
(nachahmen)

Gerettet!

Im Anschluß können Sie mit den Kindern das 'Regenwurmlied' singen:
„Hörst Du die Regenwürmer husten"

(nach einer Melodie aus „My Fair Lady": „Hey Leute, morgen mach ich Hochzeit").

# Literatur

Die dargestellten Entspannungsspiele sind der Broschüre von Pirnay, L. (1993): **„Kindgemäße Entspannung" Praxisbuch – nicht nur für den Schulalltag** – Lichtenbusch – Belgien entnommen.

Dort finden Sie viele weitere Anregungen im Bereich Entspannung für Kinder und ausführliche Literatur- und Musikhinweise. Das überarbeitete und erweiterte Buch ist zu beziehen über folgende Adresse: Lutz Pirnay, Horster Park 47, B 4731 Lichtenbusch/Belgien, Tel.: 0032/87/866651

Es kostet DM 25,00 plus 4,50 Verpackung/Porto. Bei Bestellung bitte Verrechnungsscheck beifügen. Einzelquittungen werden der Lieferung beigelegt. Für Anregungen und Rückmeldungen zum Thema ist der Autor dankbar.

# „Kleine Elefanten im Porzellanladen"
## oder von der Schwierigkeit sich zu spüren

Günter
Pütz

*Günter Pütz*

# „Kleine Elefanten im Porzellanladen"
# oder von der Schwierigkeit, sich zu spüren

## 1. Die für uns wichtigsten Aspekte der Dinge sind durch ihre Einfachheit und Alltäglichkeit verborgen (Ludwig Wittgenstein)

Wenn Sie ein Glas Wasser trinken, verschwenden Sie keinen Gedanken daran, wie Sie das Glas halten und zu Ihrem Mund führen. Die Treppen in Ihrem Haus bewältigen Sie auch im Dunkeln. Sie müssen nicht überlegen, wie und wo Sie einen heranfliegenden Ball fangen können – Sie tun es einfach, weil Sie es gelernt haben.

Wir verfügen stets über ein „inneres Bild" unseres Körpers. Es ermöglicht uns, sicher im Raum zu agieren. So laufen die meisten Bewegungen automatisch ab und passen sich flexibel den jeweiligen Bedingungen an.

Dazu ist ein feinorchestriertes Zusammenspiel der Informationen notwendig, welche die Augen, Ohren und Gleichgewichtsorgane sowie die Sensoren unserer Haut, unserer Muskeln, Sehnen und Gelenke liefern. Wir sind bei jeder Bewegung darauf angewiesen, bemerken es aber selten.

Stellen Sie sich vor, es wäre nicht so. Das Selbstverständliche verstünde sich nicht. Das Trinken des Wassers entwickelte sich zu einem mühevollen Unterfangen, dessen Ergebnis nicht selten ein nasses Hemd wäre. Das Treppensteigen im Dunkeln geriete zum Alptraum. Beim Ballspielen erginge es Ihnen so wie John Franklin. Dieser war schon zehn Jahre alt "und noch immer so langsam, daß er keinen Ball fangen konnte. Er hielt für die anderen die Schnur" (Nadolny 1987, 9).

Das Phänomen der kleinen Elefanten im Porzellanladen ist diffiziler. Ihnen fehlt das Selbstverständliche. Ihre Problematik liegt zwischen den zuvor beschriebenen Gegenüberstellungen. Ein Beispiel:

Bruno ist acht Jahre alt. Er betritt den Raum, sein Kommen ist unüberhörbar. Er durchstöbert seine Sporttasche, diese entleert sich bei diesem Versuch auf dem Boden. Der Kontakt mit anderen Kindern endet nicht selten in Rangeleien, weil Bruno zu stürmisch ist und das Ausmaß seines Krafteinsatzes nicht abschätzen kann.

208

Beim Ballspielen ist er sehr ungeschickt, bemüht sich allerdings, seine Schwäche zu kaschieren, und "tut so als ob". Er gestikuliert wild, läuft hin und her, ohne daß er den Ball wirklich haben will.

Probleme treten im graphomotorischen Bereich auf. Bruno schreibt mit der rechten Hand und drückt den Stift sehr stark auf. Er benötigt beim Schreiben sehr viel Zeit und sein Schriftbild erscheint „krakelig" und verkrampft.

Bruno mangelt es an körperlichem Feingefühl.

## 2. Körperschema und Körperbild – zwei Seiten einer Medaille

Für die kleinen Elefanten bedeuten die meisten und vor allem neue Bewegungssituationen Anspannung. Zwar besitzen sie ein inneres Bild ihres Körpers, aber der Zugang scheint „vernebelt". Anders ausgedrückt: „Sie können ihre körpereigene Räumlichkeit als sensomotorische Steuerungsgröße bei ihren Handlungsversuchen einfach nicht richtig abschätzen" (Kiphard 1990, 40). Dadurch bedingt müssen sie sich sehr stark auf ihre Handlungen konzentrieren, ansonsten kommt es zum „Porzellanladeneffekt" – dann wanken Regale, stolpern Menschen, fallen Tassen und Teller klirrend zu Boden, zerbrechen Schreib- und Malutensilien. Die kleinen Elefanten sind nicht dumm: Sie sehen, was sie anrichten, aber sie können nicht anders – und sie leiden darunter.

Ayres (vgl. 1984, 135) geht davon aus, daß erst eine ausreichende Vorstellung von der Anatomie des Körpers und der Position seiner Teile zueinander ein situationsangemessenes Steuern und Planen von Handlungen ermöglicht.

Die Vorstellung für unseren Körper ist nicht von vornherein da, sie muß sich erst entwickeln: Ein neugeborenes Kind weiß nicht einmal, wie es stehen kann. Sein Bewegungsverhalten ist diffus und unpräzise.

Es befindet sich in der sogenannten „intramodalen Entwicklungsstufe" (Affolter) – die Instrumente sind vorhanden, aber sie spielen noch nicht zusammen.

Das Kind wird sich so lange von einer Seite auf die andere rollen, bis sich die Nervenstrukturen, welche die Augen, Ohren und Muskulatur miteinander verbinden, so weit ausgereift sind, daß es krabbeln kann, „wenn es krabbeln will" – das Orchester gibt seine erste gemeinsame Vorstellung.

Das bedeutet, das ein Kind erst vielfältige Bewegungserfahrungen sammeln muß, damit sich ein Gefühl für Größe, Gewicht, Grenze und Ausmaß des Körpers und seiner Teile zueinander ausbildet. Kiphard (1992, 38) spricht von „motorischem Gedächtnisbesitz", der sich als „Erfahrungsschatz" durch die laufenden sensorischen Rückmeldungen während des Tätigseins entwickelt.

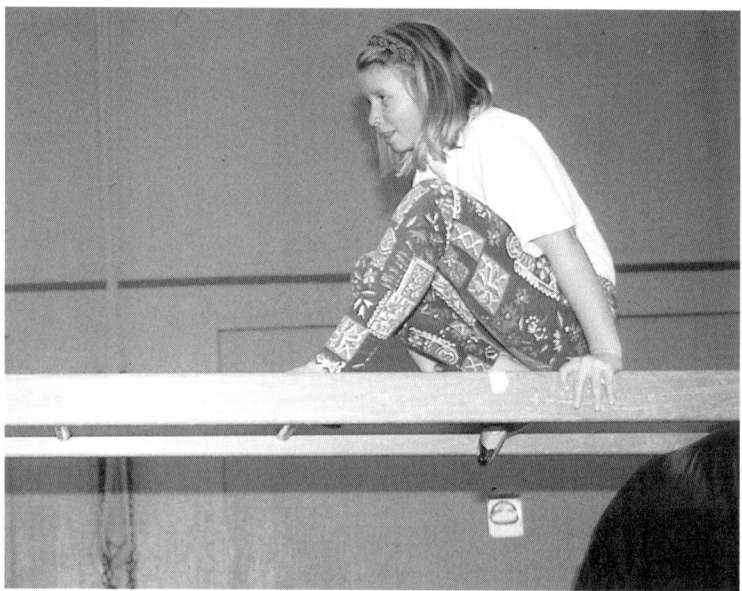

*„Mein Körper ist mir vertraut"*

Welche Vorstellungen ein Kind von seinem Körper erwirbt, ist eng an die Entwicklung seines „Körperschemas" und „Körperbildes"[1] geknüpft.

Während das Körperschema vorrangig die neurophysiologischen Strukturen der Wahrnehmung – den instrumentellen Teil – des eigenen Körpers betont, bringt das Körperbild die subjektiv-individuellen Erfahrungen mit eben diesen Wahrnehmungen zum Ausdruck – „der Körper, wie er sich anfühlt" (Frostig 1992, 45).

---

[1] Ein umfassendes und an inhaltliche Kriterien gebundenes Strukturmodell dieser Begriffe finden Sie bei Bielefeld 1986

## 2.1. Körperschema

Ayres (1984, 134) bezeichnet das Körperschema als „neurales Gedächtnis", das aus „Landkarten" jedes einzelnen Abschnitts unseres Körpers und seiner Funktionsweise besteht. Durch sie ist ein Kind in der Lage, „willentlich eine Stellung beizubehalten, sich zu bewegen, zu krabbeln, aufzustehen, zu laufen und die Teile seines Skelettsystems so automatisch und unaufhörlich anzupassen, daß es nicht das Gleichgewicht verliert oder hinfällt, während es gerade seine Körperhaltung verändern oder sich fortbewegen will" (Frostig 1992, 45).

Eine bedeutende Rolle für die Entwicklung des Körperschemas kommt der Speicherung und Integration der Informationen aus den Bereichen der taktilen, propriozeptiven und vestibulären Wahrnehmung[2] zu. Diese ermöglichen das „unbewußte Wissen" (Brand) um unseren Körper und bilden die Basis für vielfältige und komplexe Handlungsmöglichkeiten.

Alle drei Bereiche arbeiten eng zusammen und tragen, ohne daß wir uns dessen bewußt sind, entscheidend zu unserem körperlichen Wohlbefinden und unserer körperlichen Leistungsfähigkeit bei.

*Die taktile Wahrnehmung* ist eine bei der Geburt ausgereifte Struktur und umfaßt die gesamte Oberflächensensibilität unseres Körpers. Sie entwikkelt sich über das globale Empfinden von Berührungsreizen hin zu einer zunehmenden Differenzierungsfähigkeit für Tasteindrücke. Zuerst spürt das Kind beispielsweise im Umgang mit der Mutter nur „eine große, allumfassende Umarmung", später kann es auch einzelne Berührungen unterscheiden und zuordnen. Diese allmähliche Differenzierung trägt dazu bei, daß das Kind eine immer genauere Vorstellung von seinem Körper erhält.

*Die propriozeptive Wahrnehmung* oder Tiefensensibilität liefert dem Kind Informationen von Muskeln, Sehnen und Gelenken. Sie trägt ebenfalls zum Aufbau des Körperschemas bei. Ohne diese Informationen wüßte es nicht, wo sich die einzelnen Teile seines Körpers in diesem Moment befinden. Sie sind die Augen des Körpers, mit denen sich der Körper selbst wahrnimmt – und wenn sie nicht funktionieren, dann ist der Körper blind (vgl. Sacks 1990, 75).

„Während der Bewegung aktualisiert die Tiefensensibilität das Körperschema, so daß das Gehirn die nächste Bewegung korrekt vorplanen

---

[2] Eine ausführliche Darstellung dieser sogenannten Grundwahrnehmungsbereiche finden Sie bei Ayres 1984

kann, nämlich wie sie den Muskel zur richtigen Zeit zur Kontraktion bringen muß" (Ayres 1984, 139).

Sie hat also mit der Wahrnehmung von Rückmeldungen der Körpertätigkeiten zu tun. Diese bilden die Grundlage für das motorische Planen und sind über das Kleinhirn an der Koordination und dem harmonischen Ablauf der Bewegungen beteiligt.

*Die vestibuläre Wahrnehmung*[3] gibt dem Kind Informationen über die Lage seines Körpers im Raum. Es entwickelt durch diesen Sinn ein Empfinden für die Schwerkraft. In Auseinandersetzung mit dieser lernt das Kind sich im Raum aufzurichten und immer komplexere Bewegungsabläufe durchzuführen.

Die vestibuläre Wahrnehmung hat eine Schrittmacherfunktion, die sich vor allem auf die Regulation des Muskeltonus auswirkt. Die meisten der kleinen Elefanten haben einen schlaffen Muskeltonus, obwohl ihr äußeres Auftreten eher das Gegenteil vermuten läßt. Dieser Umstand behindert die Rückmeldefunktion der Tiefensensibilität.

Insofern hat die vestibuläre Wahrnehmung entscheidenden Anteil an der Entwicklung des Körperschemas.

Die dargestellten Wahrnehmungsbereiche enthalten das „verborgene Wissen" um unseren Körper. Ergänzt durch die äußeren Informationen durch Augen und Ohren ermöglichen sie ein sinnvolles, zeitliches und räumliches Planen und Lenken von Bewegungsabläufen: Die Hand wird zum Wasserglas geführt, das Glas wird umfaßt, es wird zum Mund geführt, die Lippen werden geöffnet, das Wasser wird in den Mund gegossen.

## 2.2. Körperbild

Während der Begriff Körperschema auf neurobiologische Funktionen verweist, rückt der Begriff Körperbild die auf den Körper bezogenen Empfindungen in den Vordergrund.

Beide Bereiche stehen in einem „dialektischen Beziehungsverhältnis" (Bielefeld): So ist jede Wahrnehmung zugleich mit Gefühlen der Zustimmung oder der Ablehnung verbunden, mit der Erfahrung von Freude oder Ärger – mit Erlebnisqualitäten.

Körperschema und Körperbild akzentuieren unterschiedliche Schwerpunkte, die im Hinblick auf eine ganzheitliche Förderung wichtig sind.

---

[3] Vgl. hierzu auch den Beitrag von Lensing-Conrady in diesem Buch

Die Ursprünge des Körperbildes berühren sehr frühe Erfahrungen: Die „große, allumfassende Umarmung der Mutter" beispielsweise kann sowohl als fürsorglich und befriedigend erlebt werden, aber auch als abweisend und bedrohlich.

Hier wird der Zusammenhang von Körperschema und Körperbild nochmals deutlich: Es gibt Hautkontakte, Muskelkontraktionen, Beuge- und Streckhaltungen, die dem Gehirn über die entsprechenden Rezeptoren gemeldet werden und – das Kind erfährt wie man es anfaßt und hält, und was der, der dies tut, ihm gegenüber fühlt (vgl. Esser 1992, 24).

Das Körperbild lenkt den Blick auf das Interaktions- und Beziehungsgeschehen zwischen Kind und Umwelt. „Ein Kind lebt sehr stark in und über seinen Körper. Es tritt über seinen Körper mit der Welt, den Menschen und Dingen in Beziehung, umgekehrt wirkt die Welt auf den Körper des Kindes ein" (Esser 1992, 34).

Das Körperbild konstituiert und repräsentiert die vielfältigen subjektiven Beziehungen des Menschen zu seinem Körper und leistet damit einen zentralen Beitrag zur Identitätsbildung:

„Als ich noch ein kleiner Junge war, erwachte ich eines Tages mit der überwältigenden Erkenntnis, daß ich ein Ich sei, daß ich zwar äußerlich aussehe wie andere Kinder, aber dennoch grundverschieden und um ein Ungeheures wichtiger. Ich stellte mich vor den Spiegel, betrachtete mich aufmerksam und sprach das Spiegelbild mehrmals mit meinem Vornamen an" (Wittels (1924) zitiert nach Neubauer 1976, 73).

Das Körperbild der kleinen Elefanten im Porzellanladen ist einerseits von „Fühlfehlern" bestimmt und andererseits von den Reaktionen ihrer Umwelt. Diese werden dadurch hervorgerufen, daß die kleinen Elefanten anecken, durcheinanderbringen, Mühe und Zeit kosten und kaum ein Fettnäpfchen auslassen.

Die Kinder bedürfen korrigierender emotionaler Erfahrungen, die weniger durch eine gezielte Übungsauswahl vermittelt werden, als vielmehr durch das Verhalten und das methodische Vorgehen der LehrerInnen, ErzieherInnen und TherapeutInnen sowie durch die soziale Atmosphäre in der Übungsgruppe.

## 3. Beispiele für die Förderung

Die Förderschwerpunkte berücksichtigen die Aktivierung der taktilen, propriozeptiven und vestibulären Wahrnehmung, um den Kindern zu einer zunehmend besseren Orientierung auf ihrer „inneren Landkarte" zu verhelfen, und damit zu einer besseren Steuerung ihres Bewegungsverhaltens.

In Anlehnung an Bielefeld (1986, 30) können nachfolgende Teillernziele (TLZe) als Orientierung dienen:

– Bau und Funktion des eigenen Körpers erfahren und erkennen,

– rechts und links sowie Berührungsreize am eigenen Körper erfahren und lokalisieren,

– Ausmaß und Begrenzung des eigenen Körpers und seiner Teile erfahren und angemessen einschätzen,

– den eigenen Körper in verschieden Ruhelagen wahrnehmen und erfahren,

– den eigenen Körper in unterschiedlichen Bewegungen wahrnehmen und erfahren,

– den eigenen Körper als Ganzes und in seinen Teilen durch aktives An- und Entspannen wahrnehmen und erfahren.

Die Ziele sind dem Rahmen untergeordnet, in dem die Förderung stattfindet. Dieser sollte so gestaltet sein, daß die Kinder den Mut entwickeln, ihre Körper zu leben und ihr Erleben zum Ausdruck zu bringen: Sie brauchen eine Atmosphäre, die nicht „bloßstellt", sondern ihnen mit unterstützenden Bewegungs- und Wahrnehmungsangeboten hilft, zu ihren Körpern zu stehen, ihre Fehler machen zu dürfen und trotzdem „in Ordnung" zu sein.

Die Stunden sollten Phasen enthalten, die den Kindern einen „sensomotorischen Freiraum" bereitstellen, in dem sie eigeninitiiert experimentieren können. Dieser kann beispielsweise ausgestattet sein mit Klettergerüsten und Weichbodenmatten, mit Rollbrettern, Schaukeln, Hängematten, Varussells, Minitramps und dicken Bällen – Materialien, die es dem Kind ermöglichen, elementare sensomotorische Aktivitäten zu leben. (siehe Foto auf S. 215)

Ergänzt wird dieses Angebot durch nachfolgende Spiel- und Übungsformen, die in Bezug stehen zu oben formulierten Teilzielen.

**Fingerabdrücke** (TLZe 1, 3, 5 und 6): Die Kinder sitzen im Schneidersitz auf dem Rollbrett, ihre Handinnenflächen und Finger sind mit Farbe angemalt. Sie werden von einem Partner in Richtung einer quergestellten Weichbodenmatte gefahren. Diese ist mit einem weißen Tuch überspannt.

Die Fahrt soll mit den nachvornegehaltenen Händen an der Weichbodenmatte abgestoppt werden. Die Fingerabdrücke sind auf dem weißen Tuch zu sehen.

*„Die Reise mit dem fliegenden Teppich"*

**Fische fangen** (TLZe 1, 3 und 5): Ein Kind dreht sich bäuchlings auf dem Varussell. Dabei hebt es Murmeln, Knöpfe, Bälle etc. vom Boden auf und wirft diese in einen bereitgestellten Behälter (vgl. Pütz 1993, 94).

**Wellenstreicheln** (TLZe 2 und 4): Drei Kinder liegen mit dem Rücken auf dem Boden unter einer dickeren Plastikfolie. Die übrigen Kinder verteilen sich um diese und lassen blaugefärbtes Wasser durch vorsichtige Auf- und Abbewegungen der Folie über die liegenden Kinder laufen (mit Musik unterstützen).

**Waschstraße** (TLZe 2 und 5): Aus kleinen Kästen und Matten wird eine Durchfahrt gebaut. Zwischen den jeweiligen Elementen (2 Kästen, eine Matte) werden Freiräume gelassen, in die sich ein Teil der Kinder begibt. Die anderen fahren bäuchlings auf dem Rollbrett liegend durch die Waschstraße und werden mit unterschiedlichen Materialien (Schwämme, Pinsel, Felle etc.) eingeschäumt, gewaschen und getrocknet. (Hierbei ist darauf zu achten, daß nicht zu viele verschiedene Materialien benutzt werden, um einer Reizdiffusion entgegenzuwirken).

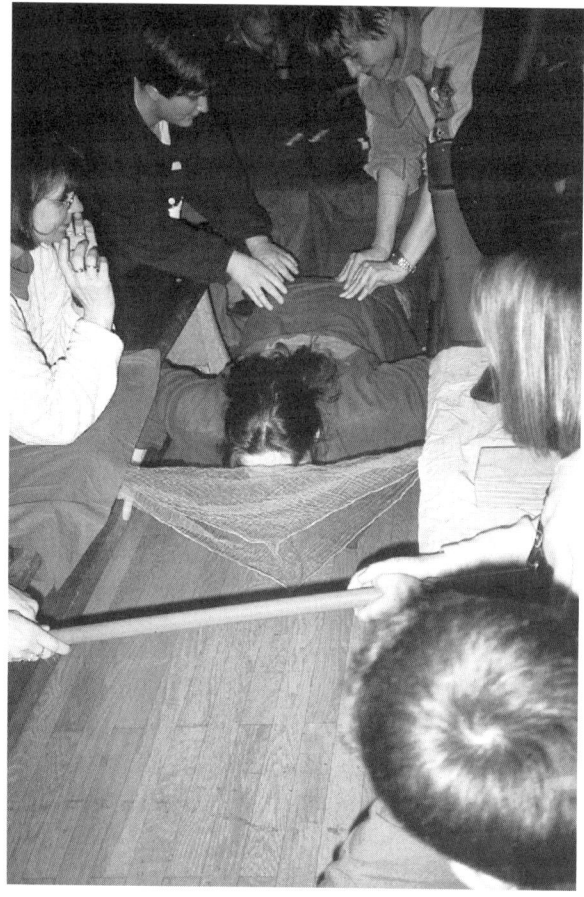

*„Waschstraße"*

**Möhrenziehen** (TLZe 1, 3 und 6): Die Kinder liegen auf dem Bauch am Boden und halten sich an den Händen (das sind die Möhren). Ein Mitspieler (der Möhrenzieher) versucht ein Kind an den Fußgelenken fassend aus dem Boden zu ziehen. Die übrigen versuchen dies durch festhalten zu verhindern. Ist eine Möhre ausgemacht, wechselt sie mit dem Möhrenzieher die Rollen (vgl. Beudels u.a. 1994, 270)

**Hamburger** (TLZe 3 und 4): Eine Weichbodenmatte ist das „Weißbrot". Darauf legen sich ca. sechs Kinder als „Fleischbelag". Eine zweite Weich-

216

bodenmatte wird auf den Belag draufgelegt (Hierbei ist darauf zu achten, daß die Köpfe der Kinder nicht zwischen den Matten liegen).

Der Hamburger läßt sich mit der nötigen Vorsicht auch zum Bic Mäc erweitern.

*„Bic Mäc"*

**Mir wachsen Stacheln** (TLZ 2 und 4): Partneraufgabe – Ein Kind liegt mit dem Rücken auf dem Boden. Mit einem Finger wird an irgendeine Stelle des Körpers gedrückt, die das Kind anschließend benennt. An dieser Stelle (an der Kleidung) wird eine Klammer (Stachel) befestigt. Dieser Vorgang wird an unterschiedlichen Körperteilen wiederholt.

Ist das Kind bestachelt, steht es auf und versucht über wildes Springen und Hüpfen die Klammern wieder los zu werden (mit Musik unterstützen).

Variation: Einzelne Körperteile werden mit Stacheln übersät.

**Panzertiere** (TLZe 3 und 5): Die Kinder werden in Airexmatten eingerollt, die mit einem Seil als Gürtel an ihrem Körper haften. Die Kinder bewegen sich kriechend, rollend, gehend durch den Raum.

**Wirbeltiere** (TLZe 1, 3, 4 und 5): Partneraufgabe – Ein Kind liegt auf dem Bauch am Boden. Auf seiner Wirbelsäule entlang werden unterschiedlich schwere Steine gelegt. Anschließend begibt sich das Kind in die Vierfüßlerposition und bewegt sich in dieser vorsichtig durch den Raum (Kein Stein soll 'runterfallen). Die Wirbeltiere nehmen Kontakt zueinander auf.

**Der Roboter ist krank** (TLZe 1, 2 und 4): Partneraufgabe – Kind 1: "Der Roboter ist krank"! Kind 2: "Was hat er denn"?

Kind 1: "Mein Arm tut weh". Daraufhin legt sich Kind 1 rücklings auf den Boden. Der kranke Arm wird von Kind 2 mit unterschiedlichen Materialien (Felle, Pinsel, Igelbälle, Bürsten etc.) behandelt. Wenn Kind 1 genug hat, sagt es: "Der Arm ist wieder gesund". Anschließend steht es auf und malt das behandelte Körperteil an einem vorbereiteten Roboterbild an. Dieser "Dialog" wird an unterschiedlichen Körperteilen wiederholt.

**Denkmal** (TLZe 1 und 3): Partneraufgabe – Ein Kind steht und wird von seinem Partner "geformt" (einzelne Körperteile werden in eine bestimmte Position gebracht). Diese Haltung soll eine Zeitlang eingenommen werden. Eventuell können die anderen Kinder raten, was das Denkmal darstellen soll (vgl. Zimmer 1995, 119).

**Gegeneinander** (TLZe 1, 3 und 6): Partneraufgabe – Die Kinder sitzen Rücken an Rücken oder knien Schulter an Schulter oder stehen Handflächen an Handflächen usw. und versuchen sich aus diesen Positionen gegenseitig wegzuschieben.

**Oben und unten** (TLZe 3, 5 und 6): Ein Kind legt sich bäuchlings auf einen Gymnastikball. Es wird nach vorne gerollt und soll die Bewegung mit seinen Händen abstützen. Es wird nach hinten gerollt und stoppt mit den Füßen.

**Gorilla und Schlappmann** (TLZe 5 und 6): Die Kinder spannen alle Muskeln an, wie ein kraftstrotzender Gorilla, der zeigen will, daß er der Stärkste ist. Durch einen Zauberstab werden sie in Schlappmänner verwandelt. Gorillas und Schlappmänner können liegen, stehen, gehen und auch auf Weichbodenmatten umfallen (vgl. Beudels u.a. 1994, 143).

*„Das Denkmal wird ertastet"*

**Die schwebende Jungfrau** (TLZe 3 und 6): Ein Kind legt sich bäuchlings auf eine Matte. Die Gruppe verteilt sich um es herum und legt die Hände auf seinen Körper. Der Druck der Hände wird allmählich verstärkt (ca. 1 Minute). Auf ein Kommando werden anschließend die Hände unter den Körper gebracht und das Kind wird schnell nach oben gehoben.

# Literatur

Affolter, F.: Wahrnehmungsstörungen, deren Störung und Auswirkung auf die Schulleistungen, insbesondere Lesen und Schreiben, in: Zeitschrift für Kinder- und Jugendpsychiatrie 3, 1975

Ayres, J.: Bausteine der kindlichen Entwicklung. Berlin 1984

Beudels, W./ Lensing-Conrady R./Beins, H. J.: ...das ist für mich ein Kinderspiel Handbuch zur psychomotorischen Praxis. Dortmund 1994

Bielefeld, J.: Körpererfahrung. Göttingen 1986

Brand, I./ Breitenbach E./ Maisel V.: Integrationsstörungen. Würzburg 1988

Esser, M.: Beweg-Gründe. München 1992

Frostig, M.: Bewegungserziehung. Neue Wege in der Heilpädagogik. München 1975

Kiphard, E. J.: Dyspraxie – das Problem kindlicher Handlungsstörungen, in: Doering, W. und W. (Hrsg.): Sensorische Integration. Dortmund 1990

Nadolny, S.: Die Entdeckung der Langsamkeit, München 1983

Neubauer, W. F.: Selbstkonzept und Identität im Kindes- und Jugendalter. München 1976

Pütz, G.: Das Varussell – vielseitige und variable motorische Drehreize, in: Motorik 3, 1994

Sacks, O.: Der Mann, der seine Frau mit einem Hut verwechselte. Hamburg 1987

Zimmer, R.: Handbuch der Sinneswahrnehmung. Freiburg i. Br. 1995

# Kindercircus

als entwicklungsförderndes Element
für Kinder und Jugendliche

*Markus
Rüdel*

*Markus Rüdel*

# Kindercircus als entwicklungsförderndes Element für Kinder und Jugendliche

## 1. Thematische Einführung

Die hochentwickelte Industriegesellschaft hat eine Menge gesellschaftlicher Veränderungen mit sich gebracht, die auch vor den Kindern und Jugendlichen nicht halt macht. Stichworte wie: zerstückelte Lebenswelt, Reizüberflutung, schulischer Dauerstreß, ausschnitthafte Lebenswelterfahrung, reduzierte Wahrnehmung wichtiger Faktoren sowie überzogener Leistungsdruck sind heute immer stärker zu hören und führen bei den Kindern und Jugendlichen zu starken Belastungen, die sich nicht selten in Aggressivität und zunehmender Gewaltbereitschaft auswirken. Die Kinder „drehen durch". Die Zeit für Kreativität und ästhetisches Lernen ist zu knapp geworden und der Bewegungs- und Aktionsraum zu klein.

Eine pädagogische Chance, diesem „Trend" entgegenzuwirken, stellt der Gegenstandsbereich „Circus" dar. Circus verheißt Spannung, Sensationen, glitzernde Kostüme, Attraktionen und Faszination. Gestalten die Kinder den Circus selbst, verheißt dies noch mehr: Eintauchen in eine exotische Welt, die mit allen Sinnen erlebt wird und die die Person ganzheitlich fordert. Ob das Circusprojekt im Rahmen einer Projektwoche, einer Ferienfreizeit, als wöchentliches Treffen oder als Langzeitprojekt konzipiert ist, es soll den teilnehmenden Kindern und Jugendlichen ein Gegengewicht und damit ein Erlebnis als Ausgleich zum vorwiegend kognitiven Lernen in der Schule und einer konsumorientierten Freizeitgestaltung verschaffen. So ist es auch nicht verwunderlich, daß sowohl im Bereich der Schule als auch im Bereich der außerschulischen Jugendarbeit, dem Kindercircus in den letzten Jahren eine wachsende Bedeutung zugemessen wurde. Die große Zahl entstandener Kindercircusprojekte machen dies deutlich (siehe Foto auf S. 223).

Eine Circusvorstellung selbst zu gestalten und erfolgreich aufzuführen ist für die Kinder und Jugendlichen ein faszinierendes, spannendes und tief beeindruckendes Erlebnis. Sie machen oft die Erfahrung, daß sie mit Ausdauer und Engagement ein selbstgestecktes Ziel, welches sie anfangs für nicht erreichbar halten, schließlich doch schaffen können. Das sie dafür die Anerkennung durch die Betreuer und das Publikum erhalten,

ist sicher entwicklungsbedeutsam. Das von vielen Interaktionen geprägte Handeln gibt Anstöße und Gelegenheiten zum sozialen Lernen.

Das Aufeinander-angewiesen-sein und der gegenseitige Respekt in der Partner- und Gruppenarbeit ermöglicht mit der Zeit eine Verhaltensänderung im Sinne einer Persönlichkeitsstabilisierung. Die Verbindung und das Verwachsen zwischen Material und Körper in dem selbstbestimmten Bewegungsdialog fordert auch die kognitive Auseinandersetzung mit dem Lernprozeß. Nicht nur die Aneignung von Techniken ist entscheidend, sondern auch die Entwicklung von Wahrnehmungsfähigkeit und die Deutung von Situationen.

## 2. Der Einstieg in ein erfolgreiches Circusprojekt

### 2.1 Circusspiele

Der richtige Einstieg in die Kindercircusarbeit ist von entscheidender Bedeutung für den Verlauf des Projektes. Fast jeder bringt seine eigenen Erlebnisse, Träume, Wünsche, Ideen und Vorstellungen vom Circus mit zum Aktionsort. Zu Beginn kann ein Austausch der Erfahrungen stehen, eine Circusgeschichte oder eine kleine Vorführung der Betreuer. Ich empfehle zu Beginn einige Aufwärm- und Kennenlernspiele, die bereits mit dem Thema „Circus" zu tun haben:

**Rastelli:** Alle Spieler haben einen Jonglierball in der Hand. Einer von ihnen besitzt einen besonderen Ball, der sich durch Form, Größe und/oder Farbe von den anderen unterscheidet. Der Spieler, der diesen Ball besitzt, ist Rastelli. Nun laufen alle Spieler durcheinander. Immer wenn sich zwei Spieler treffen, tauschen sie ihre Bälle auf bestimmte Weise aus. Entweder versuchen die Spieler durch Blickkontakt oder kurze Absprache Übergabe-Formen zu erzielen oder der Spielleiter gibt Ideen vor: Zuwerfen, Zurollen, hinter dem Rücken übergeben, unter den Beinen zuwerfen etc. So wechselt auch der besondere Ball seinen Besitzer und damit wechselt ebenfalls die Rolle des Rastelli. Mitten im Spiel gibt der Spielleiter Anweisungen, was mit Rastelli passieren soll: Alle schütteln Rastelli die Hände, alle laufen einmal um Rastelli herum, alle verneigen sich vor Rastelli, alle streichen Rastelli einmal über die Haare oder alle packen Rastelli an die Wade etc. Zwischen den Anweisungen werden die Bälle wieder normal übergeben.

**Klaus, ein Jonglierball!:** Alle Spieler stehen im Kreis und jeder merkt sich den Namen des rechten Nachbarn. Nun laufen alle durcheinander. Der Spielleiter hat ein Circusrequisit (Jonglierball, -teller, -tuch, -ring, -keule, Devil-Stick, Cigar-Box, Diabolo etc.) in der Hand und wirft dieses seinem ehemaligen Nachbarn unter lautem Rufen: „Klaus, ein Jonglierball" zu. Klaus wiederum ruft und wirft das Requisit seinem ehemaligen Nachbarn. Klaus wirft oder übergibt an Birgit, Birgit an Steffi u.s.w. Das Requisit wandert unter lautem Rufen durch den Raum und kommt immer wieder beim Spielleiter an. Dieser gibt ständig neue Requisiten in die Runde: Klaus, ein Devil-Stick u.s.w. Alles rennt durcheinander und brüllt, fängt und übergibt. Das Chaos wird größer und das Spiel immer lustiger.

**Jongrobic:** Dieses Spiel ist dem Aerobic angelehnt und eine direkte Vorübung zum Jonglieren.

Jeder hat einen Jonglierball. Der Spielleiter steht der Gruppe gegenüber und wirft zum Takt einer rhythmischen Musik den Ball von einer Hand in die andere. Die Gruppe macht die Würfe nach. Nach einer bestimmten Zeit wird das Wurfmuster variiert. Im Laufe des Spieles können die Würfe komplizierter werden und/oder der Rhythmus schneller:

- Wurf von einer Hand in die andere (mit Vierteldrehung, mit halber Drehung)
- Wurf in hohem Bogen (Arme breit)
- Wurf hinter dem Rücken

- Ball auf den Oberschenkel tippen lassen
- Wurf unter dem Bein (von innen nach außen, von außen nach innen, ständiger Beinwechsel)
- In der nach außen gedrehten Hand fangen
- Wurf über die gegenüberliegende Schulter
- Wurf über die gleiche Schulter
- In die Ellenbogenbeuge tippen
- Überhandwurf (=Krallen, die Hand fängt den Ball von oben)
- Ball von hinten nach vorn über den Kopf rollen lassen
- Schnelles Zuwerfen in Höhe der Hüfte ohne Hinschauen
- Fangen ohne Hinschauen hinter dem Körper

Selbstverständlich können auch Wurfmuster mit 2 Bällen ausgeführt werden. Der Phantasie sind hier keine Grenzen gesetzt. Bei einer weiteren Variation können die Teilnehmer ihre selbst erdachten Würfe vormachen und die Gruppe versucht, die Würfe nachzumachen.

**Kreisjonglieren:** Alle Mitspieler stehen im Kreis und jeder hat einen Ball. Auf ein Zeichen wirft jeder seinen Ball senkrecht nach oben und rückt einen Platz weiter nach rechts. Hier fängt er den vom rechten Nachbarn geworfenen Ball. Anschlie-
ßend wiederholt sich das Spiel, die Bälle werden hochgeworfen, der Platz gewechselt und der Ball gefangen. In einer Variation können alle in einer Reihe stehen. Der Rechtsaußen muß hinter allen anderen auf die linke Seite hetzen, um den Ball zu fangen. Um es einfacher zu machen, kann man anfangs auch Tücher anstatt Bälle benutzen, da diese länger in der Luft fliegen. Eine weitere Variation ist die Drehung um die eigene Achse und das Fangen des eigenen Tuches oder Balls, ohne weiterzugehen.

# 3. Das Erlernen von Circustechniken

Schwerpunkte eines Circusprojektes liegen sicher im spielerischen Umgang mit den Circusrequisiten und dem Training bis zu einem gefestigten Bewegungsablauf. Aus Platzgründen kann hier leider nicht die Technik des Diabolo-Spiels, der Umgang mit dem Devil-Stick oder das sichere Fahren auf dem Einrad beschrieben werden. Dazu sei auf die einschlägige Fachliteratur verwiesen (siehe letzter Abschnitt). Exemplarisch soll hier jedoch eine methodische Übungsfolge zum Erlernen der 3-Ball-Jonglage beschrieben werden, mit der ich gute Erfahrungen gemacht habe und die es ermöglicht, das Jonglieren bereits in einer guten Stunde zu erlernen. Der Vorteil dieser Methode liegt darin, daß sie überwiegend zu zweit ausgeführt wird und eine gegenseitige ständige Kontrolle und Motivation möglich ist. Ausgangsstellung: Die Partner stehen dicht voreinander. Die Ellbogen liegen am Körper an, die Unterarme sind 90° gebeugt, die Handinnenflächen zeigen nach oben. Die Fingerspitzen der Partner berühren sich fast.

– 1. Schritt: Benötigt werden 2 Bälle. Partner A wirft den ersten Ball diagonal aus seiner rechten in die rechte Hand des Partners B. Wenn der Ball den höchsten Punkt der Flugkurve erreicht hat, folgt der zweite Ball, der von der linken Hand in die linke des Partners geworfen wird. Der fängt die Bälle auf und wirft sie ebenso zurück. Dabei ist folgendes zu beachten: Der zweite Ball wird unter dem ersten hindurch geworfen.

  Die Bälle sollen etwa gleich hoch geworfen werden (etwa über Kopfhöhe).

  Die Bälle müssen so geworfen werden, daß sie dem Partner in die Hand fallen.

  Die Bälle sollen in Taillenhöhe gefangen werden.

  Die Bälle dürfen erst dann wieder losgeworfen werden, wenn beide gefangen sind.

  Der erste Ball sollte mal mit rechts, mal mit links geworfen werden.

– 2. Schritt: Auch hier werden zwei Bälle benötigt. Die Übung beginnt wie die vorhergehende. Wenn nun aber B die Bälle von A bekommen hat, wirft er sie zwar genauso los wie vorher, fängt sie aber selber auf. Erst dann werden sie wieder zum Partner geworfen. Der Ablauf der Bewegung, also Rhythmus und Flugbahn der Bälle, ist genauso wie vorher.

- 3. Schritt: Das Werfen von zwei Bällen mit Auffangen sollte anschließend eine gewisse Zeit allein geübt werden.

- 4.Schritt: Von nun an werden die Übungen mit 3 Bällen ausgeführt. In einer Hand werden 2 Bälle gehalten, in der anderen einer. Die Hand mit den zwei Bällen beginnt und wirft einen Ball zum Partner, dann kommt die andere Hand und schließlich wird der letzte Ball zum Partner geworfen, der die Bälle auffängt und zurückwirft. Dabei ist zu beachten:

   Der Ball wird dann losgeworfen, wenn der vorhergehende Ball den höchsten Punkt der Flugkurve erreicht hat.

   Das Fangen sollte eine untergeordnete Rolle spielen, das Werfen im gleichbleibenden Rhythmus steht im Vordergrund.

- 5. Schritt: Analog zur bisherigen Übungsfolge werden die Bälle nun einmal selbst gefangen und dann erst zum Partner geworfen. Dieser Schritt ist der schwierigste in der Übungsreihe, es sollte genügend Zeit dafür zur Verfügung stehen.

- 6. Schritt: Nun sollte jeder den Grundrhythmus für sich üben. Wenn wiederholt alle drei Bälle gefangen werden können, kann der Versuch unternommen werden, den ersten Ball ein zweites Mal hochzuwerfen, so daß vier Mal ein Ball geworfen wird. Spätestens dann ist das Grundmuster verstanden. Je mehr die Sicherheit beim Werfen zunimmt, je exakter der Rhythmus eingehalten wird, desto öfter kann man die Bälle hintereinander werfen.

## 4. Requisiten selber machen

Ein Kindercircusprojekt sollte nicht an finanziellen Hürden scheitern. In einem Fachgeschäft für Artistikbedarf kosten Requisiten und Geräte zwar schon ein kleines Vermögen, doch es gibt auch Möglichkeiten, sich die nötigen Materialien mit einfachen Mitteln selbst zu basteln. Hierzu sollen nun einige Anregungen gegeben werden.

**Jonglierbälle:** Pro Jonglierball benötigt man 3 Luftballons (100/110 cm Umfang) und Vogelfutter (ca. eine gestrichene Kaffeetasse voll). Mit Hilfe eines Trichters füllt man das Vogelfutter in den Luftballon und schneidet die Spitze der Luftballonöffnung ab. Ein zweiter Luftballon wird im oberen Drittel (am Beginn des Luftballonbauches) mit einer Schere abgeschnitten. Der abgeschnittene Ballon wird nun über den mit Vogelfutter gefüllten gestülpt, so daß die Öffnung verschlossen ist. Zur Sicherheit zieht man noch einen dritten abgeschnittenen Luftballon darüber und fertig ist der

Jonglierball. Nimmt man verschiedene Ballonfarben und schneidet ganz kleine Löcher in den dritten Luftballon, erhält man ein schönes Dekor.

Man kann die Jonglierbälle auch mit abgespielten Tennisbällen basteln: In den Ball wird mit einem Teppichmesser ein Schlitz geschnitten, das Vogelfutter, Sand oder Reiskörner hineingefüllt und der Schlitz mit Klebeband verschlossen. Zwei abgeschnittene Luftballons verschönern den Jonglierball. Anstatt den Tennisball aufzuschneiden, kann er auch mit Hilfe einer Spritze mit Wasser gefüllt werden.

**Cigar-Boxes:** Hierzu benötigt man leichtes, aber stabiles Holz, am besten mehrfach verleimtes Sperrholz.

Die Größe einer Cigar-Box beträgt etwa 12cm (Höhe) x 19cm (Breite) x 6cm (Tiefe) und das Gewicht sollte bei ca. 200 Gramm liegen. Beim Zusammenbau sollte zuerst die Vorder- und Rückseite (12x19) mit der Ober- und Unterseite (19x6) verleimt und erst dann die Stirnseiten (12x6) angesetzt werden. Zusätzlich zum Leimen müssen die Kisten noch genagelt werden. An die beiden Stirnseiten wird dann Velourklebeband befestigt, damit die Kisten beim Spielen besser aneinander haften.

**Rola-Rola:** Dazu benötigt man ein stabiles Brett von der ungefähren Größe 80x30cm und eine Rolle. Als Rolle kann man einen Teppichrollenkern benutzen, der beim Teppichhändler zu bekommen ist, oder ein altes Kunststoff-Abflußrohr, daß man auf Baustellen findet. Die Rolle wird auf eine Länge von 30 cm geschnitten und schon können die Balanceübungen beginnen.

**Devil-Stick:** Material: Ein Besenstiel, zwei abgespielte Tennisbälle, zwei runde Handstäbe (ca. 40cm) und einen Garten- oder Silikonschlauch.

Auf die Enden des Besenstiels werden die aufgeschnittenen Tennisbälle gesteckt. Den Silikon- oder Gartenschlauch zieht man über die Handstäbe und schneidet ihn bündig ab. Zum Dekorieren des Besenstiels kann man Farbe oder Klebefolie benutzen. Über die Enden können abgeschnittene Luftballons gestülpt werden – Fertig.

# 5. Die atmosphärische Einkleidung eines Circusprojektes

Ein weiterer Schwerpunkt bei der Projektarbeit mit dem Thema „Circus" liegt in der atmosphärischen Einkleidung. Diesem Punkt sollte ausreichende Bedeutung beigemessen werden. Erst das Entstehen eines entsprechenden Flairs macht ein Circusprojekt sehens- und liebenswert. Bei der „Verpackung" der Kindercircusarbeit sollten deshalb folgende Dinge besonders berücksichtigt werden:

**Dekoration/ Kulissen:** Sowohl der Übungsraum als auch der Auftrittsort kann mit Luftballons, Girlanden, Bändern, selbstgemalten Bildern oder angemalten Bettlaken, Fähnchen, Papierbahnen oder Circusplakaten geschmückt werden. Zudem besteht z.B. in einer Sporthalle die Möglichkeit, mit aufgehängten Bändern oder Tüchern, mit einer Plane oder einem Fallschirm ein Circuszelt anzudeuten, unter dem trainiert wird oder die Vorstellung stattfinden kann.

**Manege:** Zu jedem Circus gehört ein Manegenring, der durch seitliche liegende Turnbänke, Matten, Strohballen, leere Bierkästen, ein dickes Tau oder Bretter geformt werden kann.

Zur Manege gehört auch ein Artisteneingang mit einem Vorhang. Dafür kann man z.B. zwei Stehleitern oder Kleiderständer benutzen, worauf man eine lange Holzstange legen kann. Daran befestigt man Stoffbahnen oder Bettlaken, die als Vorhang fungieren.

**Musik:** Schon zu Beginn einer Circusaktion kann man die Teilnehmer mit Circusmusik auf das Projekt einstimmen. Auch besteht die Möglichkeit, ein eigenes Circuslied auf eine bekannte Melodie zu kreieren. Zu einer Vorstellung sollte jede Vorführung ihre eigene Musik haben, die temporär zur Nummer passen muß. Die passende Musik hat einen entscheidenden Anteil an einer erfolgreichen Präsentation.

**Licht:** Ideal ist ein Verfolgungsscheinwerfer und Scheinwerfer mit Farbfolien. Man kann sich jedoch auch mit einem Overheadprojektor behelfen, auf den man verschiedene Farbfolien legen kann, einem Autoscheinwerfer mit Batterie oder einem Diaprojektor. Punktuelle Lichteffekte lassen sich mit Taschenlampen, Lampions, Lichterketten, Fackeln oder Wunderkerzen erzielen.

**Kostüme / Masken:** Mit Kostümen und Masken können sich die Kinder verwandeln und in komplett andere Rollen schlüpfen. Bei dem Rollentausch können Ängste rascher überwunden und bisher ungenutzte Wesensseiten leichter herausgespielt werden. Um die Kostüme nicht alle kaufen zu müssen, kann man sich leicht helfen, indem die Kinder ihre Karnevalskiste mitbringen, ihre Eltern nach alten Mänteln oder Hüten fragen. So kommen sicher genug Ringelshirts, Perücken, Glatzen und Nasen zusammen. Zudem können Masken aus Gips oder Pappmache gefertigt werden.

**Schminken:** Die Schminke erhöht die Ausdruckskraft und die Artisten können in eine „andere Haut" schlüpfen. Durch eine gekonnt aufgebrachte Farbe fühlen sich die Kinder verändert und schöner. Schwerpunkte des Schminkens sollen Augen, Mund und Wangen sein.

**Circusfachsprache:** Durch spezielle Circusbegriffe kann die Bedeutung und Wichtigkeit des Projektes hervorgehoben werden: Artist, Gastspiel, Gala, Chapiteau (=Circuszelt), Gage, Sattelgang (=Artisteneingang), Sprechstallmeister (=Ansager), Piste (=Manegenumrandung) Nicht zu vergessen ist auch ein klangvoller Name für den Circus.

## 6. Der Kinder und Jugendcircus Linoluckynelli als Beispiel außerschulischer Kinder- und Jugendkulturarbeit

Der Vorhang geht auf, Musik setzt ein: die Scheinwerferkegel wirbeln durch die Manege und schon sind wir mittendrin im Kölner Kinder- und Jugendcircus Linoluckynelli.

Drei Pädagogen, einige Praktikanten und ehrenamtliche Helfer sorgen dafür, daß 40 Kinder und Jugendliche aus 4 Kölner Stadtteilen die Möglichkeit haben, ihr gelerntes Können den 500 Zuschauern im eigenen Zweimast-Circuszelt zu präsentieren. Sie werden dabei von einem technischen Dienst unterstützt, der bereits einige Tage vor dem großen Auftritt das Zelt aufbaut, für Strom und Wasser sorgt und die Circuswagen zum Zeltplatz bringt. Steht das Circuszelt, so helfen die jugendlichen Artisten bei den Vorbereitungen wie Zäune aufstellen, Manegenboden auslegen, Requisiten und Tiere von der Trainingshalle zum Circusplatz fahren etc.

Die ehenamtlichen Helfer sind teilweise verantwortlich für Kostüme, Zu-schauereinlaß, Verkauf von Getränken/Popcorn/Zuckerwatte.

Sind wir jetzt im Circus oder in der Freizeitpädagogik, wird so mancher fragen, der den Zeltplatz des ältesten Kinder- und Jugendcircus Deutsch-lands betritt.

Hier in Köln Lindweiler wird der Circus bereits seit 15 Jahren als Faszina-tionspädagogik betrieben und manchmal fragen wir uns, wer am meisten fasziniert ist? Die Kinder, das Publikum oder die Mitarbeiter.

Was in der Manege so spielend fasziniert, wird in langer Vorbereitung während des Jahres entwickelt und trainiert. Ist das letzte Gastspiel der Saison vorüber, beginnen bereits die Vorbereitungen für die neue Circus-saison. Die 40 Kinder und Jugendlichen zwischen 6 und 18 Jahren absol-vieren im Herbst ein Grundlagentraining, in dem eine Vielzahl typischer Circusdisziplinen wie Jonglage, Akrobatik, Artistik, Pferdedressur etc. an-geboten werden. Nach erfolgreichem Grundlagentraining wählen sich die „kleinen Artisten" aus einer Wunschliste drei Bereiche aus, von denen sie zwei im nächsten Programm vorstellen. Anfang des Jahres beginnt dann das eigentliche Training nach einem festen Trainingsplan. Dieses Trai-ning, bei dem es um das Erlernen und Verbessern der Technik geht und das von Artistenprofis und Sportstudenten unterstützt wird, ist jedoch nur ein Teil der Nummerngestaltung. Hinzu kommen ab dem Frühjahr die für jede Darbietung erforderlichen Absprachen zwischen Trainer und Artisten über Aufbau der jeweiligen Nummern, Kostüme, Musik und Zeitablauf. Die einzelnen „Bausteine" werden auf diese Weise nach und nach mit den Kindern zu einer kompletten Vorstellung zusammengesetzt.

Beim täglichen Umgang mit den Kindern geht es den Pädagogen jedoch nicht um das Training circensischer Höchstleistungen, sondern hier werden in längeren Prozessen spielerische Bewegungserfahrungen vermittelt und das Gelernte mit einem Produkt, der Circusvorstellung, verknüpft. Wichtig dabei ist das Schaffen einer Faszinationswelt, die es allen Beteiligten erlaubt, Wünsche zu erleben und auszuleben. Versucht wird dies von den Mitarbeitern des Sozialen Zentrums Lino-Club u.a., durch die Setzung eines professionellen Rahmens. Die 700qm große Trainingshalle, die bunten Circuswagen, das Circuszelt, die Fernsehauftritte und Presseberichte und die zweiwöchige Sommertournee schaffen eine Atmosphäre, in der nicht nur Circus gespielt, sondern auch Circus „gelebt" wird.

Zum Selbstverständnis der Mitarbeiter gehört auch die Weiterentwicklung der Kindercircusszene. So veranstaltet Linoluckynelli alljährlich ein Jonglierfestival für Kinder und Jugendliche, um die Zusammenarbeit bestehender Kindercircusgruppen zu fördern und zu intensivieren, sowie noch nicht jonglierende Kinder an diese ästhetische Bewegungskunst heranzuführen. In diesem Rahmen ist auch das internationale Kinder- und Jugendcircus-festival zu sehen, bei dem sich 15 Circusgruppen aus ganz Europa präsentieren und Linoluckynelli als Mitveranstalter auftritt. Weiterhin gehört die Dozententätigkeit an der Katholischen Fachhochschule Köln zu einem Aufgabenschwerpunkt zweier Mitarbeiter. In Seminaren können die Studenten in eine Circusatmosphäre eintauchen und einen Einblick in die pädagogische Projektarbeit mit dem Thema „Circus" gewinnen.

Ebenso trainieren einmal wöchentlich zwei Grundschulklassen im Rahmen einer Circus-AG unter Anleitung der Circusmitarbeiter in der Halle von Linoluckynelli die verschiedensten Bereiche der Akrobatik und Jonglage, um das Gelernte bei Schulfesten in einer Vorstellung zu präsentieren (siehe Foto auf S. 233).

Doch nun zum diesjährigen Programm: „Eine Reise durch Europa". Das Programm, das seit zwei Jahren gewachsen ist, erstreckt sich nun über eine Dauer von zwei Stunden. Hier jagt nicht eine Höchstleistung die andere, sondern es wird versucht, den Spannungsbogen über die gesamte Vorstellung durch kindgerechte Präsentation zu halten. Es ist ein Programm, das von Kindern und für Kinder gemacht ist. Besonderen Wert

legen die Linos auf den Gesamtaufbau der Vorstellung. So begrüßt der Sprechstallmeister schon vor der Vorstellung beim Einlaß das Publikum. Eine Drehorgel wird von drei Kindern im Livree bedient und der Geruch von Popcorn und Sägespänen kommt einem entgegen. Doch wenn sich der 13jährige Techniker Ulrich an seinen Platz setzt, der mit Schaltern, Steckern und Cassetten schon wie ein kleines Mischpult aussieht, wird jedem Artisten klar: das Programm beginnt. Im Sattelgang drängeln sich sieben Requisiteurinnen und natürlich die Artisten, deren Nummern gleich an der Reihe sein werden. Es gibt bei den Linos Hauptnummern wie z.B. „Das Drahtseil", verpackt in die Türme der Tower Bridge mit Sherlock Holmes, der über die Abspannungen läuft. Oder Heidi aus der Schweiz entpuppt sich als Vertikalseilartistin. Der Sprechstallmeister Christian wird beim Klavierspielen von den Trampolinspringern gestört, die ihre Saltis über ihn und sein Klavier machen. Diabolos werden in die Luft geworfen und mit Schwarzlichteffekten verfeinert. Akrobatik und Pferdedressuren folgen, und zum Schluß rundet eine Trapeznummer mit einer Schwarz-lichteinleitung und den Masken des Clowns Pello aus der Schweiz das Programm ab. Neben diesen Hauptnummern gibt es auch noch Zwi-schennummern und das ist in diesem Jahr sicher das Besondere an dem Programm. So werden zwei Weltrekorde in jeder Vorstellung gebrochen: Einer atemberaubenden Jonglage mit 624 Gegenständen und dem größ-ten Hula-Hupp aller Zeiten. Dazu kommen die Requisiteurinnen, die mit Besen Gitarre spielen, Schuhplattlern, Elefanten und Charlie Chaplins mimen oder sich im Steppen versuchen und trotzdem nicht vergessen, für die nächste Nummer aufzubauen. All das macht das Programm rund und wird dadurch perfekt im Unperfekten, denn die Kinder des Linoluckynelli sollen Spaß haben und diesen verbreiten, und der Zuschauer soll sich wohlfühlen im Zelt des Kinder- und Jugendcircus Linoluckynelli.

## 7. Literaturhinweise für Circus-Spielaktionen

Ballreich, R., von Grabowiecki, U.: Zirkus-Spielen Ein Handbuch. S. Hirzel Verlag/ AOL-Verlag, Stuttgart/ Lichtenau-Scherzheim 1992.

Eschert, A., Küpper, D.: Zirkus selber machen. Kalker Spiele Verlag, Köln 1991.

Gaal, J.: Bewegungskünste Zirkuskünste. Verlag Karl Hofmann, Schorndorf 1994.

Hoyer, K.: AOL-Zirkus. AOL-Verlag, Lichtenau 1985.

Müller, E.: Manegenzauber-Kinder spielen Zirkus. Don Bosco Verlag, München 1989.

# NLP im Umgang mit Kindern
## Es gibt keine Fehler, .....!?

*Ursula*
*Saure*

*Ursula Saure*

# NLP im Umgang mit Kindern
# Es gibt keine Fehler, .....!?

Kommunikation bestimmt unser Leben. Tag für Tag kommunizieren wir, bewußt und unbewußt. Tag für Tag verstehen und mißverstehen wir uns auch. WIE wir kommunizieren und wie wir effektiver kommunizieren können, wie wir mit Fehlern umgehen können, was NLP ist und wie man mit Hilfe von NLP leichter kommunizieren und Fehler vielfach nutzen kann, wird im Folgenden beschrieben.

## 1. Kommunikation

Kommunikation findet zu jeder Zeit statt. Am Anfang jeder Kommunikation stehen ein Empfänger und ein Sender, die miteinander kommunizieren. Dabei senden und empfangen wir Signale auf vielen Ebenen. Untersuchungen haben hierbei gezeigt, daß der vermeintlich so wichtige Anteil der Sprache bei der Decodierung des Gesamtinhaltes der übermittelten Botschaft, keine so wichtige Rolle einnimmt. Hingegen wird ein Hauptteil der Gesamtbotschaft von Körpersprache und Tonalität bestimmt.

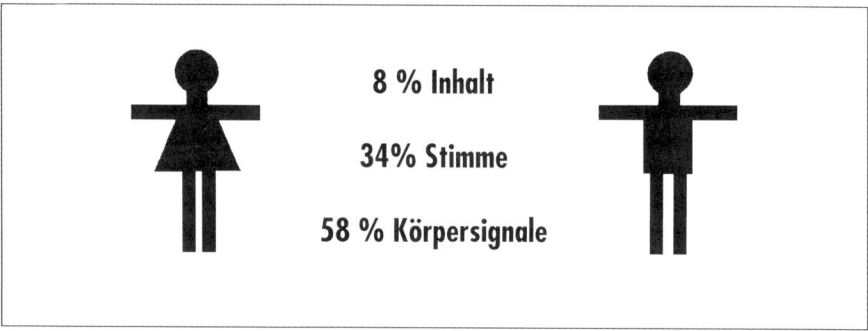

8 % Inhalt

34% Stimme

58 % Körpersignale

*Abb.1: Botschaftsträger der Kommunikation*

Jeder erinnert sich an Erlebnisse mit anderen Menschen, bei denen Körpersprache und Tonalität des Gegenübers nicht mit dem sprachlichen Inhalt übereinstimmten. Zum Beispiel: Stellen Sie sich ein Kind vor. Sie haben es gerade gefragt, wie es ihm heute geht. Das Kind steht vor

236

Ihnen, Schultern nach vorne gebeugt, Kopf gesenkt und sagt mit leiser, fast tonloser Stimme: „Voll gut".

Würden Sie ihm glauben? Wahrscheinlich nicht.

Etwas in Ihnen wird sofort deutlich zu verstehen geben: das stimmt nicht. Die Signale und Botschaften, die über Körpersprache und Tonalität vermittelt werden, sind so stark, daß der sprachliche Inhalt dahinter verschwindet. Kinder achten noch mehr als Erwachsene auf diese Signale.

Neben den Botschaften über eine gemeinsame Aufgabe, die zu bewältigen ist, senden Sie auch Informationen über die Beziehung aus, die Sie zu dem Gegenüber haben. Arbeiten Sie gerne mit jemandem zusammen, wird auch dies vermittelt. Die Atmosphäre ist dementsprechend. Aufgabenverteilung und Koordination laufen einfach und reibungslos ab.

Umgekehrt, wenn Sie jemanden nicht besonders mögen, wird der Andere dies auch spüren. Die Atmosphäre der Zusammenarbeit ändert sich.

Dasselbe gilt ausdrücklich in der Kommunikation mit Kindern. Neben dem Inhalt der Therapie, Förderung und den Aufgaben werden auch Informationen darüber gesendet, wie die Beziehung zu dem Kind ist. Erst diese machen den Weg frei für ein erfolgreiche Therapie.

## 1.1 Fehler in der Kommunikation

Fehler. Allein das Wort löst schon die unangenehmsten Assoziationen aus.

Kommunikation bedeutet auch Analyse von Worten und deren Bedeutung für den Einzelnen. Bei den Vorbereitungen zu diesem Artikel habe ich an meinem Computer nach Synonymen für dieses Wort -Fehler- gesucht, das so unangenehm belastet zu sein scheint. Synonyme am Computer werden herausgesucht, indem man das Wort markiert und dann das Synonym-Programm wählt. Ich tat es und bekam *feeling*. „Wie passend", dachte ich, „gleich ein Fehler". Mein Computer stammt aus Amerika und ich hatte ihn nicht auf Deutsch umgestellt.

Ein typischer Kommunikationsfehler: etwas kommt anders an. Andere Fehler sind: etwas kommt gar nicht an. Oder wie auch in diesem Fall: eine Information wird nicht versendet, sondern vorausgesetzt. Bei unserem Beispiel: die Information, daß deutsche Synonyme gesucht werden sollen. Dies wurde als gegeben vorausgesetzt und erst gar nicht gesendet.

*Feeling* jedoch erschien mir überaus passend. Fehler hat, zumindest in Deutschland, viel mit Gefühl zu tun. Dem Gefühl, etwas falsch gemacht zu haben, nicht gut gemacht zu haben. Dieses Gefühl erklärt sich ohne Frage auch aus den Synonymen für Fehler:

| | | |
|---|---|---|
| Verfehlung | defekt | Irrtum |
| Nachteil | Fehlleistung | Fehlgriff |
| Fehlschluß | Macke | Schuld |

Keines dieser Worte ist neutral. Alle weisen darauf hin, daß etwas fehlgeleitet ist. Nur, woher weiß man, daß es fehlgeleitet ist? Dies setzt voraus, daß man weiß, wie es richtig laufen sollte.

Gute Kommunikation beruht stets auf geschärfter, neutraler Wahrnehmung, wie Sie sie auch bei der Diagnostik verwenden. Und einer Palette von adäquaten Verhaltensmöglichkeiten, die getestet werden können.

## 2. NLP und Fehler

NLP als Therapierichtung bietet neue Möglichkeiten mit Fehlern umzugehen. Es ermöglicht, die Ursachen von Kommunikationsfehlern zu erkennen. Um zu zeigen, wie NLP mit Fehlern umgeht, ist es notwendig, erst zu erklären, was NLP ist und auf welche Prämissen es sich begründet.

### 2.1 Was ist NLP

NLP (Neuro-linguistisches Programmieren) wurde von dem Linguisten und Therapeuten John Grinder und dem Mathematiker und Therapeuten Richard Bandler entwickelt. Es enthält Elemente der Lerntheorie, der Hypnotherapie Ericksons sowie allgemeine Erkenntnisse der Tiefenpsychologie.

NLP steht auch für eine ständig wachsende Anzahl von Interventionsmustern und Techniken zur Veränderung menschlichen Verhaltens und Erlebens. NLP ist praktisch und praktikabel. Es ist eine Zusammenstellung von Modellen, Fertigkeiten und Techniken für effizientes Denken und Handeln. NLP ist die Kunst und Wissenschaft von persönlicher Vervollkommnung, Höchstleistung und effizienter Kommunikation. Die Anwendungsbereiche von NLP sind vielfältig.

### 2.2 NLP Grundannahmen

In seiner Essenz gründet sich NLP auf zwei essentielle Prämissen. Diese bilden die Basis für alle Techniken und die zugrundeliegende Philosophie.

Die Landkarte ist nicht die Landschaft.

Als menschliche Wesen können wir nie die Realität kennen. Wir können nur unsere Wahrnehmung der Realität kennen. Wir erfahren und reagieren auf die Welt um uns herum zuerst durch unsere Repräsentationssysteme. Es ist unsere neuro linguistische Landkarte der Realität, die bestimmt, wie wir uns verhalten und die diesem Verhalten eine Bedeutung gibt, nicht die Realität selbst. Es ist im allgemeinen nicht die Realität, die uns beschränkt oder fördert, sondern eher unser Vorstellung (=Karte) der Realität.

Machen Sie folgendes Experiment: DENKEN SIE AN EINEN HUND!

Sagen sie auch einem Partner: „Denk an einen Hund" und vergleichen Sie dann, woran sie gedacht haben. Manche Menschen sehen einen Hund, manche hören ein Bellen, andere riechen wieder einen nassen Hund. Und an was für einen Hund haben Sie gedacht ? und Ihr Partner? Es kann sehr unterschiedlich sein.

Wenn unsere Vorstellungen und Abbilder (Karten) von Hunden schon soweit auseinander liegen und so verschieden sind, wie wird es dann erst mit Worten wie Liebe, Verständnis und Frieden sein?

Das Leben und Denken sind systemische Prozesse.

Die Prozesse, die in einem Menschen stattfinden und zwischen Menschen und ihrer Umwelt sind systemisch. Unsere Körper, unsere Gesellschaften und unser Universum formen eine Ökologie von komplexen Systemen und Subsystemen, die alle miteinander agieren und die sich gegenseitig beeinflussen. Es ist nicht möglich, einen Teil des Systems völlig von dem Rest des Systems zu isolieren. Diese Systeme basieren auf bestimmten Selbstorganisationsprinzipien und suchen natürlicherweise optimale Zustände der Balance oder Homeostasis.

Meist ist uns nicht so bewußt, daß wir Teil eines größeren Systems sind. Denken sie zum Beispiel an das Autofahren. Meist erleben wir uns dabei als unabhängig und flexibel. Doch was passiert, wenn es einen Stau gibt? Auf einmal werden uns die Wechselwirkungen, die das Fahrverhalten der anderen Autofahrer auf uns ausübt, bewußt. Fährt einer langsam, staut es sich, geht es schneller, verteilt es sich. Und wer kennt nicht die Überraschung am Stauende, wenn kein Hindernis zu sehen ist und der Stau einfach verschwindet?

## 2.3 NLP – Grundannahmen und Fehler

NLP bietet für den Umgang mit Fehlern zwei Ansätze. Zum einen wertet es Fehler anders, als normalerweise üblich und gibt ihnen dadurch eine neue Bedeutung und Qualität. Zum anderen zeigt es Wege auf, Kommunikationsfehler zu entdecken und darauf zu reagieren.

Welcher Umgang mit Fehlern ergibt sich hierdurch aus den Grundannahmen?

**Es gibt keine Fehler, nur Feedback.**

Erinnern Sie sich an den Fehler am Computer, während ich Synonyme für das Wort Fehler suchte? Erst die Rückmeldung *feeling* ermöglichte mir, zu bemerken, daß ich nicht auf das deutsche Programm umgestellt hatte. Ohne dieses Feedback hätte ich nicht die richtigen Synonyme finden können. Zusätzlich lieferte dieser „Fehler" mir noch eine andere, neue Information und Idee zu der Bedeutung des Wortes Fehler.

**Jedes Verhalten hat eine positive Absicht.**

Diese Grundannahme erleichtert den Umgang insbesondere auch mit Computern sehr. Mein Computer tat das Beste, was er konnte, um mir mit diesen Informationen, die ich ihm gegeben hatte, eine Lösung herauszusuchen. Sie war nicht das, was ich wollte, aber das lag an mir.

**Das Ergebnis der Kommunikation ist die Antwort, die man erhält.**

Um beim Computer Beispiel zu bleiben: Meine Absicht war es, Synonyme für Fehler zu finden. Mein Ergebnis war ein anderes. Dennoch habe ich dadurch wieder neue Informationen gewinnen können. Meine Eingaben/Informationen an den Computer reichten nicht aus, um das zu bekommen, was ich wollte.

Am besten illustriert folgende, kurze Geschichte die Einstellung, die NLP gegenüber Fehlern hat.

Robert Dilts hat einen Freund, der Forscher und Erfinder ist. Bei seinen Erfindungen gab es oft Rückschläge und die Erfindungen funktionierten nicht. Robert fragte seinen Freund eines Tages, ob dies nicht furchtbar frustrierend sei? Dieser antwortete darauf hin: „Nein, denn ich weiß dann, daß das nur die Lösung für ein anderes Problem ist!"

# 3. NLP Feedback Techniken

Um Fehler als Feedback nutzen und schätzen zu können, ist es hilfreich zu wissen, wo potentielle Fehlerquellen liegen können und wie diese zu beheben sind. Um Fehlerquellen zu entdecken, bedarf es einer guten Wahrnehmung des anderen und adäquater Verhaltensreaktionen.

Wenn alles Kommunikation ist, geht es darum, diese Kommunikation bewußt wahrzunehmen und richtig deuten zu können, und zwar in allen drei

Bereichen:

- Sprache
- Körpersprache
- Tonalität

Hierbei geht es auch darum, den anderen wahrzunehmen, d.h. als den, der er ist. Nicht zu interpretieren, sondern zu beobachten, wie dieser Mensch auf seine individuelle Weise denkt und fühlt. Und wie sich dieses Denken und Fühlen zeigt.

Erst wenn man alles bewertungsfrei wahrnimmt und dann adäquat reagiert, ist effiziente Kommunikation möglich. Im folgenden Teil wird ihre Aufmerksamkeit auf zwei Bereiche gelenkt, die man wahrnehmen kann, um effizienter zu kommunizieren. Danach wird eine Technik aufgezeigt, wie man agieren kann, um effiziente Kommunikation zu ermöglichen.

### 3.1 Wahrnehmen = Kalibrieren

Wahrnehmen im NLP bedeutet, sich auf den anderen zu kalibrieren (zu eichen). Jeder Mensch ist individuell und genauso individuell ist seine Körpersprache, die Färbung und Variationen seiner Stimme und die Wortwahl. Je mehr Informationen sie über die spezifischen Ausdrucksmöglichkeiten des anderen und deren Bedeutung haben, um so eher können sie adäquat, passend für diesen anderen, darauf reagieren.

Hierfür habe ich exemplarisch aus dem großen Angebot des NLP die Kalibrierung von Sprachmustern und Zuständen als Beispiel herausgegriffen.

*Kalibrieren von Sprachmustern*

Ist eine Kommunikation im Fluß, gibt es kaum Schwierigkeiten. Jeder von Ihnen erinnert sich an Situationen oder kennt Menschen, mit denen es richtig Spaß macht, sich zu unterhalten. Sie können einen ganzen Abend zusammensitzen und reden. Man versteht sich, man kommt zu Ergebnissen. „Natürlich", werden Sie vielleicht sagen, „wir haben so viele gemeinsame Interessen". Oder gibt es noch andere Gründe?

Dann gibt es die Leute, die man selber überhaupt nicht versteht. Man redet aneinander vorbei. Dieses umgangssprachliche aneinander vorbeireden trifft den Kern, denn es gibt unterschiedliche Kanäle auf denen Menschen miteinander reden. Die Kanäle Tonalität, Körpersprache und Inhalt haben wir schon kennengelernt. Es gibt nun auch im Bereich der Sprache verschiedene Kanäle.

Diese unterschiedlichen Kanäle heißen Sprachmuster und werden bestimmt durch die Wortwahl.

Hierbei gibt es vier Gruppen von Wortarten, in die Worte fallen können:

- visuelle Worte: etwas vor Augen haben, Augen offen halten, etwas klar sehen,
- auditive Worte: hört sich gut an, die Ohren spitzen,
- kinästhetische Worte: unterstützen, warm, ein gutes Gefühl haben,
- neutrale Worte: lernen, vergessen, kennen.

Wie hört es sich nun an, wenn Menschen mit Sprachmustern aus diesen 4 Gruppen beschreiben, was sie sagen würden, wenn Ihnen ein Projekt gefällt:

a) Visuelle Sprachmuster: Das schaut gut aus.

b) Auditive Sprachmuster: Das hört sich gut an.

c) Kinästhetische Sprachmuster: Das fühlt sich richtig an, dabei habe ich ein gutes Gefühl.

d) Neutrale Sprachmuster: Das ist ein interessantes Projekt.

Hierbei benutzen alle Menschen meist auch alle Kanäle, bilden jedoch einen bevorzugten Kanal heraus. Wenn man diesen Kanal erkennt und auf derselben Ebene miteinander spricht, hat man einen Draht zueinander gefunden.

Trifft man nicht den Kanal des anderen, muß dieser erst innerlich Ihre Worte übersetzen, damit es für ihn Sinn macht (denken Sie an das Beispiel mit dem Hund). Dies dauert lange und verzögert den Kommunikationsfluß. Ebenso geben Übersetzungen nicht so sinngetreu ihren Inhalt wieder. Demgegenüber kommt bei Kindern noch eine eigene Wortwahl hinzu, die nur für diese Generation zutrifft und ihre eigene Bedeutung hat. Worte wie „geil" sind umgangssprachlich bei Kindern gang und gäbe, obwohl sie bei Erwachsenen sicher andere Assoziationen auslösen.

*Kalibrieren von Zuständen*

Bei Ihnen vertrauten Personen wird es Ihnen sicher leicht fallen, den emotionalen Zustand zu erkennen. Sie wissen einfach, wie sich die Person anhört, wie sie aussieht, wenn es ihr gut geht. Und sie wissen, was sie macht, wenn es ihr schlecht geht.

Gerade das Kalibrieren von Zuständen ist in der Arbeit mit Kindern von großer Bedeutung. Wenn es dem Kind nicht gut geht, werden auch Ihre

Interventionen auf nicht so fruchtbaren Boden fallen. Geht es dem Kind gut, fühlt es sich akzeptiert und respektiert, wird es Ihnen eher zuhören können.

Die jeweils kalibrierten Zustände sind höchst individuell und verschieden.

Neben dem Kalibrieren von Sprachmustern, wird man auch noch Körperhaltung, Gestik und Augenbewegungsmuster kalibrieren, um nur einige Beispiele zu erwähnen. Hier stelle ich Ihnen nur zwei vor, um anhand der Kalibrierung von Sprachmustern und Zuständen, die wichtigsten Wahrnehmungen zu beschreiben, die für den Rapport notwendig sind.

## 3.2 Agieren = Rapport

Die im vorherigen beschriebenen Techniken haben Ihnen einen Eindruck vermittelt und einen Einblick in die Vielfalt der Informationen gewährt, die wir zumeist unbewußt empfangen und senden. Wie nutzen sie nun diese Informationen?

Sie können diese Informationen dazu nutzen, Rapport herzustellen. Rapport ist verwandt mit dem Französischen rapporter = Gleichklang herstellen.

Menschen möchten akzeptiert werden, möchten das Gefühl haben, anerkannt und verstanden  zu werden. Das Herstellen von Rapport ist eine Möglichkeit, Ihnen dieses Gefühl zu geben. Kinder werden einfach niemandem zuhören, von dem sie das Gefühl haben, er nähme sie nicht ernst oder wäre Ihr Feind. Das Erreichen von Rapport, ist das erste Ziel im Beziehungsaufbau zum Kind. Hierbei werden zumindest die erwähnten Techniken verwendet, um in Einklang zu kommen mit dem Kind. Erst auf der Basis von Rapport sind Interventionen möglich, hat sich eine Tür zum anderen geöffnet und es ist eine Verbindung entstanden.

*Wie erreicht man Rapport?*

Rapport erreicht man, indem man sowohl auf der körperlichen, als auch auf der sprachlichen Ebene das Gegenüber spiegelt. Auf der Körperbewegungsebene, indem man eine ähnliche oder eine gleiche Körperhaltung annimmt. Diese gleiche Körperhaltung verhilft einem auch, intuitiv ein Gefühl für den Zustand des anderen zu erhalten. Dieses Einnehmen der gleichen Körperhaltung erfolgt respektvoll und sollte nicht in Mimikry ausarten (siehe Abb. 2, auf S. 244).

Ein gutes Beispiel für absoluten Rapport sind frischverliebte Paare. Wenn Sie in einem Restaurant sitzen, werden sie Ihnen gleich auffallen. Das

*Abb. 2: Rapport*

Paar hat fast synchrone Bewegungen. Sie lachen zur selben Zeit, greifen gleichzeitig zum Glas- sie spiegeln sich.

Erst das Treffen des anderen in seiner Sprachebene macht einen wirklichen Austausch möglich, indem man ihn, im wahrsten Sinne des Wortes, versteht.

Bei Kindern wie Erwachsenen ist es fraglos wichtig, den anderen zu verstehen und dafür zu sorgen, daß der andere in einem guten Zustand während der Therapie ist und bleibt.

Sie haben nun gelesen, wie NLP mit Feedback (Fehlern) umgeht. Die Kenntnis von NLP und des Umganges von NLP mit Fehlern, wird Ihnen größere Gelassenheit geben, größeres Verständnis ermöglichen und Platz schaffen für freudige Veränderung auf Grund von guten Beziehungen.

## 4. Schluß

Wie Sie bis hierhin erfahren haben, bestimmen viele Faktoren die Kommunikation und deren Ergebnis. Schlußendlich ist die Beziehung und die Stabilität der Beziehung zwischen den Partnern am wichtigsten. Erst auf der Basis einer Beziehung ist Kommunikation möglich. Sichtbarer und greifbarer wird es vielleicht durch folgende Geschichte und Parabel am Beispiel von Delphinen, die uns in Bezug auf Komplexität der Denkstrukturen und Kommunikationsmechanismen sehr ähnlich sind.

### Wie lernen Delphine?

Gregory Bateson besuchte den Wissenschaftler Watson, Delphinforscher in Amerika in einem Maritimpark, dem größten in Los Angeles. Dort wurden extrem gute Erfolge in der Delphinshow gemacht. Die Delphine konnten sehr viele Kunststücke. Das Interesse Batesons lag nun darin, herauszufinden, wie Delphine lernen und vielleicht auch warum.

Er beobachtete den Tagesablauf der Delphine. Die Übungen wurden täglich für etwa 20 Minuten durchgeführt. Ein Delphin schwamm herein, machte einen Sprung. Der Trainer blies die Pfeife und gab dem Delphin einen Fisch. Und jedes mal, wenn der Delphin denselben Sprung an diesem Tag vorführte, gab es einen Fisch. Am nächsten Tag kam der Delphin, sprang den Sprung von gestern und bekam keinen Fisch. Er sprang und sprang und dann sprang er auf eine neue Art. Da gab es wieder einen Fisch. So geschah es auch am nächsten Tag. Der Delphin machte den Sprung, den zweiten, es gab nichts ....

Beim 14. Mal geschah jedoch etwas ganz anderes. Der Delphin kam herein und sprang sofort etwas Neues. Der Delphin hatte gelernt, daß nur neue Bewegungen „Fisch" bedeuteten. „Gut", dachte Bateson, „jetzt habe ich verstanden, warum und wie der Delphin lernt. Es gibt eine Belohnung."

Es standen auch überall Schilder, man solle die Delphine nicht füttern.

Am 15. Tag nun ging der Forscher spazieren und sah, wie einer der Trainer die Delphine einfach so fütterte. „Ja was machen sie denn da?" fragte er „Ich denke man soll die Delphine nicht füttern? Dann lernen Sie doch auch nichts mehr?"

Der Trainer antwortete: „Durch das Füttern haben Sie Vertrauen zu mir und wir haben eine Beziehung. Wenn wir keine Beziehung haben, werden die Delphine nicht einen Sprung machen."

Wann geben Sie das nächste mal Ihre Art von Fisch?
Wann werden Sie den nächsten Fisch bekommen??
Ich wünsche Ihnen eine ausreichende Menge!

*Abb. 3: Delphin*

# Literatur

Dilts, Robert,"The Parable of the Porpoise", Dynamic Learning Publications, 1990

# „Komm wir träumen eine Wolke"

– Phantasiereisen im Schul-
und Kindergartenalltag

*Silke*
*Schönrade*

*Silke Schönrade*

# „Komm wir träumen eine Wolke"

## – Phantasiereisen im Schul- und Kindergartenalltag

## 1. Einleitung

„Wenn Kinder durchdrehen", kann das viele Ursachen haben. Bewegungsmangel in Freizeit, Schule und Kindergarten, stark überhöhter Einfluß von Medien, Leistungsdruck in der Schule („....mit Nachhilfestunden
schaffst du es schon"), hohe Verkehrsdichte mit extremer Lärmbelästi-
gung, beengter Wohnraum, Schwierigkeiten im häuslichen Milieu, wenig
oder keine Rückzugsmöglichkeiten sind einige Beispiele dafür.

Sind das nicht Gründe „durchzudrehen"?

„Niemals zuvor gab es eine Generation, die unter einem derart massiven
Einfluß von Medien heranwächst" (Spiegel special, 9/1995). Wenn der
Computer Ersatz für den Spielpartner wird, das Fernsehen zur Kommunikation dient, dann ist das kindliche Gehirn auf dem besten Wege, den
linken, visuellen Teil der Hirn-Hemisphären „größer" werden und die rechte Hirn-Hemisphäre für Kreativität und Phantasie verkümmern zu lassen.
Doch gerade das produktive Zusammenwirken beider Hemisphären gilt
es zu fördern. „Wer auch seine Phantasie benutzen und sich auf die
Unterstützung seines unbewußten Geistes verlassen kann, der kann
leichter das notwendige Selbstvertrauen und ein angenehmes Selbstbild
entwickeln. Er kann sich konzentrieren, flexibel handeln und ein hohes
Maß an Verantwortlichkeit zeigen" (vgl. Vopel, 8). Die Veränderungen von
Überreizung der Wahrnehmungsbereiche für Augen und Ohren sind bereits bei den Kindern und Jugendlichen dieser Generation neurophysiolo-
gisch meßbar.

Wenn die Freizeit mit Familie, Kindern und Freunden nicht mehr richtig
und sinn-voll dosiert wird, Spielphasen der Kinder durch Zeitpläne der
Erwachsenen eingegrenzt werden, wen verwundert es dann noch, daß
der Gebrauch der Phantasie auf dem Rückzug ist.

Doch Phantasie gehört zum Menschenleben, ohne Phantasie ist kreatives
Denken und produktives Handeln nicht möglich. Phantasie ist nichts Ra-
tionelles, nichts Greifbares, Phantasie ist (zu griech. phantasía) „Erschei-
nung, Einbildungskraft" (Meyers 1980).

248

Ich will mit dem Thema „Phantasiereisen" eine Möglichkeit vorstellen, wie Pädagogen, Therapeuten und Eltern, die oft ratlos mit „überreizten" Kindern zusammenleben oder -arbeiten, den Kindern mit Ruhe, Zeit und Vertrauen begegnen können, und wie ein Zugang zum autogenen Training mit Kindern gelingen kann.

## 2. Der Traum

*Was der Traum zeigt, ist der Schatten dessen, was an*
*Weisheit im Menschen vorhanden ist, selbst wenn er*
*im Wachzustand nichts davon wissen mag....*
*Wir wissen nichts davon, weil wir unsere Zeit mit äußerlichen*
*und vergänglichen Dingen vertrödeln und dem,*
*was in uns real ist, keine Aufmerksamkeit schenken.*

Paracelsus

Schon der Schweizer Arzt, Naturforscher und Philosoph beobachtete im 16. Jahrhundert, daß die Menschen in ihrem Lebensalltag nur wenig Zeit ihren erlebten Träumen widmeten. Wenn von „Phantasiereisen" die Rede ist, darf zum besseren Verständnis die Bedeutung des Traumes nicht unerwähnt bleiben.

Im engeren Sinne ist der Traum eine Bezeichnung für Phantasieerlebnisse, die vorwiegend in optischer und akustischer Art während des Schlafs wahrgenommen werden. Im weiteren Sinne bezeichnet „Traum" etwas Unwirkliches und Ersehntes bzw. auch etwas Wunderschönes. Alle Menschen träumen – auch die, die sich nicht daran erinnern. Im Traum herrscht das Emotionale vor, wobei Gefühle und Gedanken von Dingen oder Situationen reflektiert werden, die uns in den letzten Tagen beschäftigt haben. Meist haben wir im Realen davon keine Notiz genommen, weil wir zu beschäftigt waren oder uns nicht damit beschäftigen wollten (vgl. Faraday, 19ff). Wir können einen Traum aber auch phantastisch erleben, mit vieldeutigen Bildern, also einer lebhaften Bildsprache, die für uns einen Symbolcharakter hat. Träume bringen zum Ausdruck, was wir im Innersten, im Unterbewußtsein, in unserer Seele empfinden. Sie lassen uns im Wachzustand nachdenken über uns, andere Menschen und die Qualität unseres Lebens. So wundert es nicht, daß zu allen Zeiten die Menschen mythen- und märchenähnliche Träume zu deuten versuchten.

Die in unserer Kultur übermäßige Konzentration auf rationales Denken erklärt die stetige Faszination der Träume, die zur Entwirrung auch Weisheit benötigen, aber auch Aberglaube und Mystifikation ins Spiel bringen. Der Bericht des Psychologen C.G. Jung untermauert diese Erkenntnis:

„In einer Unterhaltung mit dem Häuptling des Pueblo-Indianer, Ochwiay Biano, fragt Jung ihn nach seiner Meinung über die Weißen und erfuhr, daß der Indianer keine sehr hohe Meinung von ihnen habe. Weiße, sagte Ochwiay Biano, scheinen immer aufgeregt zu sein und rastlos nach etwas zu suchen, und die Folge sei, daß ihre Gesichter mit Runzeln bedeckt seien. Weiße Menschen, fügte er hinzu, müßten verrückt sein, denn sie denken mit dem Kopf, und es sei wohlbekannt, daß nur Verrückte das tun. Jung fragte erstaunt, wie denn die Indianer denken, worauf Ochwiay Biano erwiderte, er denke natürlich mit dem Herzen" (Faraday, 20f).

Bei meiner psychomotorischen Arbeit mit den Kindern erlebe ich immer wieder, daß es vielen Kindern einerseits nicht mehr möglich ist, einer vorgelesenen oder erzählten Geschichte zu folgen, und ihnen andererseits die Phantasie fehlt, sich selbst einmal zurückzuziehen und in eigene Träume zu versinken.

Unzureichende Unterstützung dazu finden die Kinder oft auch in den wenig phantasievollen und kindgerechten Einrichtungen in Kinderzimmern, Kindergärten, Schulen und anderen pädagogischen Orten, in denen Kinderleben stattfindet. Möglichkeiten des selbstverständlichen, individuellen Rückzugs und der Ruhe sind selten gegeben (vgl. Mahlke/Schwarte). Von Erwachsenen geplant und eingerichtet, wird hier nur allzuoft funktionsorientiert und praktisch gedacht, die Bedürfnisse des Kindes nach ruhiger Sinneswahrnehmung werden dabei weniger berücksichtigt. So kann z.B. eine kleine, abgetrennte Ecke im Gruppenraum eines Kindergartens mit Sternenhimmel, Lichterkette, weichen Polstern, Windspielen und anderen „Sinnesspielen" zum Träumen anregen und auch ein kurzer Rückzug aus dem Alltag sein.

## 3. Die Phantasie

*„Phantasie ist wichtiger als Wissen"*

Albert Einstein

Die Phantasie trägt dazu bei, das unser Leben vielseitiger, bunter und facettenreicher wird. Doch Phantasie muß in der Kindheit gefördert werden, denn nur so erlebt das Kind Realität, Imagination und Phantasie in seiner Erlebniswelt. „Die Phantasie ist eine Fähigkeit, die Sinneseindrücke, Bewußtseins- und Erlebnisinhalte so zu kombinieren oder umzugestalten, daß neue Vorstellungsbilder entstehen. Durch Phantasieren und Träumen wird das Bewußtsein erweitert. Es werden aber auch neue Möglichkeiten von Konfliktbewältigung erlebt" (vgl. Müller 1988, 21).

Wie wichtig die Phantasie im Kinderleben ist, hat Bruno Bettelheim in seinem Buch „Kinder brauchen Märchen" deutlich und sehr ausführlich dargestellt. So träumt manches Kind (und so mancher Erwachsene) nur allzu gerne von „übermenschlicher Kraft und Mut", die dazu verhelfen kann, „den Feind zu besiegen", um dann „In einem anderen Land" „Gold und Silber über sich zu werfen", mit „Perlen und Edelsteinen" und „schönen Kleidern" den Kampf um die „Königstochter" zu gewinnen, um diese schließlich in „brennender Liebe" und mit „goldenen Pantoffeln" als „Gemahlin" ins „Königsschloß" zu führen.

Phantasie ist bei allen Wahrnehmungen, Handlungen und Plänen beteiligt und darf bei der Vermittlung von kognitiven Lerninhalten in der Schule nicht verlorengehen.

Um Phantasie in der Kindheit zu fördern, können Eltern das Geschichten-Vorlesen und Märchen-Erzählen (wieder) zu einem wichtigen Bestandteil im Kinderalltag werden lassen. Pädagogen in Kindergarten und Schule finden neben „Kindgemäßer Entspannung" (vgl. Pirnay) und „Edukinestetik" (vgl. auf der Heide) mit den „Phantasiereisen" eine geeignete Form, mit Kindern zu träumen, gemeinsame Ruhe-Zeit zu finden und die übermäßigen Reize „vor der Türe" zu lassen.

### 3.1 Phantasiereisen

Die Phantasiereisen bieten eine Möglichkeit, schon mit jüngeren Kindern im Kindergarten und in der Schule einen Zugang zum Autogenen Training (nach Schultz) anzubieten. Das Autogene Training ist eine Selbstentspannungsmethode, die nach einer gewissen Übung zu einer muskulären Entspannung (Schwere) mit verstärkter Durchblutung (Wärme) führt und das vegetative Nervensystem beeinflußt. Diese sog. Umschaltung hat positive Auswirkungen auf die Organe und auf die Psyche. Dadurch besteht die Möglichkeit -regelmäßiges Autogenes Training vorausgesetzt- emotionalem Streß, Muskelverspannung, seelischer Belastung sowie psychosomatischen Erkrankungen entgegenzuwirken. „Autogenes Training ist eine Lebenshilfe. Ein Gegengewicht in einer Zeit, in der das innere und äußere Gleichgewicht aus allen Fugen zu geraten droht" (vgl. Müller 1991, 17).

Die Phantasiereisen, die ich geschrieben habe, sind nicht am „grünen Tisch" entstanden. Ich habe diese Begebenheiten selbst erlebt, habe die Wärme, die Entspannung, das Wohlbefinden gespürt. Die Phantasiereisen für jüngere Kinder tragen ihre Wurzeln in der Phantasie meiner eigenen Kinder.

## 3.2 Methodische und organisatorische Aspekte bei der Durchführung von Phantasiereisen

Bei der pädagogischen Arbeit mit Kindern sollten einige methodische und organisatorische Aspekte beachtet werden, um einen entspannten und freudvollen Zugang zu Phantasiereisen zu gewährleisten:

– alters- und entwicklungsgemäße Geschichten auswählen bzw. verändern,

– vertraute Atmosphäre schaffen (zum Vorlesenden und zu den anderen Kindern),

– geistige Sicherheit geben, was die Kinder während der Phantasiereise erwartet,

– langsames Vorlesen, entsprechende Pausen, keine Überbetonung in der Sprache,

– Augen sollten während des Vorlesens geschlossen werden,

– Zeichen für ein gemeinsames Wachwerden geben.

Wenn sich Kinder aus der Gruppe untereinander nicht kennen ist es ratsam, Spiele zum Kennenlernen und zur Vertrauensbildung durchzuführen.

Altersentsprechende Hinweise sind eine entscheidende Grundvoraussetzung für ein entspanntes Erleben während einer Phantasiereise.

Weitere organisatorische Hinweise erhalten Sie zum Thema „Kindgemäße Entspannung" (vgl. Pirnay in diesem Buch).

### Strandspaziergang

Endlich ist es soweit!

Ich freue mich darauf, ganz viel Zeit zu haben,
soviel Zeit zu haben, wie ich will,
um einen ganz langen Spaziergang am Strand zu unternehmen.

Heute gehe ich ganz alleine, weil ich meinen Weg bestimmen will.

Ich gehe barfuß, denn es ist schön warm,
und mit jedem Schritt den ich gehe,
spüre ich den warmen, weichen Sand unter meinen Füßen.

Ich fühle die Wärme des Sandes,
die in meine Füße strömt.

Ich spüre die Sanftheit des Sandes,
der wie Samt meine Füße streichelt.

Ich fühle eine große Leichtigkeit in mir.

Während ich so vor mich hin gehe,
blicke ich über das weite, große Meer.
Die Sonne läßt das Meer glitzern,
verwandelt das Meer in einen riesigen Sternenteppich.

Zwischen den Sternen sehe ich die Farben des Meeres.
Erst blau, türkis, dann smaragd.
Es sind wunderschöne Farben.

Ich beschließe, mir einen ruhigen Platz zu suchen,
um dem Meer noch näher zu sein.

Ich entdecke einen großen Stein,
der leicht vom Wasser umspült wird.

Ich setze mich darauf und spüre,
wieviel Wärme die Sonne ihm gegeben hat.

Ich schließe meine Augen
und genieße die große Ruhe,

die vom sanften, gleichmäßigen Rhythmus der Wellen begleitet wird.
Leicht weht der Wind vom Meer
und umhüllt meinen Körper mit einer angenehmen Wärme.
Ich fühle mich wohl und bin zufrieden.
Ich genieße diesen Augenblick
der Ruhe und Zufriedenheit.

Ich setze meinen Spaziergang fort.
Ich bleibe ganz nahe am Meer und spüre,
wie das Meer meine Füße mit kühlem, gurgelnden Wasser verwöhnt.
Mit jedem Schritt sinke ich tiefer in den weichen, nassen Sand.
Meine Zehen graben sich ihren Weg darin.

Während ich weiter wandere,
spüre ich die Wärme der Sonne, den Hauch des Windes
und höre die rhythmische Sprache des Meeres.

Jetzt, wo ich dem Wasser ganz nahe bin,
steigt der einzigartige Geruch des Meeres in meine Nase.

Langsam spüre ich,
wie meine Beine müde werden.

Vor mir liegt die Weite des langen Strandes
und ich beschließe,
mich in den warmen, feinen, trockenen Sand zu legen.

Ich schließe die Augen,
strecke meine Arme und Beine aus,
drücke meinen Körper in den warmen Sand
und fühle mich sehr wohl.

Ich spüre die Wärme, die in meinen ganzen Körper strömt,
ich spüre den Wind, der meine Haut sanft streichelt.
Ich rieche das Meer und die Luft.
Während ich genieße, wird mein Körper ganz schwer.
Mein Atem ist ganz ruhig und gleichmäßig.
Ich bin zufrieden und fühle mich wohl.
Ich lausche dem Rhythmus der wiederkehrenden Wellen!

(entspannende Musik kann eingespielt werden)

## Das alte Boot

Weit vor mir im Wasser entdecke ich ein altes, buntes Holzboot.

Da liegt es, unten am Meer,
mit einem Seil an einem Felsstück festgeknotet.
Die Sonne scheint darauf,
die alte, verwaschene Farbe erscheint jetzt bunter.

Das Holzboot liegt ganz verlassen da,
kein Mensch ist weit und breit zu sehen.

Ich bin müde und entschließe mich,
in das Boot zu klettern
und mich von den Wellen des Meeres schaukeln zu lassen.

Ich laufe durch den Sand und steige in das Boot.

Aus der Nähe betrachtet erkenne ich,
daß dieses Boot sehr alt sein muß.
Die Holzplanken sind oft repariert worden,
die Farbe blättert ab und verrät den Anstrich,
wie er früher einmal war.

Ich traue diesem Boot zu,
daß es mich aufnimmt in sein Inneres,

für eine gewisse Zeit festhält
und in den Wellen des Meeres wiegt.

Ich lege mich hinein – und spüre die wohlige Wärme des Holzes,
der feucht-warme Geruch ist angenehm.

Ich schließe meine Augen,
und bald begleitet mich nur noch das sanfte Schaukeln des Bootes,
umgeben von Möwengeschrei in der Ferne.

Langsam spüre ich, wie schwer mein Körper wird.
Er wird gewärmt von der Sonne.
Mein Atem geht ganz ruhig und gleichmäßig,
getragen vom gleichbleibenden Rhythmus der Wellen.
Sie schaukeln mich sanft.
Ich bin ganz ruhig und entspannt.

Vielleicht fällt Dir ein Ort ein, an dem Du Dich auch so wohl fühlst,
an dem Du jetzt gerne wärst.

Wenn Du ihn gefunden hast, dann träume ein wenig weiter.....


## Der Zwerg

Ich liege in meinem Bett und bin ganz müde.
Trotzdem kann ich nicht einschlafen,
denn der Tag war wieder sehr aufregend.

Während ich darüber nachdenke,
sehe ich im Schein des Mondes meinen kleinen Zwerg neben mir liegen.
Er begleitet mich überall hin,
jeden Tag, Tag und Nacht.

Jetzt liegt er auf meinem Kopfkissen,
seine roten Zwergenfüße sind unter meine Bettdecke gerutscht.
Mit meinem Zeigefinger berühre ich ganz sanft seine Mütze.
Lustige Haare schauen daraus hervor. Ich ziehe ein bißchen daran.
Dabei werden meine Fingerspitzen ganz warm.

Mit meinen Fingern streichel ich ihm durch das glatte Gesicht.
Die Nase ist eine kleine Holzperle – und darunter
fühle ich den langen, weichen Bart.
Er riecht so angenehm.

Mein Zwerg hat einen kleinen, dicken Bauch.
Dazu brauche ich meine ganze Hand,

um ihn richtig zu fühlen.
Ich streichel ihn ganz lange,
bis meine Hand kribbelt.

Seine beiden Arme sind vielleicht komisch.
Sie sind so weich, daß sie niemals einen dicken Holzstamm tragen
könnten.
Ich finde sie trotzdem schön, ich fühle sie gerne.

Die Beine von meinem Zwerg sind ganz warm geworden.
Unter meiner Bettdecke ist es jetzt ganz gemütlich und kuschelig.

Ich glaube, mein Zwerg ist eingeschlafen!
Ich lege mich ganz nah an ihn.

Ich fühle, wie auch meine Augen ganz müde werden.
Meine Arme und Beine werden ganz schwer.
Ich spüre eine angenehme Wärme.
Ich fühle mich wohl. Ich atme ganz ruhig und gleichmäßig.

### Komm, wir träumen eine Wolke

Ich liege auf einer großen Wiese und träume.
Die Sonne scheint, der Wind weht leicht.
Tiere und Gräser fühlen sich wohl.

Auf der Wiese wachsen viele bunte Blumen und Kräuter.
Ich rieche ihren Duft. Es riecht nach Sommer.

Während ich so liege, spüre ich,
wie mich etwas auf meiner Hand streichelt.
Es ist ein kleiner Schmetterling, der sich auf meine Hand gesetzt hat.
Sanft bewegt er seine zarten Flügel,
ganz durchsichtig sehen sie aus – wie buntes Glas.
Leicht möchte ich ihn berühren – doch schon fliegt er weiter,
weiter in die warme Luft.

Viele weiße Wolken ziehen langsam und leise am Himmel vorüber.
Sie sehen wie kleine Schafe aus.
Einige aber auch wie dicke, weiße Watte.

Während ich den Wolken nachschaue,
fange ich wieder an zu träumen.

Eine kleine Wolke winkt mich zu sich,
ich steige hinauf und ziehe mit ihr.
Warm ist es hier oben – ganz warm und weich ist die Wolke.

Die Wolke zieht mit mir an einen Ort,
an dem ich jetzt gerne wäre.

Hier ist es ganz warm und ruhig.
Aus der Ferne ist nur das Zwitschern der Vögel zu hören.
Ich fühle mich ganz leicht – so leicht wie die kleine Wolke.
Ich spüre, wie ruhig mein Atem geht.

Ich träume von Tieren, Flüssen, Farben, dem Meer....

Hier bleibe ich eine Weile und träume weiter.


# Literatur

Bettelheim, B.: Kinder brauchen Märchen. Stuttgart 1981

Brunner, R.: Hörst Du die Stille? München 1991

Faraday, A.: Deine Träume – Schlüssel zur Selbsterkenntnis. Frankfurt/Main 1995

Friedrich, S.; Friebel, V.: Entspannung für Kinder. Reinbek 1992

Mahlke, W.; Schwarte, N.: Raum für Kinder-Ein Arbeitsbuch zur Raumgestaltung in Kindergärten. Weinheim/Basel 1991

Meyers Neues Lexikon. Mannheim 1980

Müller, E.: Auf der Silberlichtstraße des Mondes – Autogenes Training mit Märchen zum Entspannen und Träumen. Frankfurt/Main 1991

Müller, E.: Du spürst unter deinen Füßen das Gras – Autogenes Training in Phantasie- und Märchenreisen Frankfurt/Main 1988

Müller, E.: Träumen auf der Mondschaukel – Autogenes Training mit Märchen und Gute-Nacht-Geschichten. München 1993

Schönrade, S.: Entspannung mit Kindern. In: Materialien zur Einführung in die psychomotorische Praxis. Bonn 1994

Vopel, K.: Phantasiereisen Bd. 3. Hamburg 1992

Zeitschrift „Spiegel special" 9/1995

# Entwicklungsauffälligkeiten – Normvariation oder Krankheit?

Hans Georg Schlack

*Hans Georg Schlack*

# Entwicklungsauffälligkeiten – Normvariation oder Krankheit?

## 1. Aspekte der Normalität

Biologische Phänomene, die auch dem Wachstum und der Entwicklung von Kindern zugrunde liegen, sind durch Variabilität gekennzeichnet. Soweit diese Phänomene sich quantifizieren lassen und in einer Gruppe vergleichbarer Individuen (z.B. Kinder gleichen Alters und Geschlechts) untersucht werden, findet man in der Regel eine Streuung der Meßwerte um einen Mittelwert in gesetzmäßiger Form, die der sog. Gauß'schen Normalverteilung folgt. Aus dem Ausmaß der Streuung um den Mittelwert läßt sich die sog. Standardabweichung berechnen; das ist von praktischem Nutzen, weil sich dadurch der Normbereich näherungsweise definieren läßt: Die Spannbreite zwischen der doppelten Standardabweichung unter bzw. über dem Mittelwert umfaßt rund 95% der normalen Variation, so daß Werte über oder unter diesem Grenzwert als „abnorm" definiert werden können.

Diese Normalverteilung ist auch nachzuweisen, wenn man mit entsprechenden Testverfahren die intellektuelle Leistungsfähigkeit oder andere Entwicklungsfunktionen bei Kindern untersucht. Die Meßgröße von Intelligenztests ist bekanntlich der Intelligenzquotient (IQ), der Mittelwert ist definitionsgemäß 100, die Standardabweichung beträgt 15. Der Bereich der doppelten Standardabweichung über und unter dem Mittelwert umfaßt demnach den IQ-Bereich zwischen 70 und 130. Mit anderen Worten: Vom Aspekt der Normalität betrachtet ist ein Mensch mit einem IQ über 130 ebenso abnorm wie einer mit einem IQ unter 70.

An diesem Beispiel wird deutlich, daß die gesellschaftliche Wertung nicht mit der statistischen Sicht der biologischen Variation übereinstimmt. Da der Intelligenz und den davon abhängigen Leistungsparametern eine sehr hohe Wertigkeit zugeschrieben wird, gilt – mehr oder weniger und unausgesprochen – nur der Bereich von 100 aufwärts als „normal". Menschliche Fähigkeiten wie Emotionalität, Kreativität oder Musikalität stehen in der Rangordnung öffentlicher Wertschätzung niedriger, und Schwächen auf diesen Gebieten werden eher nachgesehen.

## 1.1 Das Phänomen der Teilleistungsschwächen.

Intellektuelles Leistungsvermögen setzt sich aus vielen Teilfunktionen bzw. Fähigkeiten zusammen, die getrennt untersucht und gemessen werden können. Dabei zeigt sich, daß es viele Kinder gibt, bei denen einzelne Leistungsbereiche wesentlich schwächer entwickelt sind, als es ihrem sonstigen intellektuellen Leistungsniveau entspricht. Man spricht dann von Teilleistungsschwächen oder umschriebenen Entwicklungsrückständen. Der letztgenannte Begriff trägt der Erfahrung Rechnung, daß solche Schwächen im Verlauf der Entwicklung sich ändern, d.h. neu auftreten und auch wieder verschwinden können. Schematisch ist dieser Sachverhalt in Abb.1 dargestellt: Der Grad der Auffälligkeit eines reifungsverzögerten Kindes im Vergleich zu Altersgenossen hängt stark vom Untersuchungszeitpunkt ab.

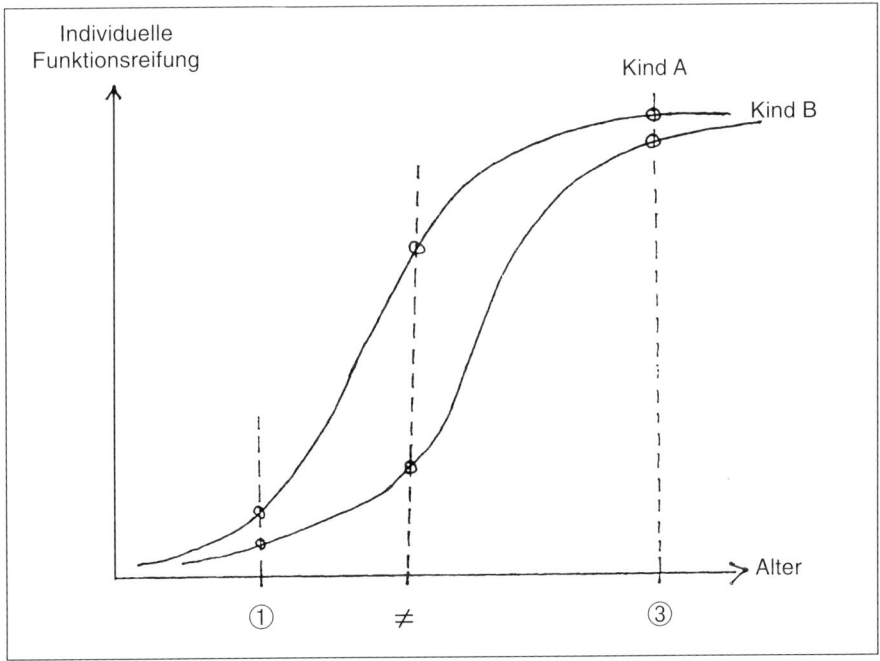

*Abbildung 1: Schematische Darstellung der Auswirkung individueller Unterschiede im Reifungsverlauf einzelner Entwicklungsfunktionen.*
*Zu den Zeitpunkten 1 und 3 bestehen nur geringe interindividuelle Unterschiede, aber zum Zeitpunkt 2 ist der Rückstand des Kindes B so groß, daß er möglicherweise als „pathologisch" gilt.*

## 1.2 Häufigkeit und Ursachen von Teilleistungsschwächen

Angaben zur Häufigkeit hängen von Definition und Diagnostik ab. Nach Schmidt (1985) muß man die Häufigkeit kognitiver Teilleistungsschwächen im sprachlichen Bereich auf 7%, im nonverbalen Bereich auf 5% veranschlagen. (Viele dieser Teilleistungsschwächen werden auch als „Wahrnehmungsstörungen" bezeichnet; das ist zwar nicht grundsätzlich falsch, aber dieser Begriff wird meist so schlecht definiert und so beliebig benutzt, daß er praktisch wertlos ist.) Wenn man davon ausgeht, daß einige Kinder sowohl verbale als auch nonverbale Teilleistungsschwächen haben, kommt man auf eine Häufigkeit von rund 10%, d.h. etwa jedes 10. Kind ist davon betroffen.

Was sind die Ursachen? Noch vor einigen Jahren herrschte die Ansicht vor, daß Teilleistungsschwächen in der Regel Ausdruck einer leichten frühkindlichen Hirnschädigung seien, wobei gleichzeitig vorhandene motorische Entwicklungsauffälligkeiten fälschlicherweise als Beleg für eine angenommene neurologische Schädigung dienten (Esser u. Schmidt 1990). Die Annahme, daß rund 10% aller Kinder hirngeschädigt seien, hat allerdings wenig Wahrscheinlichkeit zu stimmen.

Zweifellos gibt es das Phänomen einer leichten frühkindlichen Hirnschädigung, die zu funktionellen Beeinträchtigungen im Sinne von Teilleistungsschwächen führt, aber noch nicht den Ausprägungsgrad einer Behinderung hat, z.B. bei sehr unreif frühgeborenen Kindern. Dennoch geht man nach heutigem Wissensstand davon aus, daß es sich bei der ganz überwiegenden Zahl von Teilleistungsschwächen (etwa im 3/4 bis 4/5 der Fälle) um Normvarianten handelt.

## 1.4 Gründe für neue Einsichten

Neue Erkenntnisse über die Variabilität der Entwicklung wurden vor allem durch prospektive Längsschnitt-Untersuchungen gewonnen. Lange Zeit war man der Meinung, daß die Entwicklung zum freien Laufen obligatorisch über das Kriechen führe (Abb. 2a), so daß Kinder, die nicht kriechen, als abnorm oder gestört und jedenfalls therapiebedürftig angesehen wurden. Tatsächlich läßt jedes 7. bis 8. gesunde und normal entwickelte Kind auf dem Weg zum freien Laufen das Kriechen aus (Abb. 2b, Largo 1994). Die Variabilität der Entwicklung ist Ausdruck der Anpassungsfähigkeit des Menschen an die unterschiedlichsten Bedingungen und Anforderungen oder, anders ausgedrückt, der Ausdruck der Emanzipation der menschlichen Entwicklung aus einer rein oder überwiegend genetischen Determinierung.

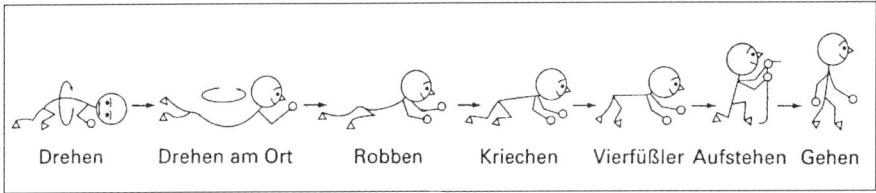

*Abbildung 2 a: Entwicklung der frühen Lokomotion: alte Vorstellung*

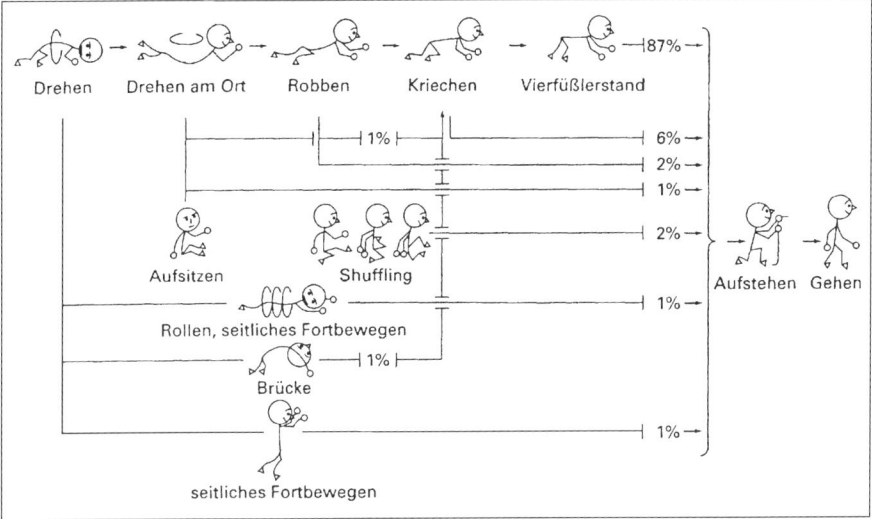

*Abbildung 2 b: Entwicklung der frühen Lokomotion: neue Erkenntnisse*

Natürlich gibt es Kinder, die nicht gekrochen sind und die später durch Teilleistungsschwächen auffallen; bei der Häufigkeit beider Entwicklungsvarianten ist die Wahrscheinlichkeit einer solchen Kombination relativ groß. Es besteht jedoch kein gesetzmäßiger innerer Zusammenhang zwischen diesen beiden Auffälligkeiten, und erst recht gibt es keinerlei Anhalt dafür, daß man etwa durch eine Übung des Kriechens im Säuglings- und Kleinkindalter spätere Teilleistungsschwächen vorbeugen könne, wie das immer wieder behauptet wird.

Teilleistungsschwächen treten oft familiär gehäuft auf und zeigen in der Mehrzahl der Fälle eine wesentliche Besserungstendenz nach der Pubertät; beide Fakten sprechen für eine Verursachung durch eine biologische Variation im Reifungstempo einzelner oder mehrerer Funktionen.

## 2. Haben Normvarianten Krankheitswert?

Wenn die Mehrzahl der Entwicklungsauffälligkeiten, die sich als Teilleistungsschwächen bzw. umschriebene Entwicklungsrückstände manifestieren, als Normvarianten anzusehen sind, die sich überdies bis nach der Pubertät zu einem guten Teil „auswachsen", so bedeutet das leider nicht, daß dadurch die Probleme der betroffenen Kinder beseitigt wären. Zwar sind Teilleistungsschwächen als solche keine Krankheit, aber ihre Auswirkungen können in Abhängigkeit von den Anforderungen der sozialen Umwelt, und das ist vor allem direkt und mittelbar die Schule, Krankheitswert bekommen.

### 2.1 Variabilität der Begabungen und Stereotypie der Anforderungen

Es ist zweifellos schwierig, im schulischen Alltag den einzelnen Kindern mit ihren unterschiedlichen Fähigkeiten und Leistungsvoraussetzungen gerecht zu werden. Eine pauschale Kritik an „der" Schule wäre nicht gerechtfertigt. Statt dessen soll eine Fabel deutlich machen, wo das Problem (und vielleicht auch der Ansatz einer Lösung) zu suchen ist. Die nebenstehende Fabel ist einem amerikanischen Lehrbuch der Neuropsychologie entnommen (Kolb u. Whishaw 1990).

Man braucht nicht unbedingt so ausgeprägte Begabungsunterschiede wie zwischen den Tieren in der Fabel zu bemühen, um Schwierigkeiten von Kindern unter den Leistungsforderungen der Schule zu verstehen. Führt man sich nur vor Augen, welche Fähigkeiten für eine typische schulische Aufgabe wie das Diktat gefordert werden, so kommt man auf eine stattliche Anzahl von Einzelfunktionen:

- Selektive Aufmerksamkeit
- Kurzzeitgedächtnis
- Erfassung von Reihenfolgen
- Akustische Differenzierung (z.B. Dehnungen)
- Visuelle Differenzierung (z.B. ähnlich aussehende Buchstaben)
- Visuomotorische Koordination
- Feinmotorik, Leistungstempo
- Regelverständnis.

Aus dieser Aufstellung, die keinen Anspruch auf Vollständigkeit erhebt, drängen sich 2 Überlegungen auf, nämlich:

- daß schlechte Leistungen in der Rechtschreibung und insbesondere im Diktat sehr mannigfache, unter Umständen ganz umschriebene Ursachen haben können, und

266

Es war einmal, daß die Tiere zu dem Schluß kamen, sie müßten eine heroische Anstrengung machen, um den Anforderungen der neuen Zeit gerecht zu werden. Also gründeten sie eine Schule.

Sie nahmen einen Lehrplan an, der die Fächer Rennen, Klettern, Schwimmen und Fliegen umfaßte. Zur einfacheren Durchführung des Lehrplans hatten alle Tiere alle Fächer zu belegen.

Die Ente war hervorragend im Schwimmen, in der Tat besser als der Lehrer. Dafür hatte sie allenfalls befriedigende Leistungen im Fliegen und war ganz schwach im Rennen. Wegen ihrer Schwächen im Rennen mußte sie das Schwimmen einstellen und nach der Schule das Rennen trainieren. Das wurde so lange beibehalten, bis ihre Schwimmhäute an den Füßen so schlimm zerschunden waren, daß die Ente nur noch durchschnittliche Leistungen im Schwimmen erbrachte. Aber „durchschnittlich" war immerhin akzeptabel, und so störte sich niemand daran – außer der Ente.

Das Kaninchen begann als Klassenbester im Rennen, bekam aber bald einen Nervenzusammenbruch wegen der vielen Nacharbeit im Schwimmen. Das Eichhörnchen war hervorragend im Klettern, aber erlitt schwere Frustrationen im Fliegen, da der Lehrer darauf bestand, daß es vom Erdboden starten müsse anstatt vom Baumwipfel herunter. Es bekam Muskelkater von der Überanstrengung und erhielt nur noch eine „Drei" im Klettern und eine „Vier" im Rennen.

Der Adler war das Problemkind und wurde ernsthaft verwarnt. Beim Klettern war er zwar der erste auf dem Baumgipfel, aber er bestand darauf, seinen eigenen Weg dorthin zu nehmen.

Am Ende des Schuljahres hatte ein abnormer Aal, der extrem gut schwimmen und auch ein wenig rennen, klettern und fliegen konnte, die besten Noten und durfte auf der Abschlußfeier die Rede halten.

Die Präriehunde blieben der Schule fern und verweigerten die Zahlung der Gebühren, da die Verwaltung nicht bereit war, Buddeln und Höhlengraben in den Lehrplan aufzunehmen. Sie gaben ihre Kinder zu einem Dachs in die Lehre und schlossen sich später den Erdferkeln und Erdhörnchen an, um eine freie Schule zu gründen.

– daß man sich mehr über die Kinder wundern sollte, die all diese Leistungen mühelos erbringen, anstatt jene Kinder zu diskriminieren, die aus Gründen, für die sie nicht verantwortlich sind, damit Schwierigkeiten haben.

## 2.2 Krankmachende Faktoren

Wenn Kinder mit Teilleistungschwächen an der Schule krank werden, so spielen dabei vor allem die folgenden seelischen Vorgänge eine Rolle:

– das Erlebnis des Versagens, der Minderwertigkeit, der Zurücksetzung, der fehlenden Anerkennung,

– die Nichterfüllung elterlicher Erwartungen und die Erfahrung oder Befürchtung des Nicht-Geliebtwerdens,

– die konkrete Erfahrung des schulischen Scheiterns und der damit verbundenen sozialen Diskriminierung.

Im Kontext der normierten Leistungserwartung werden die vielleicht nur umschriebenen Leistungsschwächen überwertig, und vorhandene Stärken des Kindes (z.B. kreative, musische oder soziale Fähigkeiten) gelten nichts und verkümmern. Es bleibt dann nichts übrig, was noch den Selbstwert stützen könnte; dazu liefert die oben erzählte Fabel passende Beispiele.

„Krankheit" äußert sich in diesem Kontext in erster Linie in seelischen Störungen und in Auffälligkeiten des Verhaltens. Kinder mit Teilleistungschwächen werden etwa doppelt so häufig „psychiatrisch auffällig" als andere Kinder. Diese Auffälligkeiten lassen sich in zwei hauptsächliche Kategorien unterteilen:

– die depressiv-regressiven Störungen mit Resignation, Antriebsarmut, Verweigerung, Traurigkeit, körperlichen („psychosomatischen") Symptomen,

– die aggressiv-expansiven Störungen, bei denen die Kinder „durchdrehen", Wutausbrüche bekommen, hyperaktiv werden, Dinge zerstören und andere Kinder angreifen.

Diese letztgenannten Formen werden sozial besonders schlecht toleriert und führen oft zu Reaktionen der Erwachsenen, die den Kindern das Gefühl von Abgelehntwerden vermitteln und auf diese Weise das Problemverhalten nach Art eines Teufelskreises aufrechterhalten.

## 2.3 Komplexes Bedingungsgefüge

Die geschilderten Zusammenhänge sind nicht so zu verstehen, als ob zwischen Teilleistungsschwächen und psychischen Störungen eine direkte Kausalkette bestünde. Insbesondere besteht auch keine Korrelation zwischen dem Ausprägungsgrad der kognitiven und motorischen Schwächen einerseits und den „klassischen" Verhaltensstörungen wie Hyperaktivität, Konzentrationsschwäche und Aggressivität andererseits. Vielmehr erwiesen sich diese Merkmale bei Kindern mit Teilleistungsschwächen als abhängig von familiären Spannungen, sozialem Streß und restriktiven Erziehungsweisen (Krause u. Schlack 1992).

Solche Belastungsfaktoren können bekanntlich auch bei Kindern ohne Teilleistungsschwächen zu psychischen Störungen führen. Offensichtlich aber haben Kinder, die nicht ständig Mißerfolgserlebnisse aufgrund ihrer Schwächen haben, bessere Möglichkeiten der Kompensation.

# 3. Konsequenzen

Soll man nun angesichts der Häufigkeit von Teilleistungsschwächen einen Therapie-Bedarf für etwa jedes 10. Kind reklamieren? Das erscheint a priori wenig sinnvoll. Ein Schulanfänger zum Beispiel, der Radfahren, Schwimmen, Skifahren und Tennis spielen kann, braucht nicht einfach deswegen eine krankengymnastische oder psychomotorische Behandlung, weil er bei einer neurologischen oder motometrischen Untersuchung erhebliche Auffälligkeiten zeigt.

## 3.1 Sinn und Unsinn von Interventionen

Eine therapeutische Intervention ist nicht allein dadurch legitimiert, daß sie gut gemeint ist. Jede Maßnahme, die das Kind mit seinen Schwächen konfrontiert, enthält das Risiko, ein Störungsbewußtsein überhaupt erst hervorzurufen oder zu verstärken. Entscheidend ist, ob das Kind die Intervention als hilfreich erlebt und davon motiviert wird.

Eine therapeutische Intervention muß auf diese Weise für das Kind einen „Sinn" haben, und sie muß auch aus wissenschaftlicher Sicht sinnvoll sein. So gibt es z. B. keinen empirischen Beleg dafür, daß bei Kindern, die nicht richtig kriechen oder ähnliche Entwicklungsvarianten zeigen, eine motorische Übungsbehandlung in früher Kindheit dem späteren Auftreten von kognitiven Teilleistungsschwächen vorbeugen könnte; auch theoretisch ist eine solche Auswirkung eher unwahrscheinlich.

Die positiven Auswirkungen der Psychomotorik sind Ausdruck eines komplexen Geschehens, an welchem das Training retardierter Funktionen vermutlich den geringsten Anteil hat. Entscheidend sind vielmehr die psychische Stabilisierung, die Stärkung des Selbstvertrauens durch Erfahrung der eigenen Stärken und des „Sich-getraut-Habens", der geglückte Transfer aus der geschützten Therapiesituation ins tägliche Leben und die Anpassung („Justierung") der Erwartungen von Eltern und Schule an die aktuellen Möglichkeiten des Kindes.

Alles, was sich bessern soll, muß letztlich vom Kind selbst mobilisiert werden. Dazu können die Fachleute nur Hilfestellung geben, und die therapeutische Beziehung spielt dabei zweifellos die ausschlaggebende Rolle.

## 3.2 Prävention ist gefragt

Die Erwachsenen geben den Kindern die Lebenswelt vor durch ihren Lebensstil, ihre Art der Bedürfnisbefriedigung, ihre Fernseh- und sonstigen Konsumgewohnheiten, das Abspeisen und Einengen der Kinder und ihrer Bedürfnisse. Viele scheinbare Fürsorglichkeiten – z.B. das ständige Transportieren mit dem Auto – ist bei näherem Hinsehen Ausdruck eigener Bequemlichkeit.

Auch wenn einzelne Faktoren zur Erklärung bedenklicher Entwicklungen nicht überstrapaziert werden dürfen, kann am Beispiel des Fernsehkonsums einiges verdeutlicht werden. Exzessives Fernsehen führt zu motorischer Inaktivität, zu einseitiger sensorischer Beanspruchung und zur Einschränkung von Kreativität und Imaginationsfähigkeit; diese Folgen ziehen ihrerseits einen Mangel an anderen Ideen, Interessen und Aktivitäten nach sich. Daß dabei körperliche und psychische Bedürfnisse unbefriedigt bleiben, wird dem Kind meist nicht oder kaum bewußt und hinterläßt lediglich ein diffuses Mißgestimmtsein.

In dieser Situation erfüllt Psychomotorik eine präventive Funktion. Sie ist eher ein Element kompensatorischer Erziehung als „Therapie". Der Therapie-Begriff ist mit „Krankheit" verbunden, und man darf nicht 10% aller Kinder krank reden, nur weil sie Entwicklungsauffälligkeiten zeigen. Das schließt nicht aus, daß für besonders belastete Kinder, welche psychische Störungen mit krankhafter Bedeutung entwickelt haben, gezielte therapeutische Interventionen notwendig sind, wobei die Psychomotorik eine wichtige Rolle spielen kann.

Wichtig ist die Prävention, d.h. eine Psychohygiene, die den Normvarianten das Recht zum Anderssein zugesteht und – in den Bildern der Fabel – am Adler den Flug bewundert, anstatt seine Schwächen im Schwimmen zu kritisieren. Leider ist die Lebenswelt der Kinder weit davon entfernt.

# Literatur

Esser, G., Schmidt, M.H. (1990): Der Verlauf psychiatrischer Störungen und Minimaler Cerebraler Dysfunktion im Längsschnitt bei Kindern von acht bis dreizehn Jahren. In: Schmidt, M.H. (Hrsg.): Fortschritte in der Psychiatrischen Epidemiologie. Deutsche Forschungsgemeinschaft. VCH Verlag, Weinheim.

Kolb, B., Whishaw, I.Q. (1990): Fundamentals of human neuropsychology. Freeman, New York.

Krause, M.P., Schlack, H.G. (1992): Teilleistungsstörungen und Familie – pathogenetische Faktoren bei verhaltensauffälligen Kindern. Z. Kinder-Jugendpsychiat. 20: 94-99.

Largo, R.H. (1994): Kindliche Entwicklung – normal und gestört. In: Schlack, H.G., Largo. R.H., Michaelis, R., Neuhäuser, G., Ohrt, B. (Hrsg.): Praktische Entwicklungsneurologie. Marseille Verlag, München und Wien.

Schmidt M.H. (1985): Umschriebene Entwicklungsrückstände und Teilleistungsschwächen. In: Remschmidt, H., Schmidt, M.H. (Hrsg.): Kinder- und Jugendpsychiatrie in Klinik und Praxis., Band II Thieme Verlag, Stuttgart und New York.

# Führen und Folgen

## – eine bewegte Beziehungskiste

*Beate*
*Weber*

*Beate Weber*

# Führen und Folgen
# – eine bewegte Beziehungskiste

## 1. Theoretische Vorbemerkung

Die Begriffe „Führen" und „Folgen" wecken sicherlich nicht nur in mir zuerst negative Assoziationen: Machtanspruch und Ohnmacht, oben und unten, Befehl und Gehorsam und weitere ähnliche Begriffspaare schießen uns zuerst durch den Kopf. Und es soll auch nicht bestritten werden, daß die pädagogische Tradition – die ja nur ein Spiegelbild autoritativer Gesellschaftsstrukturen ist – voller Beispiele für ein sehr autoritäres Verständnis des pädagogischen Verhältnisses ist, in dem Eltern und Lehrer mit harter Hand zu führen und Kinder gefälligst folgsam und gehorsam zu sein haben.

Aber dennoch soll hier ein Versuch der „Ehrenrettung" dieser Begriffe unternommen und ihnen ein neuer, einem modernen und demokratischen Pädagogikverständnis entsprechender Sinngehalt unterlegt werden, schon allein deshalb, weil es sich um Kernbegriffe des pädagogischen Denkens handelt, die nicht an sich „gut" oder „schlecht" sind, sondern in jedem Zeitalter mit neuem Sinn und neuen Deutungen zu füllen sind.

Ein Kind erziehen heißt nichts anderes als: ein Kind führen. „Führen" ist ein zentraler Begriff der Pädagogik und steckt schon im Begriff „Pädagogik", der in der sinngemäßen Übersetzung „die Kunst der Kinderführung" (grch. pais = Kind; ago = ich führe) meint. Das Führen des Erwachsenen kann jedoch nur dann zum Ziel kommen, wenn die Bereitschaft zum Folgen besteht. Ohne Führen kein Folgen und umgekehrt.

Diese Bereitschaft zum Folgen kann nur aus Einsicht in Notwendigkeiten und dem Interesse am Erreichen eines gemeinsamen Ziels entstehen. Folgen in diesem Sinne meint also nicht ein desinteressiertes und erzwungenes „Hinterhertrotten", sondern eine aktive und selbstbestimmte Handlung. Ebenso soll Führen als ein kommunikativer Prozeß zwischen prinzipiell gleichwertigen Partnern verstanden werden, während aus einem einseitigen Verständnis von „Führung" im Sinne von „Bevormundung" nur eine disharmonische Beziehung resultieren kann, in der sich kein gegenseitiges Vertrauen und keine gleichberechtigte Kommunikation und Interaktion entwickeln können.

274

Führen und Folgen sind keine festgelegten Rollenzuschreibungen im pädagogischen Verhältnis. Es handelt sich eher um die Pole einer Bandbreite von Handlungsalternativen, zwischen denen das Verhalten beider Interaktionspartner hin- und herschwingt. Keiner folgt oder führt innerhalb einer Interaktion ständig. Zwar wird der Er- wachsene aus vielerlei Gründen häufiger der Führende sein, doch kann und darf er diese Rolle nur beanspruchen, wenn er selbst bereit ist, auch einmal der Folgende zu sein und sich vom Kind in dessen Erlebniswelt führen zu lassen.

Eine idealtypische pädagogische Beziehung besteht also aus einem ständigen Wechselspiel von Führen und Folgen und kann in ihrer Qualität anhand der Intensität und Koordination dieses Wechselspiels beurteilt werden. Unsere Bemühungen, Lernprozesse zu fördern und erlebnisreich zu gestalten, positive Fähigkeiten zu entwickeln (und nicht: Defizite und „Störungen" zu unterdrücken) und kindlicher Neugier und Betätigungslust entsprechende Spielräume zu eröffnen, hängen wesentlich davon ab, in wieweit wir uns auf ein solches gegenseitiges Führen und Folgen einlassen.

In der Psychomotorik haben diese Grundüberlegungen einen wichtigen Stellenwert. Ohne Wahrnehmung, Emotion, Kognition und Bewegung ist keine Beziehung zwischen Menschen möglich. Umgekehrt hängt jede Form von Bewegung letztlich auch von Beziehungen ab; unser Körper selbst stellt ja ein einziges Beziehungsgeflecht dar.

Führen und Folgen ist also nicht nur für interpersonale, also soziale Beziehungen ein wesentliches Prinzip, sondern auch für intrapersonale Vorgänge, bestimmt also auch die Aktivitäten unseres eigenen Körpers als Ausdruck eines permanenten Wechsel- und Zusammenspiels zwischen geistig-seelischen und körperbezogenen Impulsen, die erst in einem komplexen Zusammenwirken „Handlung" ausmachen. Da nun aber das gesamte Wahrnehmungssystem und jede Bewegungsausführung affektiv und kognitiv auf ein Führen und Folgen abgestimmt ist, kann angenommen werden, daß Prozesse mit wechselseitigem Führen und Folgen die bestmögliche Voraussetzung für sinnvolle Lernvorgänge und Bewegungsabläufe darstellen.

## 2. Praxis

Im folgenden wird beispielhaft aufgezeigt, wie TeilnehmerInnen mit dem Prinzip des Führens und Folgens auf drei Ebenen in Kontakt zu bringen sind:

– auf der Ebene der intrapersonalen Handlungssteuerung,
– auf der Ebene der Zwei-Personen-Beziehung,

– auf der Ebene von Gruppenbeziehungen.

Das Ziel dabei ist, das Führen und Folgen als universales Prinzip aller unserer Wahrnehmungs-, Handlungs-, Kommunikations- und Interaktionsvollzüge vorzustellen.

Dieser Zielsetzung entsprechend gliedert sich die Praxis in drei Phasen. Anfangs werden die TeilnehmerInnen gebeten, sich in drei Übungen mit der gezielten Wahrnehmung eigener Bewegungsabläufe auseinanderzusetzen, später werden vier Partnerübungen angeboten und zum Schluß wird durch drei Gruppenspiele das nicht immer ganz unproblematische Verhältnis von Führen und Folgen im sozialen Kontext verdeutlicht. Die Reaktionen einer Workshopgruppe auf die folgenden Aufgaben verdeutlichen mögliche Lösungen.

## 2.1 Erleben und Kennenlernen von Beziehungsgeflechten im eigenen Körper

**1. Übung:** Durch einen engbegrenzten Raum (ca. 16 qm für 20 Personen) in unterschiedlichen Tempi vorwärts und rückwärts gehen und dabei weder Personen noch Gegenstände berühren.

*Aufgabe:* Beobachten, welche Körperteile die Ausweichbewegungen anführen und welche der Ausführung folgen.

*Reaktion:* Es wurde deutlich, daß jeder ein individuelles Schema der Bewegungsführung entwickelt hat, auf daß er sich (insbesondere bei schnellen Bewegungsabläufen) unbewußt gut verlassen kann.

**2. Übung:** Unterschiedliche Fortbewegungsarten langsam ausführen (vorwärts/rückwärts gehen, hinsetzen, hinlegen, über Längsachse rollen), dabei die Bewegungsführung immer wieder von anderen Körperteilen übernehmen lassen.

*Aufgabe:* Herausfinden, wie sich gleiche Fortbewegungen – mit verschiedenen Körperteilen angeführt – in ihrer Qualität, Schnelligkeit und Ökonomie unterscheiden.

*Reaktion:* Die Unterschiedlichkeit der Bewegungsabläufe wurde am deutlichsten beim Rollen über die Längsachse beobachtet und empfunden. Diese Übung dient auch dem Kennenlernen und der Bewußtmachung der Serialität des Körpers (dies meint den Wechsel von Beuge- und Drehgelenken im Körperaufbau). Für die psychomotorische Praxis ist es sicherlich wichtig, die Unterschiedlichkeit von Bewegungsabläufen –

also etwa die völlig andere Charakteristik eines von den Zehen geführten Gangs gegenüber einem fersengeführten – beobachten und deuten zu lernen.

**3. Übung:** Ausführen einer ungewohnten Bewegung. Im Sitzen die Fußsohlen umfassen, die Arme befinden sich zwischen den Beinen. Langsam auf eine Seite abrollen und danach auf die andere Seite rollen. Versuchen, sich in dieser Haltung weiterzubewegen.

*Aufgabe:* Wie verhalten wir uns, wenn uns eine Bewegung fremd ist und wir nicht abschätzen können, welches Körperteil sich wie verhält und wir die Bewegung nicht klar steuern können? Versuchen, mit möglichst wenig Anstrengung und Kraft den Bewegungen mit Arm, Schulter, Bein und Hüfte zufolgen.

*Reaktion:* Die Fortbewegung in dieser Haltung bereitete viel Unsicherheit und Verwirrung und erforderte ein gewisses Maß an Selbstüberwindung. Die Bereitschaft zum Ausprobieren war anfangs begrenzt und mußte erst durch zusätzliche Anregungen geweckt werden. Diese Übung verdeutlicht ebenfalls die durch die Serialität des Körpers bedingten Gesetzmäßigkeiten unserer Bewegungsabläufe und vermittelt zudem sehr gut die Gefühle und Ängste von motorisch beeinträchtigten Kindern.

## 2.2 Führen und Folgen in Partnerübungen

**4. Übung:** Person A versucht Person B aus einer Position (Vierfüßlerstand) in eine andere Position (Schneidersitz) zu bewegen. Es werden verbale Instruktionen gegeben, allerdings darf die Endposition nicht genannt werden, sondern es soll jede Einzelbewegung beschrieben werden.
Zum Vergleich wird anschließend A von B non-verbal, also geführt durch Berührungen und Bewegungen, vom Stand zum Liegen bewegt.

*Aufgabe:* Welcher Weg zur Positionsveränderung wird als effektiver bzw. besser nachvollziehbar empfunden?

*Reaktion:* Da der zweite Weg den meisten TeilnehmerInnen klarer und verständlicher erschien, allerdings die Anfangs- und Endpositionen andere waren als zuvor, versuchte man den Grund hierfür in den „einfacheren" Positionen der non-verbalen Übung zu suchen.

Die anschließende Umkehrung der Übung verdeutlichte jedoch, daß unabhängig von den Positionen der Weg über Berühren und Bewegung zu einer direkteren Umsetzung führte als der sprachliche Weg.

Diese Übung macht bewußt, daß der direktere und „effektivere" Weg, mit anderen Menschen Kontakt aufzunehmen und Beziehungen aufzubauen, derjenige ist, der Berührungen und Bewegungen als Medien verwendet, so wie wir es im Umgang mit kleineren Kindern oft unbewußt tun.

**5. Übung:** Person A führt „blinde" Person B durch den Raum, indem sie nur an Drehgelenke (z.B. Armgelenk, Hals, Achselhöhlen) anfaßt. Danach führt B „blinde" A, indem sie nur Körperteile wie Kopf, Rücken, Becken oder Brustraum berührt.

*Aufgabe:* Ist die Qualität der Beziehungen unterschiedlich? Bei welchen Kontaktpunkten fällt das Folgen leichter bzw. schwerer?

*Reaktion:* Anfangs wurden keine wesentlichen Unterschiede zwischen beiden Varianten empfunden. Nach längerem Experimentieren und intensiverer Auseinandersetzung wurde deutlicher, daß das Führen an den Drehgelenken diffuser, dagegen das Führen an den „festen" Körperteilen klarer, richtungsweisender und verständlicher wirkte.

Das Führen an Drehgelenken deutet mehrere mögliche Bewegungsrichtungen an, kann also leicht mißverstanden werden. Insbesondere in hektischen Situationen kann z. B. das Anfassen eines Kindes am Handgelenk – etwa um eine Straße zu überqueren – leicht Panik und damit konfuse Reaktionen bewirken, da keine eindeutige Handlungsanweisung vermittelt wird.

**6. Übung:** Person A versucht Person B vom Liegen zum Sitzen und dann zum Stehen zu bringen, ohne sie aber allein durch die eigene Muskelkraft zu bewegen. Vielmehr sollen beide ihre Körper und ihre Bewegungen zusammen und gleichzeitig auf das Ziel hin organisieren. Anschließend tauschen A und B die Rollen.

*Aufgabe:* Auf welche Weise kann man eine andere Person mit möglichst geringer Anstrengung in eine andere Position bringen?

*Reaktion:* Zunächst kamen alte Schemata auf (in gebückter Haltung den sich besonders schwermachenden Partner hochhieven...), bis man dazu überging, gemeinsam den anführenden Bewegungen folgend sich „hochzuschrauben", indem die Bewegungen von den Dreh- und Beugegelenken stets in abwechselnden Richtungen ausgeführt wurden. Diese Übung regte dazu an, sich bestimmte anatomische Gesetzmäßigkeiten bewußt und die sich daraus ergebenden Bewegungsmöglichkeiten für eine möglichst ökonomische Bewegungsfolge zunutze zu machen.

278

**7. Übung:** Person A führt „blinde" Person B im Raum herum, indem sie abwechselnd den Rücken, Brustkorb, Kopf, Hand und Becken berührt. B kann auch zum Sitzen, Liegen, Knien etc. gebracht werden.

Danach führen sich A und B gegenseitig mit geöffneten Augen durch den Raum, wobei sie sich abwechselnd an unterschiedlichen Körperteilen berühren oder halten.

*Aufgabe:* Mit möglichst wenig Anstrengung die Körperbewegungen harmonisieren und auf ein gemeinsames Ziel hin organisieren.

*Reaktion:* Zum Ende hin entstanden kleine „Tänze", ein harmonischer Wechsel von Führen und Folgen, die von ihrer Ästhetik her mit Hilfe der Bewegung zu kinästhetischen Erlebnissen wurden. Bewegung und Körperwahrnehmung wurden hier zum Kommunikationsmittel.

Durch den kinästhetischen Sinn können Informationen bis zu zwanzigmal so schnell übermittelt werden als durch andere Sinne, haben somit einen viel unmittelbareren Effekt auf das Handeln als z. B. verbale oder visuelle Informationen.

## 2.3 Führen und Folgen in der Gruppe

**8. Übung:** Bäumchen-wechsel-dich-Spiel. Es werden kreisförmig 5 „Bäumchen" (Reifen oder Tesakrepp-Punkte) markiert. Pro Gruppe spielen 4 Personen mit.

*Aufgabe:* Jede Person besetzt einen Punkt. Das jeweils frei werdende „Bäumchen" soll möglichst schnell wieder besetzt werden, ohne daß eine Person zweimal hintereinander wechselt.

*Reaktion:* Bei 3 Gruppen wurden 3 verschiedene Möglichkeiten gefunden. Die erste Gruppe bewegte sich immer kreisförmig, indem das freie Feld stets von der rechts davon stehenden Person besetzt wurde. Diese feste Reihenfolge ergab eine sehr schnelle, jedoch bald langweilig werdende Lösung der Aufgabe. Unter Rückgriff auf eine einfache gesellschaftliche Konvention („Immer der Reihe nach") wurde eine sehr effektive, aber kommunikationsarme und routinierte Handlungsfolge erzielt. Eigentlich „führte" hier niemand, sondern es führte das Prinzip, dem alle folgten.

In der zweiten Gruppe wurde das freie Feld jeweils nach verbaler Verständigung besetzt. Es entstand viel Kommunikation, allerdings kam es auch manchmal zu Mißverständnissen oder zurückhaltenden Reaktionen. Demzufolge wurden die Felder wesentlich langsamer wiederbesetzt.

In der dritten Gruppe wurde sehr viel non-verbal kommuniziert. Durch ständiges Beobachten der Situation, Blickkontakte und Gesten wurde ein sehr lebendiger Prozeß in Gang gesetzt. Jeder verfolgte gespannt das Geschehen und mischte sich ein. Die Spannung und Begeisterung des Spiels löste oft Gelächter und Geschrei aus, das Tempo variierte stark.

**9. Übung:** Das Knotenspiel. Zwei Gruppen von jeweils 8 Personen halten sich im Kreis oder in einer Reihe an den Händen. Es beginnt ein Verknoten, indem mal über, mal unter andere Händepaare gestiegen oder gekrochen oder sich gedreht wird (ab und an darf sich auch mal loslassen und mit anderen Händen verbunden werden).

*Aufgabe:* Die eine Gruppe soll das Verknoten und anschließende Entknoten durch verbale Kommunikation regeln (einer gibt vor jeder Ausführung die Instruktion), die andere Gruppe soll non-verbal agieren.

*Reaktion:* Die erste Gruppe hat nach einiger Zeit – trotz weiterführender Kommentierung -einige Handlungsschritte aus Ungeduld übersprungen, da die Anweisungen oft umständlich, zeitaufwendig und mißverständlich waren.

In der zweiten Gruppe übernahmen alle die Initiative und lösten im Wechsel von Führen und Folgen den Knoten relativ schnell auf.

In diesem Spiel wurde besonders deutlich, wie wenig geeignet die sprachliche Verständigung zur Anleitung komplexer Bewegungsfolgen – zumal in unübersichtlichen Situationen – ist.

**10. Übung:** Das Baumstammspiel. 3 bis 99 Personen liegen direkt nebeneinander auf dem Boden und stellen so den Fluß dar. Es soll nun versucht werden, eine im rechten Winkel auf dem Fluß liegende Person – den Baumstamm – an das andere Ufer zu transportieren, indem sich alle Liegenden langsam in eine Richtung rollen.

*Aufgabe:* Die erste Gruppe versucht, den Baumstamm hinüberzurollen, indem die außenliegende Person mit der Bewegung startet und die anderen folgen. Bei der zweiten Gruppe soll eine in der Mitte liegende Person versuchen, den Impuls für die Drehbewegung zu geben.

*Reaktion:* In der ersten Gruppe erfuhr jeder von der nebenliegenden Person anhand der Berührung (die leider mit einem automatisch auftauchenden „Jetzt-rechts-herum" kommentiert wurde) den Impuls zur Fortführung der Wellenbewegung, so daß der Baumstamm sehr schnell auf der anderen Seite war.

Bei der zweiten Gruppe entstanden erwartungsgemäß Probleme, da die Drehbewegung der in der Mitte liegenden Person für die in Bewegungsrichtung liegende Person zwar einen verständlichen Anstoß für die Bewegungsausführung gab. Die auf der anderen Seite liegende Person jedoch verlor den Kontakt und reagierte verwirrt und zögerlich, so daß kein gleichmäßiger Bewegungsfluß entstand.

## Hinweise für Musik, die bei den Übungen unterstützend eingesetzt werden kann:

*Einige Instrumentaltitel*

- von dem Flötisten Hans-Jürgen Hufeisen (Titel: Mosaik; CD: Domino),
- der holländischen Klassik-Folk-Band Flairck (Titel: Syldavian Walz, Sofia, Aiofe; CD: The Emigrant, The very best of Flairck) und
- der Klassik-Pop-Band Sky (Titel: Gavotte & Variations, Andante; CD: Sky 2).

*Die klassischen Titel*

- von Pachelbel (Canon & Gigue),
- Marcello (Oboenkonzert, 3. Satz) und
- Ravel (Pavane pour une Infante défunte, Version für Flöte und Harfe).

# Dracula macht keine Fehler

## – Zum Symbolgehalt kindlicher Bewegungsspiele

**Renate Zimmer**

*Renate Zimmer*

# Dracula macht keine Fehler
# – Zum Symbolgehalt kindlicher Bewegungsspiele

## 1. Bewegungsspiele als symbolische Handlung

Kinder geben ihrem Spiel einen eigenen Sinn: Da wird der Kasten zum Piratenschiff, das gegen die von Land her angreifenden Feinde verteidigt werden muß, Softbälle bilden die Wurfgeschosse und aus einem mit Roll-brettern und Kastendeckeln gebauten Beiboot wird Nachschub für die Eroberer herbeigeschafft. Hat das nun Sinn oder ist es Unsinn, für die Kinder vielleicht ganz reizvoll, dem Erwachsenen aber unverständlich, ja sogar sinnlos?

Spiel ist nicht zufällig und nicht willkürlich, Kinder wählen auch für ihre Bewegungsspiele zumeist Themen aus, die ihrer Lebens- oder Phantasie-welt entstammen, die einen unmittelbaren Bezug zu ihrer Lebenssituation haben oder – wie in obigem Beispiel – unverarbeitete Eindrücke – aus Fernsehen oder anderen elektronischen Medien – widerspiegeln und so zum Ausdruck bringen.

Erlebnisse des täglichen Lebens können im Spiel immer wieder aufs Neue thematisiert werden, um auf diese Weise bearbeitet zu werden.

So ist auch Dracula, die Titelfigur meines Beitrags, eine „Erfindung" von Nils (1), einem Kind aus einer unserer Therapiegruppen. Als Dracula unterliegt Nils zwar bestimmten Regeln, etwas anderen als denen, die in unserer Psychomotorikstunde üblich sind. Klar- ein Vampir kann weder Pedalofahren noch wird er sich widerstandslos in ein Fangspiel integrieren lassen, aber ein Vampir kann stattdessen fliegen, von hohen Türmen herunterflattern, ein Opfer suchen, den „normalen Menschen" Angst einjagen.

Nils ist ein sprachbehindertes Kind, die Ursachen seiner Behinderung sind vielfältig und liegen u.a. auch in familiären Problemen begründet . Sich sprachlich auszudrücken fällt ihm schwer, hier scheint er viele Fehler zu machen. Also vermeidet er zunächst das Sprechen, denn dann fällt es ja nicht so auf, daß er manche Laute nicht richtig aussprechen kann, daß andere ihn nicht verstehen. Sich über Bewegung auszudrücken fällt ihm dagegen leichter. Oft wird das Bewegungsspiel  für ihn zu einer Art *symbolischer Handlung*, er übernimmt eine Spielrolle und wird in dieser meist auch von den anderen akzeptiert. Als „Dracula" findet der sonst eher ängstliche und zurückhaltende Junge Zugang zu den anderen Kindern, vor Dracula hat jeder Respekt.

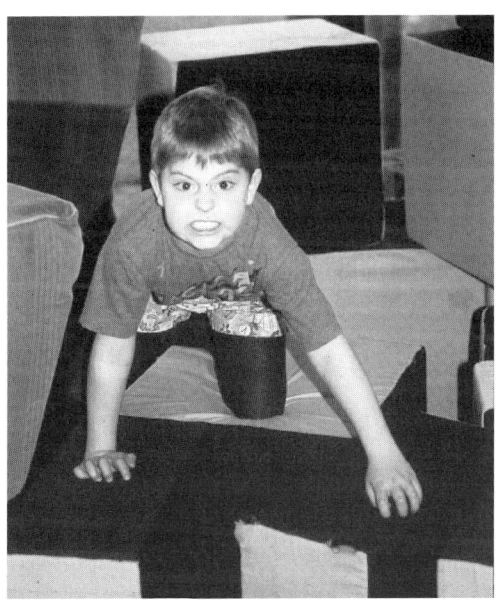

Es ist ein bißchen Lustangst, die er ihnen einjagt, wenn er sich mit furchterregender Gebärde und drohender Stimme „Dracula – beißen" nähert. Sie jagen Dracula, flüchten vor ihm, verstecken sich, rufen ihn, lassen sich fangen und nehmen Reißaus. Auch wir Erwachsenen, die die Gruppe leiten, sind in das Spiel involviert. Uns beißt Dracula natürlich besonders gerne. Und wer fürchtet sich nicht vor den fletschenden Zähnen und dem finsteren Gesicht?

In seiner Rolle als Dracula arbeitet Nils vieles auf, was er nicht sprachlich äußern kann und vielleicht auch nicht will, er übt sich in Kontaktaufnahme, wagt Dinge, die er sich in der Realität – zunächst – nicht zutrauen würde und erntet Anerkennung, die ihm Mut zur Bewältigung seiner Kontaktschwierigkeiten gibt.

An Beispielen wie denen von *Nils* und *Dracula* möchte ich vorstellen, welche Bedeutung das Symbol- und Rollenspiel in der Psychomotorik hat, und warum es zu den aus meiner Sicht wichtigen Themen und Inhalten von Bewegungsangeboten für Kinder mit Entwicklungsauffälligkeiten und Verhaltensproblemen gehört.

Meine Überlegungen – das möchte ich betonen – sind weniger aus einer wissenschaftlichen Auseinandersetzung mit der Problematik entstanden, sondern aus meinen praktischen Erfahrungen mit Kindern, aus der Beobachtung des kindlichen Spielverhaltens in Bewegungssituationen und dem unmittelbaren Anteilnehmen an diesen Spielsituationen. Die theoretische Reflexion öffnete mir dann aber das tiefere *Verständnis* der kindlichen Bewegungshandlungen und damit auch Wege, diesen Aspekt in meiner praktischen Arbeit mit Kindern weiter auszubauen. Hatte ich mich doch schon seit längerer Zeit gefragt, was denn den wichtigsten therapeutischen Effekt in der Psychomotorik ausmacht? Oft liegt der therapeutische Wert nämlich gar nicht da, wo er vermutet wird, in der Koordinationsschulung mit dem Pedalo und dem Stehen auf dem Therapiekreisel, sondern in den Spielzusammenhängen, in denen diese Geräte benutzt werden (vgl. hierzu auch Seewald 1992, 1993).

So kann auch scheinbar fehlerhaftes, störendes Verhalten eines Kindes in einem neuen Sinnzusammenhang gesehen werden. In symbolischen Handlungen drücken Kinder ihre Probleme aus und schaffen sich dabei oft auch selbst Chancen, diese zu bewältigen. Und diese Ansätze muß der Erwachsene, die Erzieherin, der Lehrer, die Sozialpädagogin, der Therapeut vor allem zu verstehen und zu unterstützen versuchen.

Symbole sind Zeichen, Sinnbilder. Sie stehen für etwas, was zwar ist oder sein kann oder soll, aber nicht unmittelbar so ausgedrückt oder gelebt werden kann. Sie sind quasi Stellvertreter, wie etwa das „durchdrehende Kind" auf dem Buchumschlag Symbol für eine sich gegen Überforderung und Perfektion wehrende Generation von Kindern steht.

Ich will im folgenden zunächst einige allgemeine Überlegungen zur Symbolhaftigkeit kindlichen Spielens anstellen und dann aufzeigen, welche Chancen Kinder in solchen symbolischen Handlungen haben, ein ursprünglich negatives Selbstbild zu verändern, Kommunikationsprobleme zu bewältigen oder Alternativen für störendes Verhalten kennenzulernen.

Psychomotorik muß – so meine Losung – **Hilfe zur Selbsthilfe** geben, muß Chancen suchen, wie selbstheilende Kräfte beim Kind freigesetzt werden können. Wie dieser Anspruch praktisch realisiert werden kann, will ich anhand einiger Fallbeispiele zu verdeutlichen versuchen.

## 2. Spiel und Bewegung – elementare Ausdrucksformen des Kindes

Spiel und Bewegung gehören zu den elementaren Ausdrucksformen des Kindes. Durch Bewegung drückt sich das Kind aus und teilt sich mit. Auf diesen Erkenntnissen basiert auch ein großer Teil der Spiel- und Bewegungsangebote in der Psychomotorik. Bei entsprechendem Freiraum binden Kinder Bewegungsspiele mit Vorliebe in Bilder und Geschichten ein; sie spielen komplexe Szenen und wählen dabei meist Themen aus, die sie selbst betreffen und die für sie eine bestimmte Bedeutung haben. Im Spiel setzen sie vor allem ihren Körper ein, aber oft sind die Spielszenen auch mit sprachlichen Äußerungen verbunden (das Polizeiauto ist an der Sirene erkennbar, das Schwingen am Tau wird von Tarzanschreien begleitet). Bewegungshandlungen werden so in einen sinnhaften Zusammenhang gestellt, dessen tiefere Bedeutung dem Pädagogen oder Therapeuten erst dann bewußt wird, wenn er die jeweilige Lebenssituation und -geschichte der Kinder kennt und ihre Handlungen daraufhin zu verstehen versucht.

Im Spiel arbeiten Kinder auch Vergangenes, Erlebtes auf, das Spiel dient ihnen als Medium der Äußerung und – unbewußten – Bearbeitung von Konflikten.

Selbstbestimmte Aktivitäten veranlassen das Kind, seine Fähigkeiten und Kräfte voll einzusetzen. Den Sinn seiner Handlungen definiert das Kind selbst, es stellt für sich und z.T. mit anderen Regeln auf, die den Spielverlauf bestimmen. Um dies realisieren zu können, muß ein entsprechend großer Handlungsspielraum vorhanden sein.

Das Spiel nimmt in der Psychomotorik auch deswegen einen besonderen Stellenwert ein, weil es die dem Kind angemessene Form, sich auszudrücken ist. Gerade die Verbindung der beiden Medien Spiel und Bewegung eröffnen ein breites Spektrum von pädagogischen wie therapeutischen Anlässen. Spielen kann Kindern z.B. Entlastung bringen; ein erster Schritt zur Verarbeitung belastender Erlebnisse ist oft schon getan, wenn diese im Spiel handelnd ausgedrückt werden. Auch „Spielhandeln" kann zur Lösung von Problemen beitragen.

*So spielt z.B. Cornelia, ein fünfjähriges Mädchen aus einer unserer Therapiegruppen, seit Wochen in fast jeder Stunde Krankenhaus. Jedem Gerät, jeder Spielsituation wird eine entsprechende symbolische Bedeutung verliehen: Auf dem Mattenstapel in einer Ecke der Halle ist der Operationstisch, auf den sie jeden, der sich nicht dagegen wehrt, schleppt und mit Seilen und Tüchern auf die „Operation" vorbereitet. Mit dem Heulrohr gibt es eine Spritze und sofern sie einen Spielpartner gefunden hat, der weiter mitmacht, wird er aufs Rollbrett verfrachtet und mit „Tatütata" herumgefahren. Cornelia hatte vor ein paar Wochen traumatische Erfahrungen bei einer Augenoperation im Krankenhaus gemacht und schlief in den ersten Wochen nach der Entlassung aus dem Krankenhaus keine Nacht mehr durch. Seit sie wieder in unserer Gruppe ist und wir zwar nicht unmittelbar auf ihre Ideen eingehen, diese aber tolerieren und einige Kinder auch einfach mitmachen und es z.T. sogar genießen, von Cornelia sorgsam auf dem Rollbrett gefahren zu werden, ist ihre Symptomatik deutlich besser geworden. Nach Angaben der Mutter machte sie vor ein paar Tagen sogar eine Kontrolluntersuchung im Krankenhaus, gegen die sie sich vorher standhaft geweigert hatte, vorbehaltlos mit.*

Bewegungsspiele wie die hier geschilderten sind keine geplanten Rollenspiele, sondern entstehen aus der Situation heraus. Die Verarbeitung der Erlebnisse geschieht auf mittelbare Weise: Die Kinder spielen sich das Problem, das sie belastet, einfach „vom Leibe". Das Spiel hat hier ein kathartische, reinigende Funktion.

Um solche Prozesse in Gang zu setzen, muß die Spielsituation jedoch bestimmte Rahmenbedingungen erfüllen; es handelt sich bei diesen Bedingungen um Merkmale, die ich als konstituierend für psychomotorische Fördermaßnahmen bezeichnen möchte.

## 2.1 Individuelle Sinngebung und Bedeutungsoffenheit

Im Spiel werden häufig fiktive Situationen geschaffen, die für das Kind eine symbolische Bedeutung haben. Dabei spielen Erlebnisse des Kindes, Erinnerungen und auch Vorstellungen eine wesentliche Rolle. Handlungen erhalten eine Bedeutung, die seine Umgebung in einen neuen Sinnzusammenhang stellen. Das Kind spielt Realsituationen nach, arbeitet dabei Erlebtes auf.

Andererseits geben die Symbol- und Rollenspiele auch die Gelegenheit, Handlungsalternativen auszuprobieren. Die Kinder ahmen nicht nur die Rollen ihrer Bezugspersonen, von Phantasiefiguren oder Fernsehhelden nach, sie identifizieren sich auch mit der übernommenen Rolle: Sie sind wilde Löwen, ein Polizist, Kung Fu oder Dracula. Rollen und Situationen werden in Bewegung dargestellt und mit körperlichen und gestischen Mitteln zum Ausdruck gebracht (dramatisierende Spiele) und bieten so die Gelegenheit zum Erproben von Verhaltensweisen, die in der Realität kaum erreichbar erscheinen.

So ermöglicht die Darstellung von Tieren dem Kind, in die Rolle des Stärkeren, aber auch des Schwächeren zu schlüpfen. Spielt es z.B. ein aggressives, unbesiegbares Tier, können in ihm Fähigkeiten (z.B. Durchsetzungsvermögen) geweckt werden, die es sich selbst im Alltag kaum zutrauen würde. Oft übernimmt es auch die Rolle dessen, vor dem es sich im Alltag oder in seiner Vorstellung fürchtet. Es spielt einen bösen Hund, eine Hexe oder einen Räuber. Mit der **Reproduktion** und auch der Vorwegnahme von Situationen, die angstbesetzt sind, kann das Kind Spannungen abbauen, Aggressionen abreagieren, unerfüllte und unerlaubte Wünsche in konkreter und symbolischer Form realisieren und so sein seelisches Gleichgewicht stabilisieren (vgl. Zimmer 1991) .

Diese Überlegungen führen zu einem weiteren, das Spiel konstituierenden Merkmal:

## 2.2 Umkehrung üblicher Einfluß- und Machtbeziehungen

Im Spiel können sich Ereignisse und Rollen umkehren, sie können entsprechend den Absichten und Vorstellungen des Kindes behandelt werden und nicht so, wie sie sich normalerweise ereignen. Damit wird dem Kind das Erproben neuer Verhaltensmuster möglich ohne die fatalen Folgen, die ihre Anwendung im Ernstfall haben kann.

Hierzu ein weiteres Beispiel aus einer unserer Therapiestunden:

*An einer zwar breiten, aber steilen Rutsche – bestehend aus Langbänken, die an einer Sprossenwand eingehängt sind und auf denen feste, glatte Judomatten liegen – sind fast alle Kinder der Psychomotorik-Gruppe intensiv beschäftigt. Trotz aller Einbahnstraßen – Gebote (um sich selbst beim Rutschen nicht zu behindern, soll an der Sprossenwand* hochgeklettert werden, so daß die Rutsche nur in einer Richtung – nach unten – betreten wird), ist auf den Matten ein wildes Klettern und Rutschen zugange. Am Rande steht Anja, ein kräftiges, aber sehr ängstliches, zurückhaltendes sechsjähriges Mädchen, das sich nicht traut, sich in das Gewühle hineinzubegeben. Alle meine Angebote, die Rutsche wenigstens zeitweise für sie freizumachen, ihr Platz zu verschaffen oder mit ihr gemeinsam zu rutschen, werden von ihr nicht angenommen. Sie steht und schaut zu, macht einige vergebliche Versuche, einen Fuß auf den Rand der Rutsche zu setzen, die sie aber sofort wieder abbricht, wenn ihr jemand in die Quere kommt.

Plötzlich betritt sie auf allen Vieren die Mattenbahn, ruft laut: „Jetzt kommt Arthur", und begibt sich mitten in die rutschenden und kletternden Kinder hinein. Noch einmal „Jetzt kommt Arthur, Platz da". Etwas verdutzt werden die anderen Kinder aufmerksam und machen bereitwillig Platz. Anja kriecht bis an die oberste Stelle der Rutsche hoch, dreht sich um und ruft noch einmal laut (so als habe sie Angst vor der eigenen Courage), „Jetzt rutscht Arthur, ich bin Arthur" und rutscht hinunter. Ich erkundige mich, wer denn Arthur ist und höre von einem der Kinder, daß dies der starke Elefant aus einer Fernsehserie sei – allen anderen offensichtlich wohlbekannt. Als ich Anja ein wenig später mit ihrem Namen anspreche, erwidert sie „Ich bin Arthur". Artur verschafft sich Platz, Arthur ist stark, das weiß Anja und das wissen alle anderen, also halten sie sich an die unausgesprochene Regel, daß man einem Stärkeren Platz macht.

Als Anja am Ende der Stunde von ihrer Mutter abgeholt wird, strahlt sie und wiederholt mehrere Male „Ich bin Arthur"....

## 2.3 Ambivalenz

Die Motivation zur Beteiligung am Spiel geht in der psychomotorischen Therapie vom Erlebnisgehalt der Spielsituation aus. Das Spiel ist spannend, wenn sein Ausgang offen ist, der Grad der Spannung jedoch vom Kind selbst reguliert werden kann. Spannung, Aufregung, Erregung entstehen, wenn man unsicher ist, ob ein Problem bewältigt, eine selbstgestellte Aufgabe erfüllt werden kann. Die Spannung darf allerdings nicht zu groß, zu langandauernd sein, die Anforderungen dürfen das Kind weder unter- noch überfordern, da sonst die Ambivalenz aufgehoben wird, das Spiel wird uninteressant und schnell von den Kindern abgebrochen.

Bewegungsangebote müssen daher immer einen „passenden" Schwierigkeitsgrad haben, der bei den Kindern die Spannung des Gelingens oder Nichtgelingens erzeugt. Da im Rahmen einer Gruppentherapie die Leistungsvoraussetzungen immer so heterogen sein werden, daß es nie nur einen für alle passenden Schwierigkeitsgrad geben kann, müssen die Angebote unterschiedliche Lösungsmöglichkeiten eröffnen.

Zusammenfassend können Symbolspiele also folgende Formen annehmen:

– **Imitation**

  Nachspielen der Wirklichkeit, Aufarbeiten von Ereignissen, Verarbeitung von Erlebnissen (retrospektiv, zurückschauend)

– **Kompensation**

  Korrektur der Wirklichkeit, Verändern von Rollen, Erproben von Handlungsalternativen (prospektiv, vorausschauend)

– **Antizipation**

  Vorwegnahme möglicher oder gewünschter Ereignisse, Überprüfung von Handlungsalternativen auf ihre möglichen Wirkungen

## 3. Bedeutung des Symbolspiels für die Selbstentwicklung des Kindes

Ich habe in früheren Vorträgen und in Veröffentlichungen immer wieder auf die Bedeutung von Körper- und Bewegungserfahrungen hinsichtlich der Selbstentwicklung (Identität) des Kindes hingewiesen (Volkamer/Zimmer 1986, Zimmer 1994, 1995) und möchte auch im Zusammenhang mit dem Symbolspiel dieses Thema wieder aufgreifen. Einen besonderen Stellenwert nehmen dabei – neben dem Verhalten des betreuenden Erwachsenen – auch die Spielgeräte ein.

Schäfer (1983) unterscheidet verschiedene Perspektiven des Selbstbezugs im Spiel, dazu gehören z.B.

### 3.1 Das Spiel als Selbstsymbolisierung

Das Kind trifft in Spielsituationen und auch in Geräten und Spielzeug auf Symbole, in denen es sich wiederfinden kann, so als wäre es selbst dieses Spielzeug oder die Spielsituation selbst. Selbstsymbole können Objekte, Handlungen oder Phantasien sein, gemeinsam ist ihnen ihre Bedeutung im Hinblick auf das Selbst.

So kann ein Luftballon z.B. Beziehungen stiften, auch wenn diese gar nicht ausdrücklich eingegangen werden. Der Luftballon fliegt schon nach geringstem Anstoß durch die Luft – ein sehr hilfreicher Prozeß gerade für ängstliche Kinder, die sich durch den Ballon zum Spielen angeregt fühlen. Er fordert zum Handeln heraus (der Ballon stellt das eigene Selbst dar), er fliegt auch zu nicht angezielten Orten, zu Spielpartnern, die – auch wenn sie den Ballon nicht zurückspielen, zumindest als Abprallfläche dienen, und so kommt der Ballon wieder zu mir zurück. Er fliegt – leicht und schwerelos –, so wie ich mich auch selbst gerne bewegen möchte.

### 3.2 Spiel als Selbstentwurf

Das Spiel ermöglicht dem Kind auch den Entwurf eines veränderten Selbst. Handlungsalternativen können erprobt und Handlungsspielräume neu entworfen werden. Das Kind „bastelt" (Schäfer 1983, 349) an seinem Selbst, es sieht sich selbst in neuen Zusammenhängen. Dies führt zum

### 3.3 Spiel als Selbstgestaltung

Im Spiel kann man ein ideales Selbst entwerfen, eine Rolle, mit der man sich identifizieren kann, Größe und Stärke erfahren, obwohl man doch eigentlich klein und schwach ist.

*Beispiel: Mit heulenden Sirenen düst Sven auf dem Rollbrett durch den Raum, ein Seil mit sich führend, das er jedem, der sich nicht wehrt, um die Hand oder ans Bein bindet – denn er ist ein Polizeiauto.*

*Er ist alles zur gleichen Zeit: Polizeiauto und Polizist, sogar die Sirene. Schnappt er einen anderen Autofahrer, hagelt es gleich Strafmandate „Sie sind viel zu schnell gefahren". Bevor man Gefahr läuft, ins Gefängnis (Tor) abtransportiert zu werden, kann man sich mit horrenden Summen auslösen. Mit dem Erfolg, daß man nach 2 Minuten schon wieder beim Zuschnellfahren ertappt wird.*

Die Szene läßt sich aus verschiedenen Perspektiven erklären: Die Rolle des Polizisten verleiht Macht, er ist gegen jeden Angriff gefeit. Durch das grüne Rollbrett, das von den Kindern eindeutig als Polizeiauto gedeutet wird, konnte sich Sven die unantastbare Macht des Polizisten aneignen. Sie ermöglichte neue Verhaltensweisen, die ihm ohne den Schutz der Rolle nicht denkbar gewesen wären. Bezeichnend ist in solchen Spielsituationen übrigens das „Sie", das die Distanz zwischen der übernommenen Rolle und der Person, von der sie gespielt wird, ebenso ausdrückt, wie das neue Verhältnis zwischen den Spielteilnehmern.

Solche Wirkungen können Spielsituationen aber nur dann haben, wenn auch negative Gefühle nicht verboten, sondern in Regeln und gemeinsam festgelegten Grenzen ausgelebt werden können. Gerade das Bewegungsspiel, der Umgang mit Geräten, das Arrangement gemeinsamer Spielsituationen, bietet hierfür viele Möglichkeiten.

## 4. Handeln in sinnhaften Zusammenhängen

In der psychomotorischen Spielsituation wird eine vorbereitete Umgebung geschaffen, die dem Kind spontanes Handeln erlaubt. Das Handlungsfeld, der Spielraum wird vom Erwachsenen vorbereitet, das Kind bestimmt jedoch selbst, wie es das Angebot aufnimmt und ausgestaltet. An die Stelle des Trainings defizitärer Funktionen in mehr oder weniger sinnreduzierten Handlungszusammenhängen (Kautter 1988, 230) werden die Bewegungsangebote in komplexere Situationen, deren Sinn das Kind bestimmt, eingebettet.

Wenn Entwicklung vom Kind selbst mitgestaltet werden kann, dann müssen dem Kind Gelegenheiten zum spontanen Handeln angeboten werden, die ihm sinnvolle, interessante Erfahrungen ermöglichen. Wenn Entwicklung eine schöpferische Arbeit des Kindes ist (diese Arbeit setzt eine bestimmte fördernde Haltung der Umwelt voraus), dann muß dem Kind auch Spielraum zur freien Entscheidung gegeben werden. Bezogen auf mein Thema bedeutet dies, daß die symbolische Dimension sich überhaupt in den Bewegungsangeboten entfalten können muß.

# 5. Psychomotorik als Hilfe zur Selbsthilfe

Psychomotorische Förderung ist eine erlebnisaktivierende Förderung. Das Kind wird durch die Bewegungsangebote zur spontanen Aktivität aufgefordert und dabei auch mit Spielsituationen konfrontiert, die Mut erfordern, gleichzeitig aber auch Freude und Lust vermitteln. Es entscheidet dabei aber selbst, was es sich zutraut und wo es sich (noch) zurückhält.

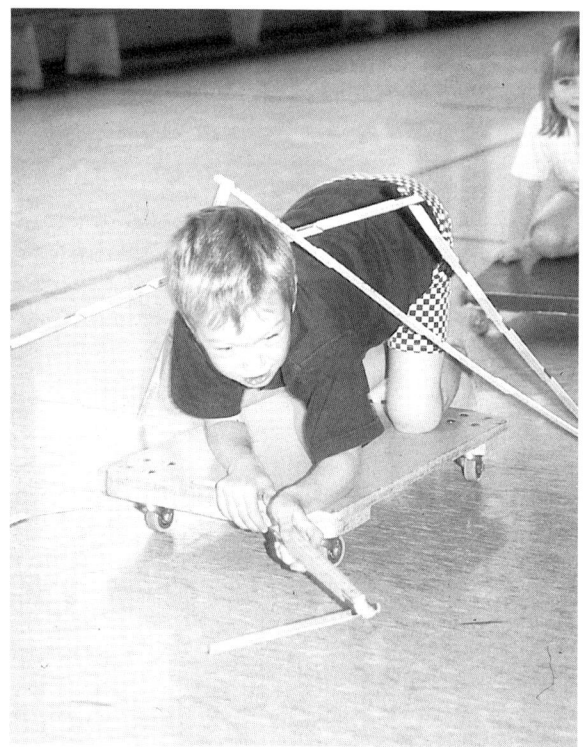

Die Bewegungssituationen ermöglichen dem Kind, eine Balance zwischen Hilfe und Selbsthilfe herzustellen und zunehmend auch in Problemsituationen selbständiger zu agieren. Die Aufgabe der Pädagogin ist hier, dem Kind zu helfen und zu erkennen, wo der Übergang von der Fremdhilfe zur Selbsthilfe liegt und die Bedingungen so auf die Fähigkeiten der Kinder abzustimmen, daß sie sich möglichst viel selbst helfen können.

Der Erwachsene unterstützt das Bestreben des Kindes, eine Aufgabe alleine zu meistern (oder versucht, beim Kind den Wunsch zu wecken).

Anstelle direkter Anweisungen gibt er eher indirekte Hilfen durch verbale Kommentare, Reflexionen, Informationen.

Auch bei solchen intrinsisch motivierten Spiel- und Bewegungshandlungen werden die motorischen Fähigkeiten der Kinder gefördert und ihr allgemeines Leistungsniveau – gleichsam nebenbei – verbessert. Anders als bei einem Funktionstraining zum Ausgleich von Bewegungsstörungen oder motorischen Auffälligkeiten wird das Kind in psychomotorischen Fördermaßnahmen jedoch nicht als Objekt pädagogischer bzw. therapeutischer Bemühungen gesehen, sondern kann selbständig mitentscheiden, die Spielsituation deuten.

Kinder handeln in ganzheitlichen Bedeutungszusammenhängen. Sie erleben eine Spielsituation als Ganzes, das Rollbrett ist für sie kein Gerät, mit dem sich Orientierung im Raum, Koordination oder Raum – Lage – Wahrnehmung üben läßt, es erhält vielmehr eine symbolische Bedeutung. Meist ist es ein Auto, das man kreuz und quer durch den Raum steuern kann und das vielerlei Geräusche produziert. Wenn die Rollbretter – wie in obigem Beispiel – unterschiedliche Farben haben, ergeben sich aus diesen neue Spielideen: Die roten Rollbretter stellen die Feuerwehr, die grünen die Polizei, die gelben ADAC – Autos, die andere abschleppen können, dar. So ergeben sich schnell komplexe Szenen, in denen die Kinder aktive und passive Rollen einnehmen.

Aber auch hier ist klar, daß ein Autofahrer lenken, bremsen und ausweichen können muß, daß er um Hindernisse herumfahren und Zusammenstöße vermeiden sollte. Also ergibt sich aus der Idee „Autofahren" bereits eine ganze Palette von Handlungsmöglichkeiten, die einerseits zur Zunahme der Bewegungsgeschicklichkeit führen, andererseits jedoch genügend Spielraum lassen für eigene Spielimpulse, Ideen und Situationsdeutungen. Motorische Förderung wird hier in einen dem Kind einsichtigen Sinnzusammenhang gestellt und nicht als isoliertes Funktionstraining aufgefaßt. Die Spielanlässe tragen dazu bei, daß Kinder in ihrer motorischen, aber auch in ihrer sozialen, kognitiven, sprachlichen und emotionalen Entwicklung auf vielfältige Weise angeregt werden.

In einer Welt des passiven Konsumierens und Bilderschauens, des Hebelziehens und Knöpfedrückens gewinnen die Kinder eine Vielzahl von Eindrücken, die der Verarbeitung auf einer elementaren Ebene bedürfen. Hier sind die leibhaftigen Erfahrungen zu unersetzlichen Äußerungsformen des Kindes geworden. Eine Kindheit, die durch den Verlust an Eigentätigkeit und Primärerfahrung gekennzeichnet ist, durch Sinnverlust und Sinnesarmut, braucht das symbolhafte körper- und sinnesbetonte Spiel.

Nur so kann das Kind die vielfältigen Eindrücke, denen es im Alltag ausgesetzt ist, verarbeiten und selbständig handeln lernen.

Wichtiger als das Erklären von Entwicklungsproblemen bei Kindern und Suchen nach den Ursache halte ich das Verstehen der kindlichen Spielhandlungen, denn nur über das Verständnis ist auch eine Annahme des Kindes mit allen vermeintlichen Fehlern und Problemen möglich.

---

(1) Anmerkung: Die hier dargestellten Fallbeispiele wurden per Video aufgezeichnet.

# Literatur

Jaede, W.: Spieltherapie. In: Bastine, R. u.a.(Hrsg.): Grundbegriffe der Psychotherapie. Weinheim: Beltz 1982

Kautter, H. u.a.: Das Kind als Akteur seiner Entwicklung. Heidelberg: Schindele 1988

Kiphard. E.J.: Motopädagogik. Dortmund: Modernes Lernen 1984

Kiphard, E.J.: Mototherapie I und II Dortmund: Modernes Lernen 1983

Schäfer, G.: Spiel, Phantasie und Selbstbezug. In: Kreuzer, K.J. (Hrsg.): Handbuch der Spielpädagogik. Band 1. S. 337 – 355

Schmidtchen, S.: Klientenzentrierte Spiel- und Familientherapie. Weinheim: PVU 1991

Seewald, J.: Leib und Symbol. München: Fink 1992

Seewald, J.: Entwicklungen in der Psychomotorik. In: Praxis der Psychomotorik. 18 (1993) 4

Volkamer, M./Zimmer, R.: Kindzentrierte Mototherapie. In: Motorik 9, 1986

Zimmer, R.: Kreative Bewegungsspiele – Psychomotorische Entwicklungsförderung im Kindergarten. Freiburg: Herder 1994[6]

Zimmer; R.: Darstellendes Spielen und Tanzen. In: ZIMMER, R.(Hrsg.): Spielformen des Tanzens. Dortmund: Modernes Lernen 1991[3]

Zimmer, R.: Psychomotorische Therapie – Eine kindzentrierte Methode der Förderung entwicklungs- und verhaltensauffälliger Kinder. In: Alfermann, D:/Scheid,V.(Hrsg.): Psychologische Aspekte von Sport und Bewegung in Prävention und Rehabilitation. Köln: bps 1994, S. 16 – 26

Zimmer, R.: Handbuch der Bewegungserziehung. Freiburg: Herder 1995[4]

Zimmer, R./Cicurs, H.: Psychomotorik. Schorndorf: Hofmann 1993[3]

Fotos: H.J. Beins

# Autorenverzeichnis

**Anders, Wolfgang**
Sonderschullehrer im Hochschuldienst, Fachbereich Sonderpädagogik
der Universität Dortmund
Pestalozzistr. 15
50171 Kerpen

**auf der Heide, Marcella**
Sportpädagogin, Motopädin, Lehrerin für Edukinestetik
Haffstr. 14
53225 Bonn

**Beins, Hans Jürgen**
Sportpädagoge im Förderverein Psychomotorik,
Leiter der Rheinischen Akademie im Förderverein Psychomotorik
Hausdorffstr. 65
53129 Bonn

**Beudels, Wolfgang**
Sportpädagoge im Förderverein Psychomotorik Bonn,
Mitarbeiter am Fachbereich Sonderpädagogik der Universität Dortmund,
Lehrteam der Rheinischen Akademie
Giselherstr. 3
53179 Bonn

**Braun, Gisela**
Dipl. Pädagogin bei der Arbeitsgemeinschaft Kinder- und Jugendschutz,
Landesstelle NRW
Hohenzollernring 85-87
50672 Köln

**Brüx, Matthias**
Motopäde im Kindergarten Hamminkeln
Sedgefieldstr. 1a
46499 Hamminkeln

**Defersdorf, Roswita**
Buchautorin, betroffene Mutter, Referentin in der Erwachsenenbildung
Anderloher Str. 42
91054 Erlangen

**Deimel, Dr. Hubertus**
Hochschullehrer an der Deutschen Sporthochschule Köln,
Gestalttherapeut
Carl Diem Weg 6
50933 Köln

**Drefke, Helma**
Hochschullehrerin an der Deutschen Sporthochschule Köln,
Bewegungstherapeutin
Carl Diem Weg 6
50933 Köln

**Hermans, Regine**
Sozialarbeiterin bei der Lebenshilfe Bonn
Königstr. 152 a
53332 Bornheim

**Höhne, Manfred**
Rektor der Königin-Juliana-Schule (Sonderschule für Geistigbehinderte),
Lehrteam des AKM
An der Burg Medinghoven 22
53123 Bonn

**Holtz, Renate**
Krankengymnastin im Kinderneurologischen Zentrum im
Gustav-Heinemann-Haus
Waldenburger Ring 46
53119 Bonn

**Lauff, Prof. Dr. Werner**
Professor an der Universität Hamburg, Erziehungswissenschaftler,
Institut für Sozialpädagogik, Erwachsenenbildung und Freizeitpädagogik
Von Melle Park 8
20146 Hamburg

**Lensing-Conrady, Rudolf**
Geschäftsführer im Förderverein Psychomotorik Bonn, Erfinder von
psychomotorischen Übungsgeräten zur Gleichgewichtsförderung,
Lehrteam der Rheinischen Akademie
Stieldorfer Str. 1
53229 Bonn

**Manz, Christiane**
Sport- u. Tanzpädagogin, Dozentin am Bruckner-Konservatorium Linz
Wildbergstr. 18
A – 4040 Linz

**Oertel-Goetz, Iris**
Lehrerin, Familientherapeutin, Referentin in der Erwachsenenbildung
Muffendorferstr. 16
53177 Bonn

**Pees, Jürgen**
Sozialpädagoge, Motopäde, Gestalttherapeut
Römerstr. 41
53757 Siegburg

**Pirnay, Lutz**
Konrektor der Martinus-Schule (Sonderschule für Sprachbehinderte),
Referent in den Bereichen Entspannung, Psychomotorik und Kinesiologie
Grabenstr. 1
52499 Baesweiler

**Pütz, Günter**
Sportpädagoge im Förderverein Psychomotorik,
Leiter des Förderzentrums E.J. Kiphard – Rheinische Modelleinrichtung
für Psychomotorik, Lehrteam der Rheinischen Akademie
Graurheindorfer Str. 74
53111 Bonn

**Rüdel, Markus**
Projektleitung des Kinder- und Jugendcircus Linoluckynelli in Köln
Unnauerweg 96a
50767 Köln

**Saure, Ursula**
Trainerin für NLP, Institut für Neuro Linguistisches Lernen, MBA,
Therapien für Kinder, Jugendliche mit Lern- und Leistungsstörungen
Rottenburgstr. 2
53115 Bonn

**Schlack, Prof. Dr. Hans G.**
Ärztlicher Leiter des Rheinischen Kinderneurologisches Zentrums Bonn
Waldenburger Ring 46
53119 Bonn

**Schönrade, Silke**
Dipl. Sportlehrerin im Förderverein Psychomotorik Bonn,
Lehrteam der Rheinischen Akademie
Müldorferstraße 14
53229 Bonn

**Weber, Beate**
Dipl.-Heilpädagogin, Mitarbeiterin der Psychomotorischen Förderstelle
Bielefeld und des Fortbildungsinstituts für Psychomotorik (FIPS)
Jöllenbecker Str. 40
33613 Bielefeld

**Zimmer, Prof. Dr. Renate**
Professorin für Sport/Sportwissenschaft an der Universität Osnabrück,
Sportpädagogin in der psychomotorischen Entwicklungsförderung
Postfach 4469
49069 Osnabrück

---

**Die Herausgeber**
Rheinische Akademie im Förderverein Psychomotorik
Wernher-von-Braun-Straße 3
53113 Bonn

*Raum für Notizen:*

*Ihre Praxis ist unser Programm!*

## Pausenlust statt Schulhoffrust
Management kindgerechter Geländegestaltung
von Sylvie Besele

1999, 184 S., farbige Abb., Format DIN A5
ISBN 3-86145-160-3, Bestell-Nr. 8394, DM 38,00

## Bewegungsraum Schule
Neugestaltung eines Schulhofes durch
gute Ideen und zupackende Hände
von Carmen Eckert

1999, 152 S., farbige Abb., 16x23cm, br,
ISBN 3-86145-158-1, Bestell-Nr. 8392, DM 36,00

## Bewegtes Lernen
Lesen, schreiben, rechnen lernen mit dem
ganzen Körper – Die „Chefstunde"
(ohne Titelabbildung)
von Helmut Köckenberger

3. Aufl. 1999, 296 S., 16x23cm, br,
ISBN 3-86145-126-3, Bestell-Nr. 8373, DM 44,00

## Der kleine „Schul-Survival"
Ein beschwingtes Handbuch mit vielen
praktischen Tips für Elternvertreter und Lehrer
von Gabriele Hellmann

1999, 120 S., Format DIN A5, viele Abb., br,
ISBN 3-86145-179-4, Bestell-Nr. 8302, DM 19,80

## Klassenfahrten – kein Problem
Spiele und Tips für die schönsten Tage
im Schuljahr
von Dieter Krowatschek

1999, 168 S., farb. Abb., Format 16x23cm, br,
ISBN 3-86145-169-7, Bestell-Nr. 8397, DM 39,80

Lieferung auch durch die Versandbuchabteilung des:

 **verlag modernes lernen** *borgmann publishing*

Hohe Straße 39 • D - 44139 Dortmund
☎ (0180) 534 01 30 • FAX (0180) 534 01 20